本书由贵州大学人文社科类学术著作出版基金资助出版

环境规制、技术创新与中国工业绿色转型研究

胡安军　著

中国财经出版传媒集团
中国财政经济出版社

图书在版编目（CIP）数据

环境规制、技术创新与中国工业绿色转型研究／胡安军著．--北京：中国财政经济出版社，2023.1

ISBN 978-7-5223-1762-5

Ⅰ.①环… Ⅱ.①胡… Ⅲ.①工业经济－绿色经济－研究－中国 Ⅳ.①F424

中国版本图书馆 CIP 数据核字（2022）第 208656 号

责任编辑：段 钢　　责任印制：史大鹏
封面设计：卜建辰　　责任校对：徐艳丽

中国财政经济出版社 出版

URL：http：//www.cfeph.cn

E-mail：cfeph@cfeph.cn

社址：北京市海淀区阜成路甲 28 号　邮政编码：100142

营销中心电话：010-88191522

天猫网店：中国财政经济出版社旗舰店

网址：https：//zgczjjcbs.tmall.com

北京财经印刷厂印刷　各地新华书店经销

成品尺寸：170mm×240mm　16 开　14 印张　213 000 字

2023 年 1 月第 1 版　2023 年 1 月北京第 1 次印刷

定价：68.00 元

ISBN 978-7-5223-1762-5

（图书出现印装问题，本社负责调换，电话：010-88190548）

本社质量投诉电话：010-88190744

打击盗版举报热线：010-88191661　QQ：2242791300

前　　言

生态文明建设作为中国“五位一体”建设总体布局中重要一环，生态环境问题已成为中国经济社会建设中关注的重点。然而，长期以来中国工业粗放式发展导致资源匮乏、环境污染严重，这势必成为生态文明建设过程中亟待解决的问题。在此情形下，加快工业发展方式转变、推进工业绿色转型尤为重要，这对于推进区域生态文明建设、践行新发展理念、实现高质量发展具有重要现实意义。与此同时，随着中国经济发展质量、人们生活质量和生态环保意识的提升，生态环境问题越来越受到重视，全社会对绿水、青山、蓝天的期待也不断增强，党和政府也给予了高度重视。在党的十九大报告中就将建设富强、美丽的中国作为全面建设社会主义现代化国家的重大目标。为了实现这一目标，党的十九大以来，我国不断加大环境规制的力度，践行“绿水青山”就是“金山银山”的新发展理念。另外，中国也在深入推进“大众创业、万众创新”，旨在构建创新型社会，以创新驱动经济社会高质量发展。

环境规制是对环境污染所进行的社会性规范、防御与治理，倒逼着工业企业向着绿色的生产方式转型。技术创新是提升工业生产率、能源利用效率和工业污染防御治理效率的重要驱动力，推动着工业绿色转型。本书以中国工业绿色转型为研究落脚点，研究工业绿色转型的实现机制；以应对资源环境问题及实现高质量发展的重要举措——环境规制和技术创新为着眼点，系统地从理论和实证两个角度研究环境规制、技术创新及其两者激励配合对中国工业绿色转型的作用机制和影响路径。这将有助于丰富环境规制、技术创新赋能中国工业绿色转型的研究。同时，对于中国区域制定环境规制与技术创新政策、驱动区域工业绿色转型、实现经济高质量发展也具有重要的理论和实践意义。

(1) 研究的主要内容。

①基于绿色发展理论，对工业绿色转型模式进行了分析，并从工业绿色效率提升、工业结构清洁化转型和工业结构高级化转型三个方面来构建和分析工业绿色转型的内涵。应用扩展的索洛模型论证了工业绿色转型的实现机理。立足于中国区域工业发展过程中所面临的资源环境压力及生态文明建设动力这两个视角，对工业绿色转型的内在实现逻辑进行了分析。

②从理论上分析环境规制、技术创新以及环境规制与技术创新激励配合对中国工业绿色转型的影响机理和作用路径。

③基于数据的可得性，使用成本型环境规制度量了中国区域环境规制强度，并分析了中国区域环境规制的特征事实。从区域技术创新强度、工业企业自主技术创新和工业企业技术引进创新三个角度对技术创新进行了测度和分析，并分析了中国区域工业技术创新的特征事实。利用可以同时兼顾能源投入和非期望产出的SBM－DEA模型对中国区域工业绿色效率进行了测度。使用清洁型制造业占污染型制造业的产值比重作为工业结构清洁化转型的代理变量。基于高新技术产业所具有的高技术、高附加值和绿色环保等内在特征，应用高新技术产业占工业的产值比重作为工业结构高级化转型的代理变量。从工业绿色效率、工业结构清洁化转型和工业结构高级化转型三个方面分析了中国区域工业绿色转型的特征事实。

④使用动态面板模型、动态面板门槛模型和空间计量模型实证研究了环境规制、技术创新及其两者激励配合对工业绿色效率、工业结构清洁化转型和工业结构高级化转型三个方面的工业绿色转型的影响效果。

⑤分析了美国、德国和日本等发达国家工业转型的经验，结合本书的研究结论提出了实现中国工业绿色转型的路径选择。

（2）研究的主要结论。

①中国工业结构绿色转型呈波动式上升趋势，阶段性和区域异质性特征明显。具体来看，2005~2011年中国区域工业结构清洁化转型表现出缓慢波动上升趋势，2012~2016年呈现显著上升趋势。2005~2016年中国区域工业结构高级化转型呈现出“U”形发展趋势。中国区域工业绿色效率在2005~2012年呈现波动式上升趋势，在2013年出现下降后，于2015年出现回升趋势。从区域来看，仅有广东省（1.0561）、天津市（1.017）、江苏（1.0125）和上海市（1.0007）的工业生产到达了生产的前沿面，表现出较好的工业绿色效率水平。工业结构清洁化转型、工业结构高级化转型和工业绿色效率水平在区域分布上，基本呈现出由东部区域到中部区域，再到西部地区依次递减的特征。

②环境规制与工业绿色效率间存在“U”形的非线性关系，区域技术创新强度和工业企业自主技术创新对工业绿色效率具有显著促进作用，工业企业技术引进创新对工业绿色效率的作用不显著；环境规制与工业企业自主技术创新、工业企业技术引进创新之间激励配合能够显著促进工业绿色效率提升，而环境规制与区域技术创新强度之间激励配合对工业绿色效率的作用不显著。东中部地区环境规制与工业绿色效率间存在显著的“U”形关系，而西部地区环境规制对工业绿色效率影响不显著。东部地区三种类型的技术创新及其与环境规制的激励配合均能够显著促进工业绿色效率提升。对于中西部地区来说，区域技术创新显著促进了工业绿色效率提升。环境规制在技术创新影响工业绿色效率提升过程中存在门槛效应，当区域环境规制低于门槛值时，三类技术创新抑制了工业绿色效率提升；反之，则显著促进工业绿色效率提升。在考虑空间效应下，环境规制与工业绿色效率间存在倒“U”形关系，三种类型的技术创新以及环境规制与区域技术创新强度间的激励配合均能够显著提升工业绿色效率水平。此外，环境规制、技术创新对工业绿色纯技术效率的影响效果与其对工业绿色效率的影响效果基本一致。

③区域环境规制对工业结构清洁化转型的作用不显著；三种类型的技术创新能够显著促进工业结构清洁化转型；区域环境规制政策与区域技术创新政策支持、工业企业技术引进创新之间在影响工业结构清洁化转型过程中，能够协调配合，显著促进工业结构清洁化转型，但环境规制与工业企业自主技术创新的激励配合对工业结构清洁化转型的作用不显著。从区域异质性上来看，东部地区三种类型的技术创新均显著促进了工业结构清洁化转型，而对于中西部地区来说，则表现出抑制作用。对于东部地区来说，环境规制和区域技术创新强度之间在影响工业结构清洁化转型过程中，能够相互激励配合，由此促进了工业结构清洁化转型，而对于中西地区来说则相反。对于东中部地区来说，环境规制与企业自主技术创新的激励配合能够显著促进工业结构清洁化转型，而对于西部地区来说，则表现出抑制作用。在空间效应下，环境规制与工业结构清洁化转型间存在显著的“U”形关系，三种类型的技术创新均促进了工业结构清洁化转型，环境规制与技术创新强度的激励配合也能够促进区域工业结构清洁化转型。此外，技术创新强度和企业自主技术创新在环境规制影响区域工业结构清洁化转型的过程中发挥着中介效应。

④环境规制与工业结构高级化转型间存在倒“U”形关系，技术创新显著促进了工业结构高级化转型。区域环境规制与企业技术引进创新之间的激励配合显著促进了工业结构高级化转型，而环境规制与区域技术创新强度、企业自主技术创新之间在影响工业结构高级化转型过程中，表现出不协调的局面，抑制了工业结构高级化转型。从区域异质性来看，东中部地区的环境规制对工业结构高级化转型的影响存在“U”形变化趋势，西部地区则存在倒“U”形变化趋势。东中部区域技术创新强度对工业结构高级化转型具有显著的促进作用，对于西部地区来说则不显著；所有地区的企业技术自主创新和技术引进创新均显著促进了工业结构高级化转型。环境规制与技术创新之间的激励配合对工业结构高级化转型的影响存在区域异质性。经济发展水平在环境规制、技术创新影响工业结构高级化转型的过程中表现出显著门槛效应，当经济发展水平低于门槛值时，环境规制、技术创新及其两者的激励

配合对工业结构高级化转型表现出负向或者不显著的影响；反之，则显著促进了工业结构高级化转型。在空间因素作用下，区域技术创新强度、环境规制与工业企业技术引进创新及其激励配合对工业结构高度化转型均具有显著的促进作用。

⑤从环境规制、技术创新、环境规制与技术创新之间的激励配合、提升工业绿色转型的人力资源和树立生态意识等五个方面阐述了工业绿色转型的路径选择。

作者

2022年5月

目　录

第1章
绪　论

工业是区域经济增长的动力源泉，是区域技术创新及其扩散所引致的新供给的增长源泉（孙俪，2018[1]），也是衡量一个国家综合实力和国际竞争力的重要标志。正如著名经济学家弗里德里希·李斯特所指出，财富生产能力比起财富本身，不知道要重要多少倍，它不但可以使已有的财富得到保障，而且还可以使失去的财富获得补偿，工业恰恰代表着区域财富生产能力，工业和农业是一个国家或地区的两个臂膀，商业是其中的交流中介。如果一个国家或地区工业薄弱或者缺乏国际竞争力，那么这个国家或地区就容易被工业发达的国家所控制，因此任何一个国家或地区都需要强大的工业来保障自己经济独立，以促进长期繁荣（弗里德里希·李斯特，1961[2]）。自工业革命以来，以工业部门为代表的实体经济发展是经济增长的根本动力，对经济增长发挥着决定性的作用（赵儒煜等，2015[3]）。

改革开放以来，中国工业的改革、开放和崛起，带动了其他产业部门的复苏与快速发展，使中国经济社会面貌发生了根本性的变化，创造了巨大的经济红利，对推动经济快速发展做出了重要贡献。然而，工业粗放式发展所造成的资源环境问题也给中国可持续发展蒙上了严重的阴影。与此同时，处于新时代的中国将生态文明建设提高到前所未有的高度，实现绿色发展已成为新时代所要求。发展中遇到的困境还需要用发展的办法来加以解决，实现中国工业绿色转型升级正是解决工业发展过程中所面临的资源环境问题、推进区域生态文明建设和实现经济高质量发展的重要路径。

伴随着中国经济发展质量、人们生活水平的提升，全社会的生态环保意识逐渐增强，人们对绿水、青山、蓝天的期待也不断增强，党和政府也给予了高度重视。在党的十九大报告中就将建设富强、美丽的中国作为全面建设社会主义现代化国家的重大目标。为了实现这一目标，党的十九大以来，我国不断加大环境规制的力度。环境规制是对环境污染或潜在的环境污染事件所进行的社会性规范治理和防御，对污染型工业行业发展来说是一种压力，而对于清洁型和高技术型工业行业来说是一种发展机遇，也成为倒逼工业企业进行绿色转型的动力。与此同时，中国也在深入推进“大众创业、万众创新”，旨在于构建创新型社会，通过技术创新来提升工业企业劳动生产率、降低能源使用强度和提高工业污染防御治理效率，进而推动工业绿色转型。环境规制的“波特”假说认为，环境规制能够触发工业企业进行技术创新（Porter，1995[4]），与之相对应，技术创新所引致的产业结构变化也会改变着区域环境规制政策（黄庆华等，2018[5]），这就意味着环境规制与技术创新可以通过相互激励协调配合，促进着工业绿色转型。为此，本书以中国工业绿色转型为研究落脚点，研究工业绿色转型的实现机制。以应对资源环境问题及实现高质量发展的重要举措——环境规制和技术创新为研究着眼点，系统地从理论和实证经验两个角度上研究环境规制、技术创新以及环境规制和技术创新的激励配合对中国工业绿色转型的影响机制和作用原理。这将有助于丰富环境规制、技术创新赋能中国工业绿色转型的研究，同时，对于中国区域制定环境规制与技术创新政策，驱动区域工业绿色转型，实现经济高质量发展也具有重要的理论和实践意义。

作为绪论，本章首先对中国工业发展过程中所出现的资源环境问题进行分析，在此基础上引出本书的研究问题，通过对现有研究问题的探讨以及梳理相关研究文献，归纳总结出本书研究的意义和目的。为了达到这个目的，构思了本书的研究逻辑和研究框架，据此选择相应的研究方法。按照研究方案设计，本书研究内容主要包括理论研究和实证研究两大类。最后根据研究内容，凝练出全书可能的创新点，总体上来说，本章是全书的总括，能够起到提纲挈领的作用，本章分析脉络见图 1 - 1。

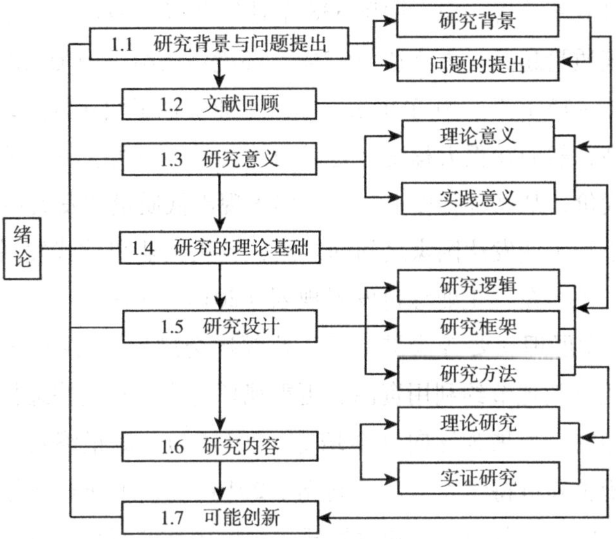

图1-1 本章的分析脉络

1.1 研究背景与问题提出

改革开放以来，工业作为立国之本和经济发展的重要引擎①，其快速增长虽然有力地推动了中国经济平稳快速发展，但是其粗放式发展也带来了大量的资源消耗和严重的环境污染。2017 年中国工业能耗量达 27.91 亿吨标准煤，单位工业能耗达 0.175，大约是美国（0.134）的 1.3 倍、日本（0.093）和德国（0.087）的 2 倍。2017 年中国工业废气排放量为 1102.86 万吨、废水排放量达 7110954 万吨、工业固体废物产生量达 309210 万吨，远高于同期美国、日本和德国等发达国家的排放水平。据《2018 年全球环境绩效指数报告》显示，中国环境绩效 EPI（Environmental Performance Index）得分为 50.74，在全球 180 个国家和地区中列第 120 位，远落后于欧美发达国家和东亚的韩国和日本。据《2017 年中国生态环境状况公报》显示，在不断加强环境规制和生态文明建设的背景下，与 2016 年相比，尽管 2017 年

① http://www.xinhuanet.com//politics/2013-07/23/c_116655893.htm.

中国空气质量有所改善，但在中国338个地级及以上城市中，依然有239个城市环境空气质量超标，占比达70.7%，环境污染给中国带来的经济损失约占GDP的8%～15%[6]。40多年来，中国工业实现了快速发展，生产能力得到了大幅提高，然而在很大程度上是以牺牲大量不可再生的能源资源和自然环境资源为代价，从某种程度上来看，仍表现出低质量的发展特征。

为了缩小与工业发达国家之间的差距，解决工业粗放式发展所带来的资源环境问题，中国在《工业绿色发展规划（2016～2020年）》中就明确提出“2020年绿色发展理念要普遍贯穿于工业领域全过程”。这预示着中国工业转型应以“更有效地节约利用资源、更重视环境价值和更快地提高环境保护标准”的绿色转型发展为导向（金培等，2011[7]），其最终目标是实现中国工业的绿色增长和可持续发展（童健等，2016[8]）。工业行业作为中国经济的产业主体、国际竞争力最强和对外开放程度最高的领域，其率先实现绿色转型不仅具有可操作性，而且对于推动生态文明建设，促进中国经济高质量发展也将产生积极的示范效应[9]。

面对环境污染和资源短缺的约束，中国强化环境保护，相继出台了《环境保护法》《大气污染防治法》《清洁生产促进法》等法律。同时，《“十三五”控制温室气体排放工作方案》指出，将实施能源消费总量和强度双控，2020年，能源消费总量控制在50亿吨标准煤以内，单位工业增加值二氧化碳排放量比2015年下降22%。为此，中国不断加大环境督查力度，提高环境规制强度，力图以环境规制倒逼工业绿色转型，以实现环境污染的改善。

目前，中国正实施“创新驱动”战略，技术创新是创新驱动的内在要求，也是实现工业绿色转型发展的内在动力。在经济新常态下，工业增长要从要素投资驱动转向创新驱动，“要素投资驱动战略”是通过对传统生产要素（主要包括资本、劳动力和资源）大量低成本投入和不断加大投资来驱动经济增长，而“创新驱动战略”则是强调通过技术创新和制度创新来实现经济的可持续发展。面对日益消退的人口红利，以及日趋严峻的资源环境问题，就要摒弃“要素驱动战略”，转向“创新驱动”，以实现技术创新驱动工业绿色转型。

工业绿色转型是在传统工业转型的基础上加入“绿色”的成分，不仅考虑到工业转型过程中的合理化和高级化，更强调转型过程中的资源环境因素，体现了绿色发展的理念，主要包括资源环境改善和效率提升两个方面。

环境改善是实现绿色发展的重要保障，而环境规制是面对环境污染，政府适应经济社会发展要求和民众对美好生活的诉求，在市场“失灵”的情况下，使用“看得见的手”来对污染产业进行“精洗”。工业企业通过技术创新能够提高生产效率，促进经济增长，尤其是能源使用效率提升和污染治理技术的提高有助于绿色发展，将会实现资源能源的集约化和高效化使用，以及工业污染治理技术的提高，能够在实现经济增长情况下，降低工业污染物的排放，实现工业绿色转型，实现经济增长和资源环境改善的“双赢”局面。

解决中国资源、环境问题的关键在于实现工业绿色转型发展，然而工业生产过程中不可避免地会投入资源能源，也不可避免地产生工业污染，那么工业绿色转型内在实现机理是什么？工业绿色转型主要体现在哪些方面？对于这些问题的理论回答，有助于很好地理解工业绿色转型。

新时代下中国正积极推进生态文明建设、大力实施创新驱动战略，与之相对应，绿色发展、经济高质量发展成为当前中国经济发展的核心目标，环境规制和技术创新已成为区域经济社会发展的重要举措，那么区域在实施环境规制与技术创新这两项措施时，会对区域工业绿色转型造成怎样影响？政府应当如何把握环境规制力度，来趋环境规制之“利”，避环境规制之“害”，以实现工业绿色转型？环境规制和技术创新的激励配合对工业绿色转型的影响又如何？中国地域广袤，区域间经济发展存在着不平衡，不同地区的环境规制、技术创新对中国工业绿色转型的影响有何不同？区域之间的工业绿色转型可能会形成溢出效应和观摩效应，由此使工业绿色转型在区域层面上形成空间相关性，那么在空间效应下，环境规制、技术创新对工业绿色转型的影响如何？这些问题的回答对于区域制定合理的环境规制和创新驱动政策，乃至区域工业企业实施合适的技术创新策略，来推动区域绿色转型发展，实现区域工业高质量发展具有重要的理论和实践意义。

1.2 文献回顾

针对研究主题和内容的需要，本书主要从以下四个方面对现有相关文献进行梳理：一是关于工业绿色转型的研究文献；二是关于环境规制影响工业绿色转型的研究文献；三是关于技术创新影响工业绿色转型的研究文献；四是关于环境规制与技术创新激励配合影响工业绿色转型的研究文献。最后对以上四个方面的文献进行简要评述，提炼出本书的研究主题及研究意义。

1.2.1 关于工业绿色转型的研究

目前，学界对工业转型的研究较多，但是涉及工业绿色转型方面的文献相对较少。对工业转型的研究主要集中在工业转型的概念、影响因素和路径等方面（巴曙松等，2012[10]；金碚，2014[11]）。工业转型主要是为了解决工业企业在发展过程中所遇到的问题，通过工业转型来促进地区工业竞争力提升和效率的提高，以此推动区域经济健康发展。与此类似，工业绿色转型是为了解决工业发展过程中所面临的资源能耗高、环境污染重、生产效率低和国际竞争力弱等问题，是区域对建设环境友好型、资源节约型社会的需要而产生的，也是“绿色经济”在工业行业的具体体现。绿色经济就是在市场机制作用下，通过对传统产业的转型升级来促进区域生态环境建设，在生态环境建设中实现传统产业转型，是一种实现经济发展与环境资源和谐发展的新型经济形式，是为适应人类新需要而出现的一种新型发展状态（大卫·皮尔斯，1997[12]）。绿色经济强调经济发展和环境保护的有机协调统一，向绿色经济转型已成为全球共识（呙小明等，2018[13]）。伴随着区域经济发展过程中日益突出的资源环境问题，实现工业绿色转型是这一问题的重要应对之策，工业绿色转型的内涵特征、影响因素以及实现机制等方面也逐渐成为目前工业转型研究的热点主题。

关于工业绿色转型内涵方面的研究。工业要实现绿色经济，必然要上升至“绿色转型”（OECD，2005[14]），“绿色转型”是实现经济由不可持续转向可持续发展、由“黑色”或“褐色”经济转向“绿色”经济，体现为由低质量发展向高质量发展模式的转变。工业绿色转型是工业发展由粗放到集约、由高污染到低污染的过程（彭星，2015[15]）。工业绿色转型以技术创新为核心，以资源节约和环境友好为导向、坚持走新型工业化道路，达到工业发展的绿色化和可持续，实现经济效益和环境效益“双赢”的高质量发展（中国社会科学院工业经济研究所课题组，2011[9]）。工业绿色转型表现为“经济效益好、资源消耗低、环境污染少、科技含量高及人力资源优势得到充分发挥”等特征，也是中国新型工业化的必然要求（卢强等，2013[16]）。

对于工业绿色转型影响因素方面的研究，目前，主要从环境、能源、贸易和技术等角度来分析其对工业绿色转型的影响。朱东波等（2017）[17]和彭星等（2016）[18]从环境规制角度来分析其对工业绿色转型的影响效果。吴静（2017）[19]研究发现新能源革命对中国工业绿色转型的影响显著，从影响工业绿色转型的新能源革命因素分解结果来看，能源技术改革是推动工业绿色转型的主要因素，其次是能源结构调整以及新能源环境效应。

关于工业绿色转型实现机制方面的研究。提高工业绿色效率是实现工业绿色发展的关键（Pearce，2013[20]）。工业绿色转型意味着实现工业经济绩效与环境绩效的双赢，而提升工业绿色全要素生产率无疑是其中的关键一环（陈超凡，2016[21]）。通过技术创新推进工业绿色全要素生产率的持续改善是实现中国工业绿色转型的根本（陈诗一，2010[22]）。若工业发展以资源集约利用和环境友好为导向，以绿色技术创新为核心且生产全过程资源能源利用效率不断提升、工业污染物排放逐步减少，可持续发展能力持续增强，工业的持续增长不依赖于增加能源资源投入以及增加环境污染排放，来实现工业增长与资源能源投入、环境污染排放间的脱钩，达到经济效益与环境效益双赢，那么表明工业绿色转型升级基本实现（卢强等，2013[16]）。

1.2.2 关于环境规制影响工业绿色转型的研究

梳理现有相关文献可以发现，直接就环境规制对工业绿色转型影响的研究文献并不多，多集中研究环境规制对传统产业转型的影响方面，总体来看，现有文献主要有以下三种研究观点。

一是环境规制有利于产业转型升级的研究观点。适度的环境规制会促进产业结构调整或产业升级（原毅军等，2014[23]；韩晶等，2014[24]）。适度的环境规制政策能够发挥“去污存清”的作用，是对外商直接投资的强制性“精洗”，能够引导外商直接投资于绿色产业，促进区域工业行业的绿色转型发展（朱东波等，2017[17]）。从长期来看，环境规制能够将那些污染严重、生产率低的企业挤出市场，生产率高和污染低的企业得以生存发展（Acemoglu，2012[25]），从而推动整个市场的技术创新和绿色全要素生产率的提高，由此促进产业结构转型升级（李玲等，2011[26]；宋马林等，2013[27]）。李眺（2013）[28]认为环境规制大多是通过影响工业生产活动来实现工业行业转型升级。王勇等（2015）[29]分析工业污染源治理投资、清洁生产投资以及“三同时”投资三种模式对中国工业绿色转型的冲击作用，发现清洁生产投资和“三同时”投资更有助于行业内的绿色转型。环境规制对产业结构调整具有倒逼效应，区域产业结构和环境规制存在空间外部性，影响周边区域产业结构布局和调整（李晓英，2018[30]）。郑加梅（2018）[31]研究发现环境规制对产业结构调整的作用及其路径存在地区差异。东部和中部地区的环境规制能够促进产业结构调整，但西部地区的作用不显著。而郑金铃（2016）[32]研究认为加大环境规制强度有利于产业结构升级，环境规制对中西部地区产业结构升级的推动作用比起东部地区更为明显。Lanoie 和 Patry（2008）[33]研究发现当期环境规制变量对工业生产率产生负向影响，而滞后一期环境规制对工业生产率产生正向作用，同时发现越是参与到国际竞争中的行业，这种促进作用越明显。Bur - ton 和 Gomez（2011）[34]分析环境规制对纸制品行业市场结构变化的影响时，发现产业结构的变化依赖于环境规制成本的变化。Gray 和 Shadbegian[35]在研究 1979 ~ 1990 年美国环境规制强度和产业转型的关系时，发现环境规制强度的提高对高能耗高污染行业（如钢铁、石油、造纸等）转型具有激励作用。

二是认为环境规制不利于产业转型的研究结论。环境规制对企业技术创新有促进作用，但不能提升全要素生产率，对产业结构影响不显著（Rubashkina et al.，2015[36]）。环境规制会降低污染密集行业的全要素生产率水平（Greenstone，2002[37]）。在环境规制的约束下，提高了污染治理费用和生产要素价格，这将导致企业生产成本增加，挤出了企业的创新投资，使企业创新能力和竞争力下降，对产业绩效产生不利影响（Levinson & Taylor，2008[38]）。当环境规制跨越相应的门槛值时，其能够促进产业结构调整，现阶段中国的环境规制不能够促进结构升级，但可以推动产业转移（钟茂初、李梦洁等，2016[39]）。

三是认同环境规制与产业转型或工业绿色转型之间存在非线性关系的研究结论。童健和刘伟等（2016）[8]研究发现环境规制对中国工业行业转型升级的影响呈现“J”形变化趋势，“J”形曲线拐点处对应的环境规制强度存在较大的区域异质性，东部最低、西部最高。李斌等（2013）[40]研究表明环境规制可以通过提升绿色全要素生产率来转变中国工业发展方式，但存在环境规制强度、科技创新水平及所有制结构的门槛效应。何玉梅等（2018）[41]研究发现工业绿色转型伴随环境规制强度的增加，表现出“U”形趋势，环境规制与外商直接投资的交互效应有助于促进工业绿色转型，将环境规制作为外资的重要准入门槛，能引导外资流向清洁生产型行业；但是环境规制与外商直接投资的交互效应对工业绿色转型而言存在空间异质性，对于东部和西部地区而言，该交互效应能够促进工业绿色转型，但对于中部与东北地区来说，该交互效应对工业绿色转型产生不利影响。环境规制改善了工业绿色全要素生产率，且不同类型环境规制与绿色全要素生产率之间均符合倒“U”形关系（陈超凡等，2018[42]）。政府合理有效的制度安排是驱动工业绿色增长的重要保障，环境规制强度与绿色全要素生产率呈倒“U”形（李玲、陶峰，2012[26]；宋德勇等，2017[43]）。王锋（2018）[44]研究认为金融发展在环境规制的调节作用下对产业结构升级的作用减弱，而环境规制在金融发展的调节作用下对产业结构升级的正向促进作用显著。彭星等（2016）[18]研究发现随着经济激励型与自愿意识型环境规制的加强，这两者能够增强对工业绿色转型的推动作用，中国东部地区经济激励型环境规制与自愿意识型环境规制能够推动工业绿色转型，而命令控制型环境规制不能够激励工业绿色转型。中西部地区命令控制型环境规制阻碍了工业绿色转型，经济激励型和自愿意识型环境规制对工业绿色转型的激励效应不明显。

1.2.3 关于技术创新影响工业绿色转型的研究

现有文献多数认为，技术创新对工业转型或者工业绿色转型具有促进作用。技术创新通过修正扭曲的产业结构而带来结构红利来推动经济增长，由此实现产业结构转型升级（刘伟、张辉，2008[45]）。经典的“创造性破坏”认为企业通过技术创新完成转型是取得新竞争优势的关键（Schumpeter，1934[46]）。企业要想保持竞争优势就要时刻进行创新，转向更有优势的行业（Aveni，1994[47]）。技术创新对产业结构升级具有关键作用（Ngai & Pissarides，2007[48]）。徐康宁和冯伟（2010）[49]发现中国产业结构升级的关键在于企业形成技术创新能力。许树辉和谷人旭（2013）[50]研究发现欠发达地区产业结构升级的主要障碍是缺乏技术创新。技术创新能够促进中国地区产业结构转型升级（吴继英等，2015[51]；林春艳等，2016[52]）。通过技术创新的“水平效应”与“结构效应”，金融发展能加速产业结构转型（易信等，2015[53]）。放松融资约束能够推动技术创新，进而带来产业结构转型升级（丁一兵等，2014[54]）；通过提高劳动生产率、节约物质资本和提升技术创新水平能够推动产业结构转型升级（龚轶等，2013[55]）。王桂月等（2016）[56]通过实证分析发现科技创新与产业转型升级之间存在格兰杰因果关系，创新环境和创新产出对产业转型升级的影响虽然上下波动，但整体表明科技创新能够有效地推动产业转型升级。时乐乐和赵军（2018）[57]研究发现技术创新对产业结构升级具有增强作用，即无论环境规制强度如何变化，提高技术创新水平都能推动产业结构升级。岳鸿飞等（2017）[58]研究表明，对于资源密集型工业行业来说，自主创新与政府支持是实现绿色转型的重要路径，而对于劳动密集型工业行业，技术引进则是实现绿色转型的最优路径；对于技术密集型工业行业，自主创新是推动该行业实现绿色发展的首要驱动力。岳鸿飞（2018）[59]研究发现技术进步对工业绿色发展的贡献较为稳定，技术创新在2006～2015年以年均1.047%的增长速度成为促进工业绿色发展的主要动力，贡献率达47%。贾仓仓等（2018）[60]研究发现技术创新对产业结构非农化存在显著促进作用，技术创新也对产业结构高级化存在显著积极作用。绿色技术创新水平的提高有利于清洁生产和污染减排，从而有利于工业绿色转型（李斌等，2013[61]）。当然，也有少数学者研究认为技术创新对促进企业转型基本上没有影响（孔伟杰，2012[62]；唐清泉等，2011[63]）。

1.2.4 环境规制与技术创新影响工业绿色转型的研究

从现有文献来看，单方面分析环境规制或者技术创新对产业转型影响的文献较多，而分析这两者的交互效应或激励配合对工业绿色转型的较少。环境规制对技术创新形成倒逼机制，有助于推动产业结构升级，环境规制依赖于技术创新水平的高低而对产业结构升级产生不同影响（时乐乐、赵军，2018[57]）。严格的环境规制能够激发企业进行创新，促进企业积极引进新技术，从而促进生产率提升（Opaluch，2005[64]），而环保技术的进步会进一步促使政策制定者将环境规制强度提高到与现有技术水平相一致的水平上，这又将导致新一轮的技术进步，生产率的提高取决于行业或企业新技术采用能力和自主研发能力[65]。在此过程中，生产率得到进一步提升，推动着产业转型。当然，也有学者认为环境规制带来的环境友好型技术进步并不能抵销全要素生产率的损失（Popp & Newell，2012[66]）。

对行业内企业来说，技术创新、环境规制起着推动转型的作用，与此同时，技术创新增强了环境规制的影响（颉茂华等，2016[67]）。随着环境规制强度的提高，其对绿色创新的作用方向由正变负（刘章生等，2018[68]），进一步从不同类型环境规制对技术创新的影响来看，命令控制型、市场型、治理投入型和公众自愿型环境规制工具对技术引进的总效应、直接效应和空间溢出效应的影响具有显著差异，且具有区域异质性（伍格致等，2018[69]），与此相对应，从不同的技术创新类型下受环境规制的影响来看，研究表明环境规制能够显著促进技术开发、技术转化、绿色工艺创新和绿色产品创新，同时也存区域异质性（张倩，2015[70]）。景维民和张璐（2014）[71]通过使用 2003 ~ 2010 年中国 33 个工业行业面板数据，检验了环境规制影响中国工业实现绿色技术进步的途径，研究发现适当的环境规制水平能够通过改变技术进步方向进而实现绿色技术进步，推动工业转型。

1.2.5　文献评述

现有相关研究为本书提供了很好的理论基础和参照系，其中可以进一步改进或拓展的地方为本书提供了研究空间，具体来说，主要表现为以下四点。

(1) 对传统产业转型的研究较多，对工业绿色转型的研究较少。当前，"绿色革命" 成为世界工业发展的主题，绿色发展成为新时代中国经济社会的重要理念，生态文明建设成为中国未来时期重点建设内容，理应加强工业绿色转型方面的研究。工业一方面作为立国之本，对带动第三产业发展、反哺第一产业具有重要的作用；另一方面又是能耗较大、污染较重的产业，那么如何才能实现工业绿色转型，其内在条件是什么？对此目前研究鲜有涉及，或者仅局限于对工业绿色转型的表象进行定性描述，因此需要对此做深入系统的研究。

（2）现有研究多倾向于使用第一、第二和第三产业产值间的比重来度量工业结构转型，这种度量方法有时比较粗糙。另外，现有研究倾向于将第三产业比重的提高看作是产业转型升级，事实上，产业转型更多的是为了提高产业竞争力，促进经济健康发展而进行的发展方式转变。赵儒煜（2003）[72]认为第三产业比重的提高并非经济增长的伴生物，第三产业主导的“后工业化”经济不是经济发达的象征，以第三产业为中心的经济结构也不是经济发展的必然规律，因此简单地使用三次产业的比重来度量工业转型有些粗糙。工业转型或工业绿色转型理应包括诸多方面，不仅涉及从第一产业到第二产业、再从第二产业到第三产业的简单变化，也涉及各大产业的内部结构的变化，如生产方式的结构变化、生产效率的提升等方面的研究。重要的是工业结构转型要解决工业发展中所遇到的问题，生态文明建设已经成为工业转型过程中重点关注的问题，长期以来中国工业的粗放式发展需要实现绿色转型，以适应生态文明建设的时代要求。

（3）以往对工业绿色转型的研究，常常是就工业绿色转型的某个单一方面进行分析，而工业绿色转型是一个涉及多方面的复杂系统过程，需要综合考虑中国工业在转型发展中面临的资源环境约束及其效率问题、产业结构的绿色转型问题。对于这一方面的研究，现有文献鲜有涉及，而对工业绿色转型内涵的拓展及其中的内在逻辑关系也需要深入分析，这有助于进一步深入研究工业绿色转型。

（4）以往仅仅就环境规制、技术创新单方面对工业转型或工业绿色转型进行研究，鲜有将两者置于同一分析框架之下，环境规制是对环境污染或潜在的环境污染事件所进行的社会性规范防御和治理，也成为倒逼工业企业进行绿色转型的动力。技术创新是工业企业提升劳动生产率、降低能源使用强度和提高工业污染防御治理效率的重要“引擎”，推动着工业绿色转型。同时，现有研究也表明环境规制能够触发企业进行技术创新，企业技术创新策略对环境规制也能够形成逆向影响。这就意味着环境规制、技术创新及其激励配合可能会对工业绿色转型产生影响。这就需要从多角度分析环境规制、技术创新对工业绿色转型的影响。

（5）以往研究在分析环境规制对技术创新或工业转型的作用机制时，对环境规制进行了细化分解。但目前研究在对技术创新的度量分析时更多地强调区域创新强度这一视角，而技术创新除了区域技术创新强度外，还包括企业自主创新和企业技术引进创新等多种创新形式，这都可能对工业绿色转型产生影响，因此需要进一步深入研究。

1.3 研究意义

1.3.1 理论意义

在传统工业转型的基础上加入“绿色”因素，使工业绿色转型更贴近生态文明建设和绿色发展的理念。基于绿色发展理论对工业转型模式进行了理论分析，从工业绿色效率提升、工业结构清洁化转型和工业结构高级化转型三个方面分析了工业绿色转型的内涵，并对这三个方面的内涵进行了界定分析，这对于有关工业绿色转型内涵的研究起到很好的补充。基于索洛模型论证了工业绿色转型的实现机制，同时分析了工业绿色转型的内在逻辑，从这两个方面进行分析，能够较为全面地理解工业绿色转型的实现机理，这对于有关工业绿色转型方面的研究起到有益的补充。

以绿色化生产的直接作用因素——环境规制，以及工业绿色效率提升的直接作用途径——技术创新作为研究起点，在厘清环境规制和技术创新内涵的基础上，从理论上分析环境规制、技术创新及两者激励配合影响工业绿色转型及其构成因素的理论机制，这有助于充实有关工业绿色转型影响因素的理论分析。

借鉴产业组织理论中SCP分析范式，本书沿着环境规制政策P↔技术创新行为C→工业结构绿色转型P的路径进行研究，从理论和实证两个角度分析了环境规制与技术创新对工业结构绿色转型的影响，以及两者激励配合对工业结构绿色转型的影响，这对于分析工业绿色转型情形下产业政策、产业行为和产业结构间的关系提供一个全新的视角。另外，沿着PCE（即环境规制政策P↔技术创新行为C→工业绿色效率E）的分析路线，从理论和实证两个方面较为系统地分析环境规制政策与技术创新行为对工业绿色效率的影响，以及环境规制政策与技术创新激励配合对工业绿色效率的影响，这有利于充实产业组织理论和产业结构理论。

1.3.2 实践意义

将理论与实证经验分析有机结合，一方面，系统地阐释工业绿色转型的实现机理和逻辑，这为指导区域进行工业绿色转型实践提供了参考。从粗放式工业发展所带来的资源环境压力及生态文明建设的动力出发，分析了实现工业绿色转型的内在逻辑，将工业绿色转型细化为工业绿色效率提升、工业结构清洁化转型和工业结构高级化转型，这为区域实施工业绿色转型提供了方向性参考。另一方面，系统地研究了环境规制、技术创新及其激励配合对中国工业绿色转型的影响机制，这对于中国区域制定环境规制政策和技术创新支持政策，以及区域工业企业实施技术创新战略、谋化绿色发展，促进区域工业绿色转型具有重要的实践意义。此外，本书分析了美国、德国和日本三个发达国家工业转型和可持续发展的经验，结合本书的研究结论，提出促进中国工业绿色转型的路径选择，这从实践上能够给区域进行工业绿色转型提供一个参照蓝本。

1.4 研究的理论基础

工业绿色转型是绿色和转型的综合体，绿色涉及环境治理、能源使用和工业投入产出水平与效率，而工业绿色效率是这三个方面的综合体现。转型涉及结构问题，在绿色的要求下，这种转型又不同于传统意义上的转型，而是在考虑绿色下的产业结构转型，即向着工业结构清洁化和工业结构高级化转型的方向发展。基于此，工业绿色转型势必会涉及工业生态理论、经济增长理论和产业结构理论。本书在分析工业绿色转型的模式、工业绿色转型的内涵及工业绿色转型实现机理的基础上，进一步分析目前学界，乃至全社会普遍关注的两个主题——环境规制与技术创新对工业绿色转型的影响状况，这两个主题体现了工业企业进行绿色转型的两种环境：一方面是外部政策环境（环境规制、区域技术创新强度），另一方面是内部技术创新环境（工业企业自主技术创新和工业企业技术引进创新）。由此可见，这还将涉及环境规制理论、技术创新理论。

基于上述分析，本书就涉及的工业生态、产业结构、环境规制、技术创新和经济发展等经典理论进行归纳分析，这些理论将成为本书理论研究和进一步分析的基础。

1.4.1 工业生态理论

对于工业生态最具代表性的定义是1991年10月联合国工业发展组织所给出的解释，即工业生态是一种兼顾改善环境与发展工业的模式，实现工业发展对环境无害或生态系统可以长期承受。在工业发展中生态环境得到保护，在生态环境保护中实现工业发展，成为全球可持续发展在工业方面的具体体现。力图将工业生产过程纳入生态化的轨道上是生态工业和传统工业的最大区别。生态工业主要表现出如下特征：一是实现工业生产及其资源开发利用由单纯追求经济利润为目标，向追求经济效益与生态效益相统一的生态经济目标转变，工业生产经营方式从外部不经济转向内部经济与外部经济相统一的模式转变。二是生态工业要求把生态环境保护纳入工业的生产经营决策要素之中，并将现代工业的生产和管理转到严格按照生态经济规律要求的轨道上来。三是生态工业以"三低"（低投入、低消耗和低污染）和"三高"（高产出、高质量和高效益）为主要特征的高质量发展模式[12]。实现工业生态化就是将经济行为对环境污染的影响降到最小化，将经济与环境目标融为一体。以上反映工业生态的目标与绿色可持续发展的内在要求是相一致的。

从"工业生态学"视角来看，作为外部因素，环境规制是环境因素对经济可持续发展产生制约而使政府颁布政策促进产业转型。产业生态学最期望达到的状态是将"生态对产业的限制"转变为"生态与产业的互动"（Frosch，1989[73]），利用先进技术或者进行技术创新，对生产过程进行优化与改进，以提高能源与资源使用的效率。从工业生态学的视角分析环境规制和技术创新促使资源的利用过程更为科学合理，提升资源的使用效率，也可以通过激励工业企业技术创新或改进生产工艺来减少资源消耗，实现资源节约和环境改善的双重目的。

"坏"公共物品。环境公共物品消费的非竞争性和非排他性导致市场机制下出现"搭便车"现象，这将导致清洁的环境资源变得日趋稀缺。此外，"公地悲剧"也是在配置环境资源过程中出现市场"失灵"的具体表现。当有效的公共监督和管理机制出现缺位时，经济人在追求自身利益最大化时过度使用环境资源，不会顾及由此带来的环境资源破坏对其他社会成员带来的效应损失，将由于使用环境资源所产生的成本转嫁给其他社会成员，而没有动机考虑环境治理增加的最终社会成本，从而导致环境污染和生态恶化（赵敏，2013[82]）。由此可见，环境资源所表现的公共物品特性构成了环境规制政策制定实施的基础。

环境规制所产生的影响，主要有三种观点，一是"成本效应"，该种观点认为在环境规制下，企业会因为增加环境治理投入以达到环境规制的标准，从而可能挤出了企业生产性投资、研发性投资，以及增加企业的经营成本，这势必会降低企业的竞争力，对企业绩效产生负向影响，由此降低相应产业的生产率[83]。二是"补偿效应"，最具代表性的人物是 Porter。该观点认为如果企业保持其他投入不变的情况下，仅仅增加了环境污染治理支出，环境规制的加强会增加企业的污染控制支出，降低了企业的国际竞争力。虽然环境规制工具具有约束性质，但也具有激励性质，这可以促进企业改进技术，由此促进企业的技术创新，实现技术上"补偿"，这能够部分、甚至完全抵销环境规制的成本，降低企业的污染，提高企业的生产效率[84]。同时，工业企业为应对环境规制带来的损失，会提高产出，实现产出上的"补偿"。三是"污染避难所"假说。由于区域间环境规制标准的差异性而对区域产业及资本流动、转移产生影响，污染型工业企业为了降低环境治理成本、提升企业竞争优势，会从环境规制严格的地区转移到环境规制相对宽松的地区，使环境规制宽松的区域逐渐沦为污染密集型产业的"避难所"。此外，环境规制对区域经济或产业结构的影响也存在"环境竞次假说"和"污染光环假说"这两种截然相反的观点。"环境竞次假说"认为面对日趋激烈的市场竞争，区域为实现产业发展、吸引企业投资，各地区可能竞相下调环境规制标准，向环境规制的底线调整，这将导致区域环境进一步恶化。与之相反，"污染光环假说"则认为外商直接投资与环境规制强度呈正相关关系，随着区域环境规制强度的提高，也将吸引更多来自较高环境规制标准地区的外企进入本区域，自然会对当地环境造成正面影响，同时通过人才流动、技术扩散等方式，对本地区域的企业产生高效环保的生产技术溢出效应，这将有助于本地区产业转型（金春雨、王伟强，2016[85]）。

环境规制理论为分析环境规制工具选择提供了理论基础，也为分析环境规制对技术创新、工业绿色转型的作用机理提供了理论支撑。

1.4.4 技术创新理论

对于创新，学者们主要探讨技术创新在经济发展过程中的作用效果[86]，管理学大师熊彼特（1912）首先提出的“创新”这一概念，开启了人们对现代创新理论的研究，标志着“技术创新经济学”的诞生[87]。创新是把新的生产要素和生产工艺以新的组合方式引入生产体系，是一种“新的生产函数”[88]。按照熊彼特的创新理论，技术创新主要包括三个方面，即技术创新、技术发明与技术扩散，其中既包括新技术、新工艺与新产品的研究开发，也包括组织创新、管理创新与市场创新。后来，熊彼特从“创造性破坏”这一角度深化了创新的内涵，即创新是不断地从内部破坏旧的经济结构，取而代之的是新的经济结构[89]，在这一转变过程中，结构红利得以发挥，技术得到提升，经济出现转型升级。第二次世界大战后，由于受到同时期的“凯恩斯革命”的理论影响，熊彼特的技术创新理论并没有受到重视。然而，应用传统经济学理论不能很好地解释始于20世纪50年代部分国家出现的长达近20年的经济增长周期，西方学者将其原因归于技术创新，这促使了对技术进步与经济增长关系间的进一步研究，促进了技术创新理论的快速发展。

在熊彼特之后，其继承者进一步从两个角度来阐述创新理论。熊彼特“创新理论”一个发展分支是从技术变革与技术推广角度对创新进行研究，由此所形成的技术创新经济学。门斯（G. Mensch）认为技术创新可分为基础创新、改进型创新，并进一步给出技术创新的触发条件，当经济陷入危机时，只有新的基础创新才能使经济走出危机，由于基础创新带来的技术扩散，以及新产品、新技术的不断出现，使经济走出危机，进入新的经济周期的上升阶段；在此期间，工业投资逐渐达到高峰，基础创新达到一定水平，继而出现改进型创新，经济增长进入平缓发展时期。当产业出现结构性问题，需要进行新一轮的技术创新，才能实现产业结构调整和经济新一轮的增长[90]。弗里德曼等也认为技术创新及其引致的新兴产业是导致经济波动的主要动力[91]。熊彼特“创新理论”另一个发展分支是把创新与制度因素结合起来，研究制度因素与技术创新、经济效益之间的关系，强调政策制度与环境对经济发展重要性，进一步形成制度创新经济学。技术创新理论的基本框架是把技术创新内生化，进一步研究由技术创新所推动的产业结构、市场结构或制度结构等经济结构变迁的过程[89]。

20 世纪 90 年代以来，经济的全球化和知识化促使人们更加重视对创新的研究，在此背景下，国家创新系统理论受到逐渐关注。克里斯托弗·弗里曼在研究日本战后经济迅速崛起的经验规律时，于 1987 年首次提出国家创新系统的概念，国家创新系统是由公共部门与私营部门共同构成的技术创新网络系统，这些部门间相互影响推动新技术的开发、运用、引进与扩散[92]。由于技术创新过程中充满不确定性，国家创新系统中的战略与制度安排应该富有弹性和灵活性（张凤海、侯铁，2008[93]），为技术创新提供可行和适宜的制度环境。波特从创新的微观个体和宏观主体之间联系对国家创新系统的影响进行考察，发现企业的创新力是国家创新力的基础，因此，政府部门应该为工业企业创造一个利于创新、适于创新的政策和制度环境[94]。

技术创新理论作为技术创新的理论分析基础，一方面揭示了技术创新在经济增长中的重要作用；另一方面，也揭示了技术创新对区域资源节约、环境改善的理论意义。同时，也为分析技术创新对工业绿色转型的作用机理提供了理论支撑。

1.4.5 经济增长理论

作为经济学的重要研究主题，学术界对经济增长理论的认知和研究经历了一个不断完善的过程。纵观其发展历程，基本上可以分为四个阶段的理论：古典经济增长理论、新古典经济增长理论、内生增长理论和现代经济增长理论（李玲，2012[95]）。从研究内容上来看，从早期单要素研究（如劳动），到多要素研究（如劳动、资本和土地），再到将知识、技术和人力等外生变量转入内生变量进行研究，最后到将资源环境、结构、制度等因素逐步引入理论分析，深入回答了经济增长的源泉。

（1）古典经济增长理论。古典经济学的奠基者亚当·斯密将经济学的研究重点从流通领域转向生产领域，特别强调劳动分工在提高劳动生产效率，促进经济增长的重要作用[96]。古典经济学另一位代表性人物大卫·李嘉图（David Ricardo）从分配角度考察经济增长，认为资本积累影响经济增长，资本积累又受到工资、利润和地租等因素的分配状况影响。而萨伊（Say）认为凡是能带来效用的要素，均为价值的源泉。古典经济学理论多为理论演绎分析，缺乏严密的逻辑论证，但其构建的经济增长基本研究框架，为后来的经济增长理论发展提供了很好的参照系（马晓琨，2014[97]）。

（2）新古典经济增长理论。在探究经济增长源泉的道路上，经济学家逐渐认识并提出了边际生产力递减规律，由杰文斯、门格尔和瓦尔拉斯等“边际三杰”推动的一场经济学边际革命，成为新古典经济学研究经济增长的理论起点。第二次世界大战后，经济增长问题再次成为主流经济学关注的重要主题。其中，最具影响的增长模型主要有哈罗德—多马模型和索罗—斯旺模型。根据哈罗德—多马模型可知，当实际增长率和均衡增长率发生偏差时，会造成经济短期波动。当均衡增长率和自然增长率发生偏差时，就有自我加强的趋势。因此要实现实际增长率、均衡增长率和自然增长率三者相等的长期均衡增长条件几乎是不可能的，常被形象地称为“刃锋式”的经济增长，为此，该模型饱受诟病[98]，但该模型将经济增长理论从静态分析发展成动态分析。索洛（Solow）和斯旺（Swan）构建了一个能够实现资本和劳动完全替代的经济增长模型，该模型中扣除资本和劳动贡献率后所得的余值被称为“索洛余值”，后来也被经济学家称为全要素生产率，从该模型可以推知，随着资本总量的不断积累，资本的边际产出趋于下降，进而出现经济增长停滞。新古典经济模型最大的缺陷就是将技术进步看作外生[99]，但它为现代经济增长理论研究确定了一个基本范式，随后关于经济增长的理论模型多是在此基础上发展起来的，也为后来经济增长理论的发展奠定了基础。

（3）内生增长理论。由于新古典经济增长理论将知识和技术进步等驱动经济增长作用最大的要素设定为外生变量，无法解释知识科技与经济增长间日益紧密的关系，这推动了内生经济增长理论的产生。内生增长理论最大的贡献在于将知识技术引入经济增长模型。内生增长理论关于知识技术进步的解释，具有代表性的有阿罗提出的“干中学”理论，其将生产和投资过程中所形成的经验知识对技术进步的促进作用称为“干中学”[100]。阿罗认为新知识会随着投资和生产过程中形成的经验积累而得以生产，从而促进技术水平提升。知识技术作为一种公共物品，具有溢出效应（spillover effect），从而使新技术在全社会扩散，技术具有报酬递增的特征，促进了整个社会经济收益递增。Romer（1990）将研发技术因素纳入经济增长模型，将技术进步内生化，有力地解释了经济长期增长之源，很好地解释了技术创新促进经济增长的特征事实[101]。但技术创新需要政府健全完善的产权保护制度和创新激励措施来加以推动，以熊彼特（Schumpeter）的“创造性破坏”思想为基础的 Aghion – Howitt 模型将技术进步看作经济增长的重要动力，但这一过程是不同市场主体间在追求利润最大化过程中相互更替的过程，这一过程增加了知识存量，提高了生产效率，但使原来的部分知识过时，对原来知识的拥有者产生了负外部性，造成创造性破坏[102]。卢卡斯（Lucas，1988）提出社会生产的提高主要体现在劳动者的素质水平上，通过设立含有“人力资本”的生产函数，将人力资本存量的变动作为内生因素，纳入经济增长模型之中，该模型显示了人力资本在提高社会生产率中的作用，这可以解释发达国家拥有人力资本优势，进而使其在资本和劳动力边际收益方面大于发展中国家，导致不同发展水平的国家存在较大差距[103]。内生增长理论在分析经济增长的源泉时忽略了制度对要素投入和生产率的作用，同时，也没有考虑经济增长过程中的资源环境约束，这为后来学者对现代经济增长理论的研究提出了思考空间。

（4）现代经济增长理论。在内生增长理论的基础上，以科斯为代表的制度经济学学派将制度看成经济增长系统的内生因素纳入经济增长模型，成为现代经济增长理论的研究起点。诺斯（D. C. North）构建了一个包括制度因素在内的经济增长模型来分析制度变迁对经济增长的影响机制，根据制度变迁和技术进步来解释经济增长机制问题，将内生经济增长理论的研究视野进行了拓展。20 世纪 70 年代，以梅多斯为代表的罗马俱乐部在《增长的极限》中指出自然资源的消耗和污染排放的快速增长将造成资源枯竭和环境破坏而使世界崩溃，这引起众多学者开始研究资源环境变化对经济影响，于是，人们开始将资源环境因素纳入经济增长模型之中，试图从中找到实现产业转型及经济可持续发展的路径（Lanoie & Patry，2008[33]；Berman & Bui，2001[104]）。然而，资源环境和产业转型之间的关系涉及的内容多，关系复杂，大部分研究多停留在理论阐述和统计分析上，没有形成系统的理论体系，面对日益严峻的资源环境问题，需要更为深入的研究，为实现区域可持续发展提供理论支撑。

1.5 研究设计

1.5.1 研究逻辑

（1）理论机制分析。①基于绿色发展理论分析了由传统粗放式工业发展模式到工业绿色模式的转变过程。在此基础上，从工业绿色效率提升、工业结构清洁化转型和工业结构高级化转型三个方面分析工业绿色转型内涵，并对这三个方面的内涵进行了界定。本书研究的落脚点是工业绿色转型，而工业又是环境污染较重、能源消耗较大的产业，那么工业能否实现绿色转型，其机制是什么：为此，本书基于扩展的索洛模型，从理论上分析了工业绿色转型的实现机制。②从总体上来说，环境规制属于产业规制政策层面（Policy，用P来表示），技术创新体现为企业的技术创新行为和区域技术创新支持行为（Conduction，用C来表示）两个层面，工业绿色效率提升和工业结构绿色转型作为工业绿色转型的两大类，工业绿色效率属于产业效率层面（Efficiency，用E来表示），工业结构绿色转型属于产业结构层面（Structure，用S来表示）。由此，分析环境规制、技术创新对工业绿色转型的影响，主要按照两条路线展开，第一条是沿着“环境规制、技术创新→工业绿色效率”的路线进行分析，其主要沿着三个方面的路径进行分析，一是沿着“环境规制→工业绿色效率”的分析路径，反映环境规制对工业绿色效率的影响，即P→E。二是沿着“技术创新→工业绿色效率”的分析路径，反映技术创新行为对工业绿色效率的影响，即C→E。三是沿着“（环境规制↔技术创新）→工业绿色效率”分析路径，反映环境规制与技术创新之间的激励配合对工业绿色效率的影响，即（P↔C）→E。第二条是沿着“环境规制、技术创新→工业结构绿色转型”的路线进行分析，这一分析路线也是沿着三个方面的路径进行分析，一是沿着“环境规制→工业结构绿色转型”的分析路径，反映环境规制对工业结构绿色转型的影响，即P→S。二是沿着“技术创新→工业结构绿色转型”的分析路径，反映技术创新行为对工业结构的影响，即C→S。三是沿着“（环境规制↔技术创新）→工业结构绿色转型”分析路径，反映环境规制与技术创新间激励配合对工业结构绿色转型的影响，即（P↔C）→S，并从整体上对上述关系进行理论分析和实证检验分析（见图1-2）。

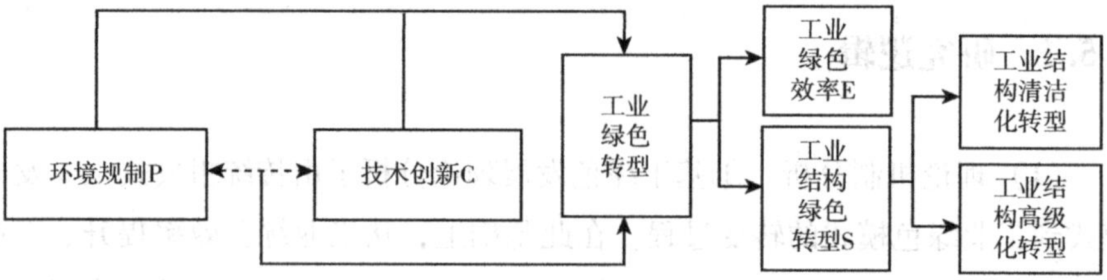

图1-2　本书的分析逻辑

（2）内在逻辑分析：中国工业粗放式发展所导致的资源环境问题给经济健康可持续发展带来了双重压力，资源环境的压力又转变为以下两个方面的驱动力：一是驱动着中国地方政府进行环境规制和实施创新驱动战略，以推进生态文明建设，走向绿色发展之路；二是在市场经济下，工业企业在追求利润最大化的前提下，面对资源环境巨大压力和生态文明建设的现实要求，驱动着工业企业承担起社会责任，走向资源节约、环境友好的绿色化生产之路。

作为对资源环境压力和生态文明建设驱动力的响应，一是作为社会公共利益的委托者——政府部门需要加大环境规制强度和环境督查力度，积极实施创新驱动战略；二是作为市场经济的主体部门——工业企业实施技术创新以推动效率提升、实现清洁化生产、向着高科技含量、高附加值和低污染的产业方向发展。在两者共同作用下，推动着包括工业绿色效率提升、工业结构清洁化转型和工业结构高级化转型三个方面在内的区域工业绿色转型，如本书研究的内在逻辑关系（见图1-3）。

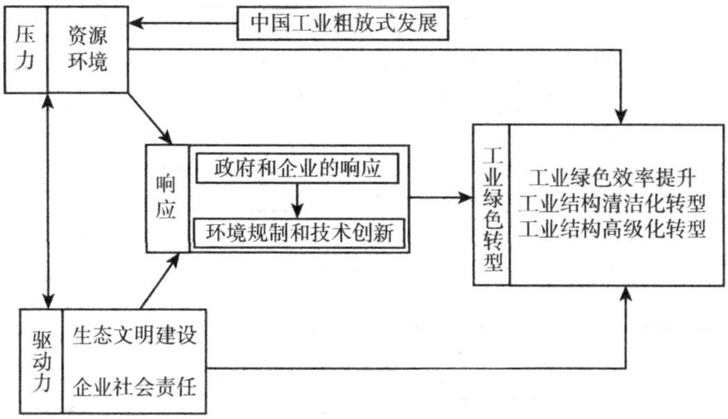

图1-3 本书研究的内在逻辑关系

1.5.2 研究框架

改革开放40多年来，中国工业高速低质的粗放式发展带来工业总产值不断扩大的同时，也造成了严重的环境污染和资源匮乏，由此对工业，乃至整个经济的健康可持续发展造成了双重约束，为此，中国区域加大环境规制或督查力度，积极实施创新驱动战略，大力倡导绿色发展理念，同时将生态文明建设作为中国“五位一体”建设总体布局中的重要组成部分，在此背景下，本书研究工业绿色转型这一命题具有重要的现实意义。

在现有经典理论和研究的基础上，分析实现工业绿色转型的机制及工业绿色转型的内涵，并将其拓展为工业绿色效率提升、工业结构清洁化转型和工业结构高级化转型这三个方面的内容。将工业行业的外部环境（环境规制环境和区域创新环境）和工业企业的内部环境（企业自主技术创新和企业技术引进创新）归并为环境规制和技术创新（技术创新从区域创新强度、企业自主技术创新和企业技术引进创新三个方面来分析）两大类，并从理论和实证两个角度论证环境规制和技术创新对工业绿色转型的影响机制。根据研究结论，结合西方发达国家工业转型的经验提出实现中国工业绿色转型的路径选择，力图为区域实现工业绿色转型、推动区域经济高质量发展提供理论参考。本书的研究沿着如图1-4所示的技术路线展开。

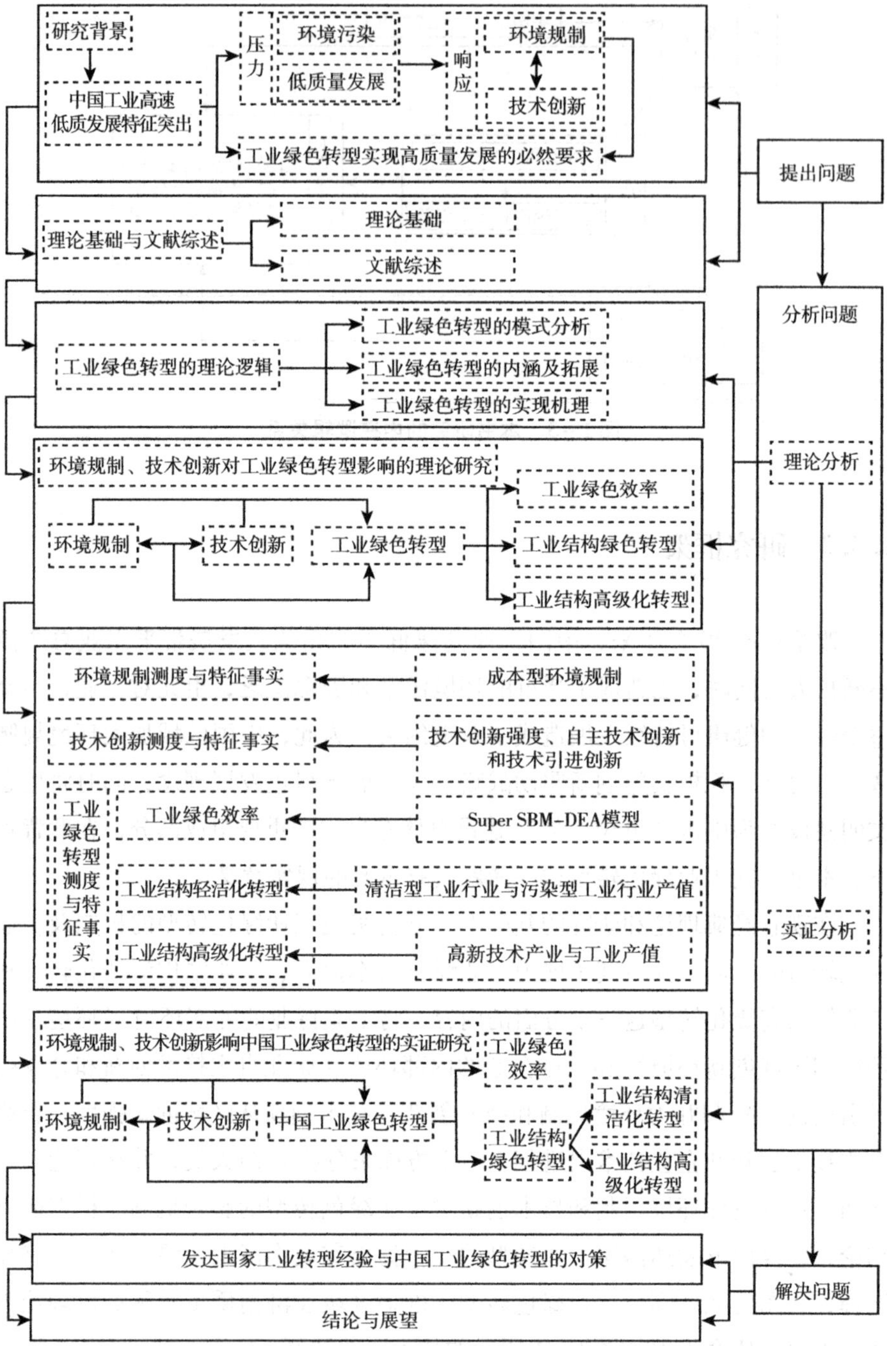
研究背景
中国工业高速低质发展特征突出
压力
环境污染
低质量发展
响应
环境规制
技术创新
工业绿色转型实现高质量发展的必然要求
提出问题
理论基础与文献综述
理论基础
文献综述
分析问题
工业绿色转型的理论逻辑
工业绿色转型的模式分析
工业绿色转型的内涵及拓展
工业绿色转型的实现机理
环境规制、技术创新对工业绿色转型影响的理论研究
理论分析
工业绿色效率
环境规制
技术创新
工业绿色转型
工业结构绿色转型
工业结构高级化转型
环境规制测度与特征事实
成本型环境规制
技术创新测度与特征事实
技术创新强度、自主技术创新和技术引进创新
工业绿色转型测度与特征事实
工业绿色效率
Super SBM-DEA模型
工业结构轻洁化转型
清洁型工业行业与污染型工业行业产值
实证分析
工业结构高级化转型
高新技术产业与工业产值
环境规制、技术创新影响中国工业绿色转型的实证研究
工业绿色效率
环境规制
技术创新
中国工业绿色转型
工业结构清洁化转型
工业结构绿色转型
工业结构高级化转型
发达国家工业转型经验与中国工业绿色转型的对策
解决问题
结论与展望

图1-4　本书的技术路线

1.5.3 研究方法

本书综合采用文献追溯、理论分析与经验实证分析等方法开展研究，具体来说，主要包括以下几个方面。

（1）文献追溯。文献追溯主要从两个方面来进行，一是追溯与本书相关的工业生态理论、环境规制理论、技术创新理论、经济发展理论和产业结构理论等经典理论，这些经典理论成为本书进一步进行理论分析和实证研究的基础。二是在研究现有国内外相关文献的基础上，系统梳理有关工业绿色转型、环境规制对工业绿色转型的影响、技术创新对工业绿色转型的影响以及环境规制与技术创新激励配合对工业绿色转型的影响等方面的相关文献，现有相关研究为本书提供了有益的参考，其中可以进一步改进或拓展的地方为本书提供了很好的研究视角。此外，现有文献中所使用的相关研究方法也为本书进行实证分析提供了很好的借鉴。

（2）理论分析。本书中的理论分析主要包括两个方面，一是有关工业绿色转型的模式、内涵和实现机理的分析。基于绿色发展理论对传统工业转型发展模式在绿色发展方面的拓展，形成了工业绿色转型发展模式。基于拓展的索洛模型论证工业绿色转型的实现机制，分析了工业绿色转型的内生因素——工业绿色效率提升在实现工业绿色转型中的作用。在工业绿色转型内在逻辑分析的基础上，进一步分析工业绿色效率提升、工业结构清洁化转型和工业结构高级化转型三个方面在工业绿色转型过程中的内在逻辑关系。二是环境规制、技术创新对工业绿色转型影响的理论机制分析。现有研究表明，环境规制将产生两个方面的作用，一方面是倒逼激励企业技术创新，产生对环境约束的突破作用，促进区域工业绿色转型；另一方面产生成本效应，增加企业成本，降低企业的竞争力，挤压技术创新的投入。环境规制也可能会改变工业企业策略，促进企业转向进入清洁的工业产业领域。当然，为了达到环境规制的标准，企业通过节能减排，从而有利于区域工业绿色效率，促进工业绿色转型。技术创新能够引入新的生产工艺或要素组织方式，由此提高企业要素的使用效率，降低工业的能耗强度，推动工业企业向着低能耗的方向发展，技术创新降低单位产值的污染排放强度，由此推动企业清洁化生产。随着技术创新水平的提高，将有利于工业企业向着高技术领域的工业行业转型，进而实现工业绿色转型。根据这一思路，本书将理论演绎与数理模型分析充分结合，理论上分析了环境规制、技术创新及其激励配合对工业绿色转型三个方面的构成要素（工业绿色效率、工业结构清洁化转型和工业结构高级化转型）的影响。

（3）实证分析。实证分析主要表现在两个方面：一方面是通过理论分析，进而选择合适的指标和方法对环境规制、技术创新与工业绿色转型进行测度，在此基础上对中国工业绿色转型、技术创新及环境规制的特征事实进行描述性统计分析；另一方面，通过建立计量模型所进行的回归分析。结合本书研究主题及变量的特点，在理论分析的基础上，从不同角度就环境规制、技术创新及其激励配合对工业绿色转型影响的计量回归分析。

一是描述性统计分析。工业绿色全要素生产率是把资源和环境因素纳入生产函数中进行研究，它不仅考虑区域期望产出（工业生产总值）的增长，而且考虑资源消耗和非期望产出（环境污染）。基于 SBM - DEA 模型，使用 MAX DEA 专业软件测度研究区域在研究期间的工业绿色全要素生产率，以工业绿色全要素生产率来作为工业绿色效率的代理变量。基于制造业在工业行业中的核心地位，使用清洁型制造业产值与污染型制造业产值之比作为工业结构清洁化转型的代理指标。基于高新技术产业所具有的绿色、高技术和高附加值特征，使用高新技术产业占工业行业中的比重来反映工业结构高级化转型。从工业绿色效率、工业结构清洁化转型和工业结构高级化转型这三个角度来反映工业绿色转型，在上述过程的基础上，对环境规制、技术创新与工业绿色转型的特征事实进行统计分析。

二是计量建模回归分析。主要包括以下三个方面：①动态面板模型分析。经济理论告诉我们，经济的发展存在一定的惯性和动态性，上期的经济发展状况会对本期产生影响。与此类似，工业绿色转型也可能存在惯性和动态性，动态面板模型能够很好地反映这种特性，但是动态面板也可能产生内生性问题。同时，变量的测度也可能存在一定误差而导致模型出现的内生性问题，基于此，本书主要使用系统广义矩估计法（System GMM）进行分析[105,106]。②动态面板门槛模型分析。根据现有对“波特假说”的研究，环境规制对技术创新能够产生激励效应，但这需要环境规制达到适度水平。区域经济发展水平的不同，也会使环境规制和技术创新存在区域异质性问题，为了反映这些差异对工业绿色转型的影响，本书使用动态面板门槛模型进行分析。③空间计量经济学分析。正如地理学第一定律指出，任何事物之间均相关，且距离较近的事物总比距离较远的事物相关性要高。考虑到各研究区域间经济贸易往来，由此会产生空间相关性，因此本书进一步分析加入空间因素后，环境规制、技术创新对工业绿色转型的影响状况。

1.6 研究内容

总体来看，本书主要包括以下内容。

第1章，绪论。本章首先在分析中国工业粗放式发展带来的资源环境问题的基础上，引出本书的研究主题。结合研究主题，本章主要对现有文献做如下方面的综述：一是关于工业绿色转型的研究；二是关于环境规制对工业绿色转型影响的研究；三是关于技术创新对工业绿色转型影响的研究；四是环境规制与技术创新激励配合对工业绿色转型的研究。以往文献为本书的研究提供了很好的参考，也成为本书进一步研究的理论基础。对研究问题探讨，比较现有文献，得出本书的研究意义和目的。结合本书的研究主题，分析了本书所涉及的经典理论，这些经典理论构成了本书研究的理论基础，主要包括工业生态理论、环境规制理论、技术创新理论、经济发展理论和产业结构理论。然后，在现有研究和理论的基础上构思本书的研究逻辑和研究框架，并选择相应的研究方法。按照研究方案设计，设计了本书的研究内容。最后进一步凝练出全书可能的创新点。总体来说，通过本章的分析可以对全书有一个概览式了解。

第2章，工业绿色转型的内涵及实现机理。本章主要是对工业绿色转型进行理论分析，首先基于绿色发展理论，对工业转型发展模式的转变进行分析，由此引入工业绿色转型这一主题。在此基础上，将工业绿色转型进一步细化为工业绿色效率、工业结构清洁化转型和工业结构高级化转型三个方面，并分别对这三者的内涵进行界定。其次是对工业绿色转型的实现机理进行分析，主要包括基于扩展的索洛模型分析工业绿色转型的实现机制，以及工业绿色转型的内在逻辑分析。

第 3 章，环境规制、技术创新影响工业绿色转型的理论分析。本章主要使用数理模型，结合定性分析和演绎推理剖析环境规制、技术创新及其两者的激励配合对工业绿色效率、工业结构清洁化转型和工业结构高级化转型的作用机理。

第 4 章，环境规制、技术创新与工业绿色转型的测度与特征事实。对于环境规制方面的测度，参考现有相关研究，基于数据的可得性与一致性，使用成本型环境规制强度作为环境规制的代理变量。对于技术创新而言，本章主要从区域技术创新环境和工业企业技术创新两个角度，进一步细化为区域技术创新强度、工业企业自主技术创新和工业企业技术引进创新三个方面来对技术创新进行测度。对于工业绿色效率来说，选择兼顾工业期望产出、非期望产出、劳动力投入、资本投入和能源投入的 SBM - DEA 模型，使用专业版 MAX DEA 软件测算得到。考虑到制造业在工业行业中的核心地位，不同于以往研究，本章使用清洁型制造业与污染型制造业的产值之比作为工业结构清洁化转型的代理变量；作为区域工业竞争力的核心，高新技术产业具有高技术、高附加值和环保的绿色产业特征，为此，本章使用区域高新技术产业占工业的产值比重作为工业结构高级化转型的代理变量，并从这三个方面分析了中国区域工业绿色转型的特征事实。

第 5 章，环境规制、技术创新影响工业绿色效率的实证分析。工业绿色效率影响作为工业绿色转型的效率因素，在实证经验上，环境规制、技术创新会对其产生何种影响？为此，本章构建了环境规制、技术创新对工业绿色效率影响的数理模型。在此基础上，建立动态面板模型、动态面板门槛模型和空间计量模型来实证分析环境规制、技术创新及其激励配合对工业绿色效率的影响机制。同时为了分析环境规制、技术创新及其激励配合对工业绿色效率影响的区域异质性，本章引入虚拟变量，分析了中国东部、中部和西部地区环境规制、技术创新及其激励配合对工业绿色效率影响状况。此外，还就环境规制、技术创新对中国工业绿色效率分解项的影响进行了实证研究，以此进一步分析工业绿色效率的内在决定机制问题。

第 6 章，环境规制、技术创新影响工业结构清洁化转型的实证分析。工业结构清洁化转型作为工业绿色转型的结构因素，在实证经验上，会受到技术创新、环境规制何种影响？为此，本章使用动态面板数据模型、空间计量模型分析了技术创新、环境规制及其激励配合对工业结构绿色转型的作用效果。同时，利用中介效应的分析范式，探讨了技术创新在环境规制作用工业结构清洁化转型过程中的中介效应。

第7章，环境规制、技术创新影响工业结构高级化转型的实证分析。工业结构高级化转型作为工业绿色转型结构因素的重要组成部分，本章就环境规制、技术创新对工业结构高级化转型的影响效应进行了实证分析。

第8章，主要分析发达国家工业转型的经验，将发达国家工业转型的经验启示与本书的研究结论相结合，提出了实现中国工业绿色转型的路径选择。

第9章，结论与展望。本章主要是对全书的研究结论进行总结，并指出本书可以进一步完善、拓展的地方。

1.7　可能创新

纵观全书，参照现有相关文献，对比分析可以发现本书可能存在以下几个方面的创新：

（1）本书综合考虑到中国工业在转型发展中面临的资源环境约束及其效率问题、基于绿色发展理论将传统工业粗放式转型模式延伸为工业绿色转型模式，并进一步将工业绿色转型的内涵细化为工业绿色效率提升、工业结构清洁化转型和工业结构高级化转型三个重要组成要素，这三个方面对应着产业组织理论中的核心问题——产业绩效、产业结构优化和产业结构高度化，同时对应着中国工业转型中的绿色效率问题，清洁生产问题和高附加值问题，体现了工业绿色转型的基本内涵。应用扩展的索洛模型论证了工业绿色转型的实现机制，从工业绿色效率角度论证了工业绿色转型的实现机理。并进一步基于中国区域工业发展过程中所面临的资源环境压力及生态文明建设动力的这两个视角，从工业绿色效率提升、工业结构清洁化转型和工业结构高级化转型这三个方面分析中国工业绿色转型的内在逻辑。理论上拓展了工业绿色转型的构成要素，系统地分析工业绿色转型的实现机理，是产业组织理论和产业结构理论在工业绿色转型方面的创新应用。

（2）本书将工业能源消耗和工业污染排放分别作为投入和非期望产出要素引入工业绿色效率的核算体系，使用可以同时兼顾期望产出、非期望产出和能源投入的 SBM－DEA 模型对中国工业绿色效率进行了测度，从方法上体现了工业绿色转型的内涵。在分析工业绿色结构转型时，充分考虑到绿色发展的主题和现实产业特征，一方面不同于以往研究，笼统使用清洁型行业与污染型工业行业产值之比作为工业转型的指标，而采用制造业绿色结构转型来反映工业绿色结构转型，原因在于：一是制造业占据工业的绝大部分份额，剔除受地理资源禀赋影响较大的采矿业和水、电、热力的生产等少数工业行业不失一般性。二是受地区资源禀赋影响较大的采矿业和水、电及热力生产等工业行业会对地区产生资源依赖性，在短期内不易发生变化，受环境规制和技术创新影响而导致其占区域产业份额变化的可能性较小，而制造业则受资源禀赋的影响较小，受环境规制和技术创新的影响较大，基于此，本书使用清洁型制造业与污染型制造业产值之比来作为工业结构清洁化转型的代理变量；另一方面作为最能体现区域竞争力的行业，高新技术产业体现了绿色、低能耗和高附加值的绿色产业特性，使用高新技术产业与工业产值之比可以作为度量工业绿色转型的又一指标。由此可见本书对工业绿色转型的概念拓展、测度能够贴合绿色发展的内涵，也充分体现中国工业行业的实际特点，实现了理论与事实有机结合，对分析度量工业绿色转型方面具有一定创新。

（3）本书从影响工业绿色转型的外部政策环境（环境规制、区域技术创新强度）和企业内部行为（企业技术自主创新和企业技术引进创新）两个视角，从理论和实证上分析环境规制、技术创新（含区域技术创新强度、工业企业自主技术创新和工业企业技术引进创新）及其激励配合影响中国工业绿色转型的机制，尤其是通过数理模型和数理图解的方式深入揭示了环境规制对工业绿色效率提升的作用原理。同时根据理论分析，从不同角度，使用相应的方法，较为系统地研究了环境规制、技术创新对工业绿色转型的影响过程和机理，这对关于工业绿色转型的研究提供一个新的视角。

（4）本书从政策—行为—结构（环境规制政策 P↔技术创新行为 C→工业结构绿色转型 S），以及政策—行为—效率（环境规制政策 P↔技术创新行为→工业绿色效率）的路径来分析环境规制政策与技术创新行为对工业绿色转型的影响，以及环境规制政策与技术创新激励配合对工业绿色转型的影响。并以此分析范式作为本书的分析思路和框架，较为系统地从理论和实证两个方面分析了环境规制、技术创新及其两者激励配合对工业绿色转型的影响，这有利于充实产业组织理论和产业结构理论。

第2章

工业绿色转型的内涵及实现机理

改革开放以来，中国工业的崛起开启了经济快速增长的新时代，创造了丰硕的物质财富，给中国经济社会面貌带来了巨大的变化。然而，伴随着这一过程，也出现了资源能源短缺、环境污染和生态破坏等一系列的危机。危机告诉人们，传统工业发展模式已难以为继，解决这一问题，人们并不希望限制，甚至放弃工业文明回到农耕文明时代，以抛弃工业化的成果来化解危机，中国14亿人口及其对工业物质资料日益增长的刚性需求也需要扩大工业生产。解决上述问题最好的策略就是在继续创造和享受工业文明成果的同时，尽可能地降低其负面影响，实现工业发展绿色化，推动人与自然的永久和谐相处。这就要利用工业自身的转型升级，实现绿色发展，最大限度地满足人们对高质量工业产品和良好环境资源的需求。

本部分首先基于绿色发展理论对工业发展模式进行分析，引出工业绿色转型发展模式，并进一步就工业绿色转型的内涵进行了界定，并从工业绿色效率提升、工业结构清洁化转型和工业结构高级化转型探析工业绿色转型的内涵本质。然后基于扩展的索洛模型对工业绿色转型的实现机理，以及工业绿色转型的内在逻辑进行分析，本章的分析脉络如图2-1所示。

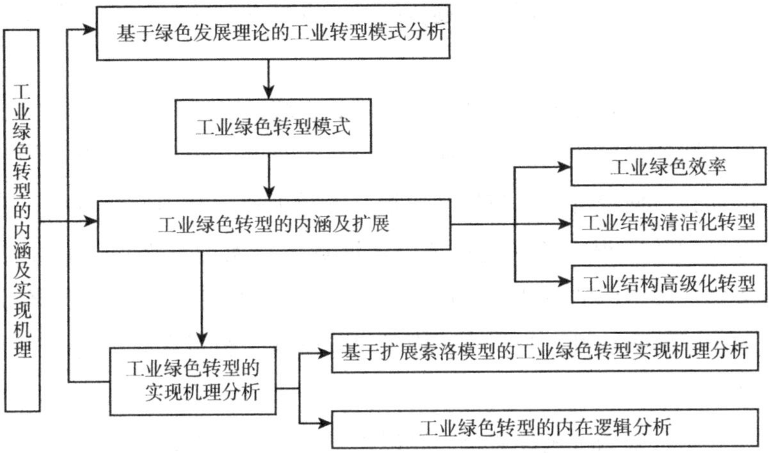

图 2－1　本章的分析脉络

2.1　基于绿色发展理论的工业转型模式分析

绿色发展缘于绿色经济，英国环境经济学家皮尔斯首次提出绿色经济的概念[107]，绿色经济强调经济行为有益于环境或与环境无对抗，最终目标是实现绿色发展，实现经济、资源和环境平衡发展是其本质要求。绿色发展涉及两个方面，一是“发展”问题，二是“绿色”问题。“发展”问题必然涉及经济的增长，不同于传统经济发展，绿色发展要求实现工业的高质量增长，即在经济总量增长过程中，创新生产方式，提高生产率，提高工业品性能，满足人们对高质量工业品的需求。“绿色”问题势必涉及自然环境，其意味着在工业生产过程中，生态环境得以改善、资源能源能够循环永续利用。自然环境一方面为人类提供生产生活所需的资源、土地等多种基本要素；另一方面吸收人类生产生活中所产生的工业污染物和生活垃圾。绿色发展就是在生产过程中既要避免对不可再生资源的过度消耗，合理高效地利用有限的自然资源，能够可持续利用，又要使生产过程中产生的污染在自然环境的自净能力范围之内，使环境与资源对经济发展的约束逐步降低，实现工业增长与工业资源能源消耗、工业污染排放逐步脱钩。在经济发展中生态环境逐步得到改善，资源利用效率逐步提升，在资源环境优化中实现经济发展质量的提高。

绿色发展不是以环境污染换取经济增长，更不是以降低经济增长水平或者停止经济增长换取环境保护，而是通过技术创新、生产组织方式创新和管理水平的创新，使经济发展与环境保护、资源可持续利用相得益彰，彼此间形成良性互动的过程。经济增长是增强区域综合实力和保证人民生活的基础，环境保护和资源的可持续利用是可持续发展的保证。绿色发展不是以牺牲环境和资源的粗放投入为代价，而是以经济增长数量和质量同时进步的高质量发展。

环境规制带来的影响或后果一直以来是学界争论的话题，主要存在着两种截然相反的观点，即环境规制成本说和环境规制有益说。环境规制成本说认为若采取严格的环境政策将使工业企业产生较高的成本，这将挤出企业部分用于正常商品生产和技术开发的投入，进而影响区域的产出。与此同时，环境规制对工业企业的限制也将使一些企业陆续退出，由此影响到区域经济总量和增长速度。事实上，这种情况并没有考虑如果环境规制缺失时，经济增长所导致的自然环境恶化所需要付出的成本和代价更高（王昀，2016[108]）。虽然在工业生产中进行环境保护需要付出一定成本，但相比于不进行环境保护所付出的成本，经济发展进行环境保护所付出的成本会相对较低[109]。对此，部分学者提出了环境规制有益说观点，该观点认为环境规制能够对经济发展产生两个方面的有益之处，一方面适度的环境规制将倒逼企业进行绿色技术创新，绿色技术创新在提高生产率的同时，降低污染排放，节约资源，使经济增长与环境保护达到双赢局面；另一方面环境规制也为一些绿色环保、节能的行业发展提供了发展机遇和环境，这也成为促成区域经济的新动力。

在传统经济增长理论下，工业粗放式发展以追求经济规模的快速增长为目的的做法，使一些欠发达地区的经济总量得以扩大，人民的温饱问题得以解决，但这种发展方式往往是资源能源的高投入和环境污染的高排放为代价。日益严重的环境污染事件在警示人们，经济社会发展到一定阶段后，经济社会的发展不能再以牺牲资源环境为代价来赚取短期内经济总量的增长，以及以“摊大饼”式的发展模式，而是更需要兼顾子孙后代利益的长期高质量发展。否则，自然环境的加剧恶化和资源能源日益匮乏将成为制约经济社会健康发展决定性因素。实现这一过程，就是坚持绿色发展理念，实现经济发展模式由传统的仅追求经济体量扩大的增长模式转型到同时注重自然资源环境保护、经济效率提升和经济量总量扩大下的绿色发展模式。尤其是作为国民经济的基础，工业的发展模式也应该由只关注量的扩张下的传统粗放型发展模式，转型为同时关注生态资源保护和工业高效增长下的绿色发展模式，实现工业生产全过程的绿色化、可持续发展，达到经济效益和生态环境效益的协调统一。

2.2 工业绿色转型的概念与内涵

工业绿色转型包括“绿色”和“转型”两个方面。“绿色”是总领，要求工业不再以“三高（高投入、高消耗、高污染）”和“三低（低质量、低效益、低产出）”，以及“先污染，后治理”为特征的发展模式来主导工业发展[9]，而是实现绿色发展，在绿色发展理念统领下，提高工业绿色效率，工业转向经济产出高质量，能源集约永续使用、环境友好的生产方向发展。“转型”意味着污染型生产转向清洁型生产，由污染型产业占主导转向清洁型产业占主导，或者工业企业向高级化方向发展，即实现工业结构清洁化转型和工业结构高级化转型。

2.2.1 工业绿色转型的概念界定

工业绿色转型是“绿色发展”这一概念在工业领域的应用，绿色发展强调经济发展和环境保护的协调统一。作为绿色经济的重要组成部分，工业绿色转型是工业迈向“工业不可再生资源的集约永续利用、工业污染排放减少、工业对生态环境影响逐步降低、劳动生产率提高、可持续发展能力增强”的过程[9]，是对传统的“黑色”“褐色”或者“灰色”工业发展模式的否定。工业绿色转型是指以资源集约和环境友好为导向，以创新驱动为核心，坚持绿色增长，走新型工业化道路，实现经济的“又好又快”发展

（蓝庆新、韩晶，2012[110]）。面对日益增强的资源和环境约束，工业绿色转型是实现节能减排和经济发展方式转变的必然要求。从本质上讲，工业的绿色转型是促进能源集约利用，减少污染排放和提高可持续发展能力的过程（王勇等，2015[29]）。

根据前文对工业绿色转型的分析与本书的研究主题，本书将工业绿色转型定义为：工业的增长方式由资源能源高投入的粗放型发展转为集约型发展，生产过程由高污染生产转向清洁生产，由低附加值、低效率发展转型为高附加值、高效率发展的过程。

2.2.2 工业绿色转型的内涵分析

从发达国家降低工业污染排放的经验来看，主要有以下三种途径：一是通过降低污染产生或排放强度来减少总量的污染排放；二是通过向发展中国家大规模转移污染密集型工业行业来减少本国污染排放；三是通过工业结构的绿色化调整，提高具有清洁型特征的工业行业比重，降低高污染型工业行业的比重来减少整体的工业污染排放（王勇等，2015[29]）。显然，对于中国这样一个负责任的发展中大国来说，通过向境外转移高污染行业来减少污染排放是不符合其发展理念的，减少工业污染排放主要通过降低工业行业内的污染排放或产生强度，以及逐步向具有绿色特征的工业行业倾斜，这也是中国工业绿色转型的主要方向，降低行业污染产生或排放强度就涉及工业绿色效率提升问题。向具有绿色产业特征的工业行业倾斜就涉及工业结构绿色转型问题，根据这一特征又可以从一般清洁型工业行业，以及具有高技术、高附加和低污染的高端行业来考虑。高新技术产业以不断进行技术创新为主要特征，具有高技术、高附加值和低污染基本特征，是一种天然的绿色产业，也是世界各地区争相发展的产业。基于以上分析，本书将工业结构绿色转型内涵进一步细化为工业结构清洁化转型和工业结构高级化转型。

综上所述，与传统工业转型过程不同，工业绿色转型是在绿色发展的基础上实现工业转型，是一个包括工业绿色效率提升、工业结构清洁化转型和工业结构高级化转型的系统过程。一方面包括实现期望产出效率提升，能源效率提升和非期望治理效率提升的综合体——工业绿色效率的提升来实现工业由量的增长转为质的提升；另一方面也体现为工业结构清洁化转型和工业结构高级化转型两个层面的工业结构绿色转型过程。基于此，本书主要从工业绿色效率、工业结构清洁化转型和工业结构高级化转型三个层面拓展工业绿色转型的内涵，下面对这三个层面的概念进行界定。

（1）工业绿色效率。

从范畴上来看，工业绿色效率属于生产效率的范畴，生产效率关系到经济增长的来源和质量，长期以来，被认为是学界关注的核心问题之一，从亚当·斯密提出分工所引致的劳动生产率提高是国民财富增长的重要原因之一，到新古典增长理论强调资本和劳动力投入是生产率的直接来源，再到内生增长理论和现代经济增长理论。内生增长理论突破了新古典关于技术外生的假设，重点关注技术进步在经济增长效率的决定因素，同时强调人力资本在技术进步和经济持续发展中的作用（Lucas，1988[103]；Romer，1990[101]）。虽然不同学者所处的背景和研究视角的不同，对生产率的理解也存在一定偏差，但基本上认同生产率是指生产活动在一定时间内的效率[111]。早期的生产率主要指单要素生产率，考察单要素对经济增长的影响，重点研究劳动生产率。随着社会分工的细化、生产技术的提升，生产过程中投入多种生产要素以及对生产要素间相互替代性的进一步认识，对生产率的认识也由单要素生产率过渡到全要素生产率。尤其是柯布—道格拉斯生产函数的构建，促进了生产率的研究从定性研究进入量化研究阶段，极大地促进了人们对全要素生产率的理解。施蒂格勒（Stigler，1947）在假定资本和劳动两种生产要素的基础上，提出了全要素生产率的概念，罗伯特·索洛（R. Solow，1957[112]）在道格拉斯、丁伯根等研究的基础上构建了经济增长模型，将经济增长扣除要素投入而未被解释的部分归为技术进步的结果，这些未被解释的部分后来被称为“索洛余值”，也称为全要素生产率，于是人们基于工业全要素生产率来判断工业产出效率。随着经济的发展，资源环境对经济发展的约束日益显现，资源短缺使人们注意到生产必须要可持续，环境污染带来的危害倒逼人类进行工业生产时必须转向清洁生产，由此，绿色发展顺势而出，再仅仅考虑传统生产要素来核算全要素生产率已经不能满足当前经济发展的要求，因此需要在传统工业全要素生产率的基础上加入资源环境因素，即工业绿色全要素生产率的分析研究。一般用工业绿色全要素生产率来判断增长的绿色与否，也就是工业绿色效率[49]。

综上所述，本书认为工业绿色效率就是在工业生产中，同时将能源、资本、劳动等生产要素，以及期望产出和非期望产出纳入投入产出核算体系下的效率。工业绿色效率提升意味着劳动生产率、能源使用效率、工业污染预防及治理效率得到提升，达到资源节约、环境友好。

（2）工业结构清洁化转型。

工业结构清洁化转型的内涵起于工业结构转型，中国工业已经进入必须依靠结构转型升级推动发展的新阶段（金碚等，2011[7]），工业结构转型可以从“数量”和“质量”两个方面来反映，数量上指工业内部各细分行业的区域构成，如表现为轻工业与重工业的比例关系；劳动密集型行业、资本密集型行业与知识密集型行业的比例关系，污染型和清洁型行业的比例关系等。质量上指各工业行业之间的经济效益和技术水平的分布状况，反映了区域工业中起主导作用的行业部门经济效益和技术水平不断更替的规律，如从节能减排价值、附加价值、资本集约度、高新技术产值占比等角度进行研究分析。

作为工业结构绿色转型的重要组成部分，本书将工业结构清洁化转型定义为区域工业行业实现由污染生产向清洁生产转变，或者区域内高污染型工业行业比重不断下降，区域内清洁型工业行业比重不断上升的过程。

（3）工业结构高级化转型。

由于高新技术产业是一种典型的高附加值行业，具有绿色工业行业的特征，高新技术产业在区域工业中比重的提高，在高新技术产业技术溢出效应的影响下将会提高区域技术水平，技术水平的提高将会促进区域工业生产效率的提高，有助于实现区域资源节约[86]。作为工业转型的一种方式，基于高新技术产业本身的特点，区域工业行业在转向高新技术产业过程中，也可以从两个方面来体现，从数量上来看，区域知识密集型工业行业占比的提高，从质量上看实现了环境友好、资源节约以及产业技术水平的提高。

基于上述分析，作为工业结构绿色转型的重要组成部分，本书认为工业结构高级化转型是指区域为实现绿色发展，提高市场竞争力，由低端低附加值向高端高附加值转变的过程，表现为区域高新技术产业在工业行业中的比重不断提升的过程。

综上所述，工业绿色转型的内涵进一步拓展为工业绿色效率提升、工业结构绿色转型两大类。同时，工业结构绿色转型又可以进一步分为工业结构清洁化转型和工业结构高级化转型两个方面，由此工业绿色转型可以体现为工业绿色效率提升、工业结构清洁化转型和工业结构高级化转型三个方面，其对应着工业绿色发展的工业期望产出增加、工业资源能源节约、工业非期望产出降低和工业附加值提升（见图 2－2），工业绿色效率提升表现为工业劳动产出技术效率提升，能源使用效率的提升和环境污染治理效率的提升，对应着工业产值增加，能源节约和环境友好；工业结构清洁化转型是指区域污染型产业向着清洁产业转型，或者由污染生产方式转变为清洁生产方式，在这一过程中，区域环境污染总体水平或非期望产出的降低，实现环境友好型发展；工业结构高级化转型意味着区域工业向着高新技术产业的方向发展，高新技术产业具有低污染、高技术的特点，在此过程，实现环境友好和价值链的提升。由此建立起工业绿色转型（包括工业绿色效率提升、工业结构清洁化转型和工业结构高级化转型）与工业绿色发展（工业期望产出增加，工业能源节约、工业非期望产出降低和工业附加值提升）间的内在联系。

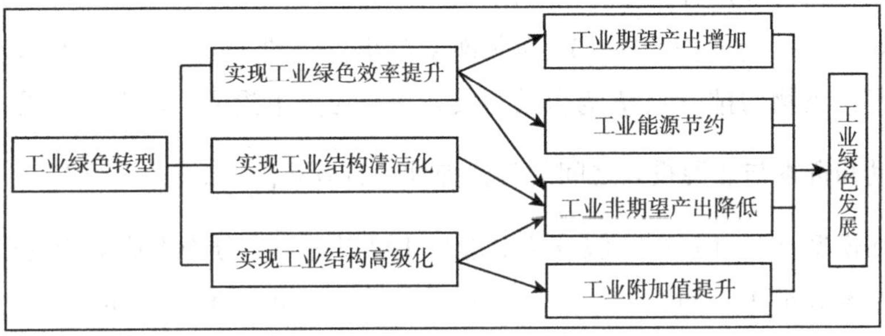

图 2－2　工业绿色转型与工业绿色发展的内在联系

2.3　工业绿色转型的实现机理分析

2.3.1　基于扩展索洛模型的工业绿色转型实现机理分析

如前文所述，在所有产业部门中，相比较而言，工业是能耗较多，污染较重，同时又是创造实际财富，满足人们物质需求的实体产业，生产过程中必然需要自然资源的投入。在期望产出的生产过程中，也会伴随着一定的非期望产出。而人们对工业期望产出的需求又是日益增长，面临这种“两难”的境地，如何实现工业绿色转型，其实现的内在机制是什么？为此，本部分使用拓展的索洛模型进行分析论证。

在完全竞争和规模报酬不变的假设条件下，索洛模型得出经济将趋向收敛并达到稳态。为了分析工业绿色转型的实现基础，借鉴王昀（2016）[108]等的做法，本书进一步将工业生产中的能源投入和非期望产出（工业污染产出）纳入扩展了的索洛模型中，分析工业行业实现绿色转型下应具有的均衡条件。

假定工业行业的生产函数为不变替代弹性下的生产函数（即 CES 生产函数），产出包括期望产出（工业企业期望得到的，能够给其带来收益的工业品产出）和非期望产出（工业污染物产出），投入要素为能源、劳动力和资本，在规模报酬不变的假设下，工业企业的产出 $Y(Y_g,Y_b)$ 的函数设定为如下形式：

$$Y(Y_g,Y_b)=F(K,L,E)=[(A_L^{\beta}L^{\beta}K^{1-\beta})^{\phi}r_0^{1/\sigma}+(A_EE)^{\phi}r_E^{1/\sigma}]^{1/\phi} \qquad (2-1)$$

其中，Y_g 为期望产出、Y_b 为非期望产出（非期望产出主要为工业“三废”等污染物的排放）、L 为劳动力投入、K 为资本投入、E 为能源投入、σ 为劳动和资本与能源投入之间的替代弹性，且 $\sigma=\frac{1}{1-\phi}$，$r_0+r_E=1$。

在模型（2-1）中，假设技术进步 A 可以进一步分为工业生产过程中的劳动技术进步 A_L，对应的劳动技术进步率为 g_l；能源利用技术进步 A_E，对应的能源利用技术进步率为 g_e。假设资本折旧率 δ 与储蓄率 s 均为外生固定的，P_E为能源价格，$\dot{L}=nL$ 为劳动数量（n 为人口增长率），资本受到储蓄和折旧的影响，则资本存量可表示为：$\dot{K}=s(Y-P_EE)-\delta K$。在满足以上假设的情况下，做以下两个方面的分析。

（1）在工业增长达到稳态时，能源利用技术进步的状态分析。

根据模型（2-1）可知，如果满足条件 $\sigma\to1$ 和 $r_E\to0$ 情况下，模型（2-1）将退化为索罗模型，在资本 K 和产出 Y 以 g_l+n 的速度保持增长时，工业增长将达到稳态。资本和能源之间的替代弹性应满足条件 $0<\sigma<1$，这因为工业生产过程中要保持一定数量以上的能源投入，同时，资本存量的增

长也相应地需要增加能源的投入。在替代弹性条件 σ 一定的条件下，能源供应充足时，工业生产达到稳态时，产出水平受储蓄率 s、技术进步率 g_l 和人口增长率 n 的正向影响。但是当工业行业以粗放的方式发展，能源就成为约束，根据模型（2－1）可得能源的产出弹性为：$\frac{\partial LnY}{\partial LnE}=r_E^{1/\sigma}\ (A_E E/Y)^{\phi}$。

如果能源技术不存在进步，在能源数量一定的情况下，工业生产将停止增长。因此，在能源数量出现约束的情况下，需要提升能源使用技术效率来增加能源可用量。在规模报酬不变的假设下，能源技术效率等于 g_l+n 时，工业产出 g_l+n，则在该种情况下，当能源出现约束时，也将约束工业产出。而当能源技术进步率大于 g_l+n，或者能源技术进步率与能源数量质量增长率之和大于 g_l+n 时，这将促进产出水平的增加。

（2）污染治理技术进步在工业增长达到稳态时的分析。

假设工业产出的非期望产出为 B，通过对工业非期望产出的防御治理而实现减排，防御治理技术进步为 A_p，其进步率为 g_p。如果污染治理的技术水平为 A_p，将减少非期望产出量 A_pB，非期望产出的函数是关于经济活动 F 与治理污染程度 F^p 的单调递增凹函数。假设 $A_p(F,F^p)$ 为规模报酬不变，那么工业部门非期望产出量 D 可以表示为：

$$D=FB-BA_p(F,F^p) \tag{2-2}$$

$$D=FB[1-A_p(1,F^p/F)] \tag{2-3}$$

$$D=FBp(\theta) \tag{2-4}$$

$$p(\theta)=[1-A_p(1,F^p/F)] \tag{2-5}$$

$$\theta=F^p/F \tag{2-6}$$

其中，θ 表示工业期望产出中用来治理非期望产出的比例，那么工业期望产出 Y 中可用于消费或投资的部分为 $Y=(1-\theta)F$。

由工业期望产出、资本存量与非期望产出可以得到对应的人均变量，即有：

$$y=(1-\theta)f(k) \tag{2-7}$$

$$\dot{k}=s(1-\phi)[f(k)-P_E e]-k(\delta+n+g_l) \tag{2-8}$$

$$d=Bf(k)p(\theta) \tag{2-9}$$

其中，$y=Y/A_LL,k=K/A_LL,f(k)=F(k,1,e),d=D/A_LL$，进一步可得工

业污染排放的增长率为：$g_D = n + g_l - g_p$。

由工业污染排放增长率 g_D 的表达式可知，其一方面受工业产出增长带来的污染增长的影响（由索洛模型可知工业产出增长率为 $g_l + n$），这意味着非期望产出与期望产出相伴产生；另一方面受污染治理技术进步率 g_p 的影响，即由于污染治理技术的提高使污染总排量的减少。由此可见，要实现绿色发展，一是要有发展，保持人均产出的增长，这就要求劳动技术生产率提高，即 $g_l > 0$；二是要有环境污染排放增长率的降低，满足工业污染排放增长率为负（$g_D < 0$），即要求工业污染防御或治理技术进步率超过总产出增长速度（$g_p > g_l + n$）。

综上所述，通过应用扩展的索洛模型进行推理分析可以看出，要实现工业的绿色发展，一方面要发展，即提高劳动生产率（g_l）；另一方面要提高能源使用效率和环境污染防治效率或治理效率，综合这两个方面，就表现为工业绿色效率的提升。这反映，工业企业在实现增进产出时，要实现资源节约、环境友好的绿色发展要求，通过工业绿色效率提升来从本质上推进工业绿色转型，以实现由传统粗放的发展模式转型为工业绿色发展模式。

2.3.2 工业绿色转型的内在逻辑分析

工业化发展历程表明，在众多影响资源环境的因素中，工业对资源环境的影响最为直观和严重[113]，主要表现为三个方面：一是工业生产前对资源环境的冲击，表现为向自然界索取工业生产资源，尤其是不可再生资源，客观上对自然生态环境造成了冲击，如煤炭、石油等资源的开采；二是工业生产过程中的环境污染，如工业“三废”的排放；三是生产过程后对自然环境的破坏，表现为最终工业品被消费后，如果不能够实现工业产品循环再利用或者是非绿色工业产品，将会对生态环境造成极大冲击，例如，传统的高汞、高镉和高铅废电池无处理的随意丢弃。由此可见，在工业整个发展过程中，特别是粗放式工业发展给区域资源环境带来了的压力，生态文明建设也顺势而生。面对生态环境的压力和生态文明建设的要求，区域需要实现工业绿色转型。

实现工业绿色转型的内在逻辑关系可以用工业绿色转型逻辑关联来直观

展示（见图2-3），图中虚线封闭部分表示工业生产过程。工业在生产过程中需要投入的生产要素，一般包括可再生资源和不可再生资源，投入的生产要素在一定的技术和生产工艺下组织生产，获得两种相伴而生的工业产出——期望产出和非期望产出。在这一过程中，粗放式的工业发展，将会带来低产出、高污染和高能耗问题。面对生态环境的压力和生态文明建设的要求，人们对工业品或高质量工业品的无限需求只能通过工业自身的进一步转型发展来解决[114]，也就是需要工业企业降低不可再生资源的投入和工业污染产出，提高不可再生资源的利用率，降低非期望产出率，同时，基于工业品效用的考量，必然需要提高期望产出的生产效率，以提高工业品的数量与质量，这一过程的实现需要工业绿色转型。具体看来，一是通过提高工业绿色效率来实现，工业绿色效率的提升对应着工业污染的防御和治理效率、能源利用率和期望产出率。这三者与降低非期望产出、降低不可再生资源使用和提高期望产出相呼应。二是通过工业结构清洁化转型来实现，工业行业有重污染行业和清洁行业之分，顾名思义，重污染行业在投入一定的情况下，非期望产出自然较多，清洁行业则污染较少，实现由重污染工业行业向清洁工业行业的转型或者实现由高污染的生产方式向清洁型的生产方式转变，是对区域污染产业的“精洗”，自然会实现在其他投入产出不变的情况下，非期望产出减少，由此实现区域工业的绿色化发展，也就意味着工业的绿色转型。三是实现区域工业结构高级化转型，高新技术产业具有高技术、高附加值，同时还是低污染的产业，是一种天然绿色产业[115]，区域工业行业向高新技术产业转型，这就意味着降低了非期望产出和能源资源投入，以及提高期望产出的附加值，也可以实现区域工业劳动效率、能源使用效率和污染治理效率的提高，以此推动工业绿色转型。

粗放型的工业发展模式造成了区域资源环境的双重约束，导致区域资源环境压力增大，在生态文明建设的要求下，区域工业生产需要降低不可再生资源投入和非期望产出，以及提高期望产出。实现这一过程的重要途径就是通过工业绿色转型，即实现工业绿色效率提升、工业结构清洁化转型和工业结构高级化转型这三个方面的工业绿色转型，达到降低不可再生资源投入和非期望产出，以及提高期望产出的目的，实现工业的绿色转型发展。

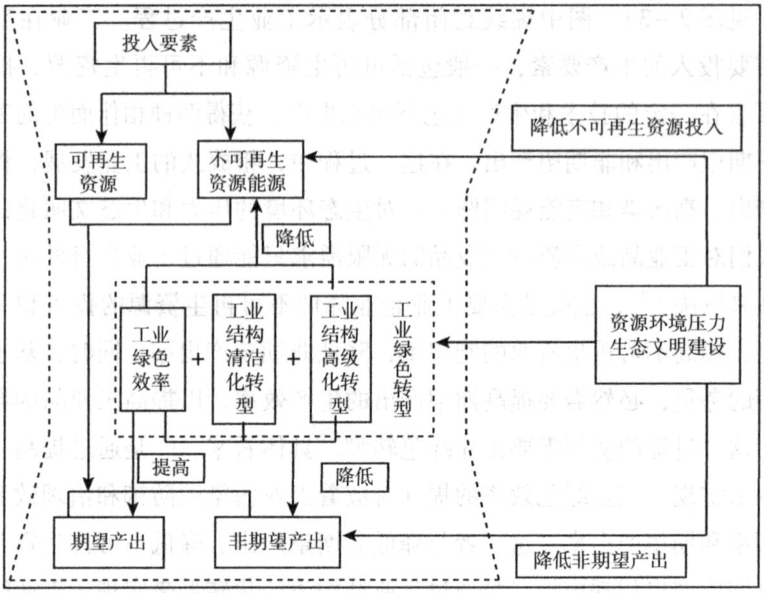

图2－3　实现工业绿色转型逻辑关联

从投入产出的角度来看，工业绿色转型是实现工业发展模式由“高投入、高能耗和高污染”向着“高产出、低能耗、低污染”为特征的绿色发展模式转变，高产出意味着效率的提高，效率的提高不仅是传统意义上效率的提高，而是包含能源使用效率提升、污染治理效率提升在内的工业绿色效率的提升。低能耗反映在能源消耗上，通过绿色效率提升和工业结构的绿色转型使单位产出下的能源使用强度降低。低污染反映在工业污染物排放上，实现区域工业绿色化生产，这意味着区域污染产业的比重减低，或者污染产业实现清洁化生产，即区域工业的清洁化转型。高新技术产业作为技术密集型和污染能耗低的产业，区域工业结构高级化转型自然能够提高区域技术水平的同时，降低区域污染，能够使区域实现绿色生产，由此实现区域工业结构绿色转型，基于此，可以认为工业结构高级化转型是工业结构绿色转型的重要方面。由此可见，高产出、低能耗和低污染的三者结合需要工业绿色转型中绿色效率的提升和区域工业结构的绿色化转型。

2.4　本章小结

工业绿色转型作为本书研究落脚点和核心主题，本章首先基于绿色发展理论从理论上对工业绿色转型模式进行了分析，在此基础上，将工业绿色转型的内涵拓展工业绿色效率提升、工业结构清洁化转型和工业结构高级化转型三个方面。然后对这三个方面的内涵做进一步界定和分析，并进一步基于扩展的索洛模型分析工业绿色转型的实现机理，即提高工业绿色效率。基于中国资源环境约束和生态文明建设的现实，并对工业绿色转型的内在逻辑进行了分析。通过本章的分析可以理解工业绿色转型实现的理论基础和条件，即在工业发展中实现资源节约和环境保护是可以通过提高工业绿色效率来实现的，这也从侧面反映，可以在资源节约和环境保护中实现工业绿色发展。同时可以通过工业结构清洁化转型和工业结构高级化转型，即工业结构绿色转型来实现。工业结构清洁化转型意味着区域工业由高污染行业转型清洁行业的过程。工业结构高级化转型是基于高新技术产业的清洁、高技术和高附加值的特征，区域实现工业结构高级化转型也自然达到了绿色化生产，效率提升和价值提升，从这一视角对工业绿色转型的考察是对工业结构绿色转型内涵的更进一步认识和分析。综上所述，工业绿色转型不仅包括由传统效率转向绿色效率的提升，而且包括工业结构的清洁化转型和工业结构高级化转型。

| 第3章 |

环境规制、技术创新影响工业绿色转型的理论分析

中国构建了包括生态文明建设在内的“五位一体”建设总体布局①。作为生态文明建设的重要一环，环境保护受到前所未有的重视，中国采取了多种环境规制政策，如关闭高污染、高能耗工业企业，出台环境保护法规和加强环境督查等政策措施，旨在通过环境规制来推动区域生态环境质量的改善。工业是国民经济的基石，也是产生环境污染物较多、污染较重的行业。而环境规制又是对环境污染的规范治理，环境规制的实施势必会对污染相对较重的工业行业形成倒逼机制，促进工业绿色转型，那么其作用机理是什么？则需要进行系统研究。在全球绿色产业革命和绿色贸易壁垒盛行的背景下，中国大力实施创新驱动战略，旨在通过技术创新驱动转型发展，实现从全球价值链的低端走向高端，达到工业生产的绿色化，提升工业行业的国际竞争力，那么技术创新能否推动工业绿色转型，其作用原理是什么？本章分析目的是从理论上揭示环境规制、技术创新影响工业绿色转型内在作用原理。这也为后文的实证分析提供理论铺垫。

从第2章的分析可知，工业绿色转型可以从工业绿色效率提升和工业结构绿色转型两大类来进行解析，工业结构绿色转型又可以进一步分为工业结

① 中国“五位一体”的总体布局是指推进经济建设、政治建设、文化建设、社会建设和生态建设，这五个方面的建设布局是一个有机整体，其中经济建设是根本，政治建设是保证，文化建设是灵魂，社会建设是条件，生态文明建设是基础。来源：http：//theory. people. com. cn/n1/2017/0210/c148980 – 29072607. html。

构清洁化转型和工业结构高级化转型两个方面，由此看来，分析环境规制、技术创新对工业绿色转型影响的理论机制，可以进一步从环境规制、技术创新对工业绿色效率、工业结构清洁化转型和工业结构高级化转型这三个方面的影响机制上进行阐释。由此，本章首先就环境规制、技术创新对工业绿色转型的影响机理进行概览式理论分析的基础上，进一步就以下三个方面进行具体分析：一是环境规制、技术创新对工业绿色效率影响的理论机制分析；二是环境规制、技术创新对工业结构清洁化转型的理论机制分析；三是环境规制、技术创新对工业结构高级化转型的理论机制分析。本章的分析脉络如图3－1所示。

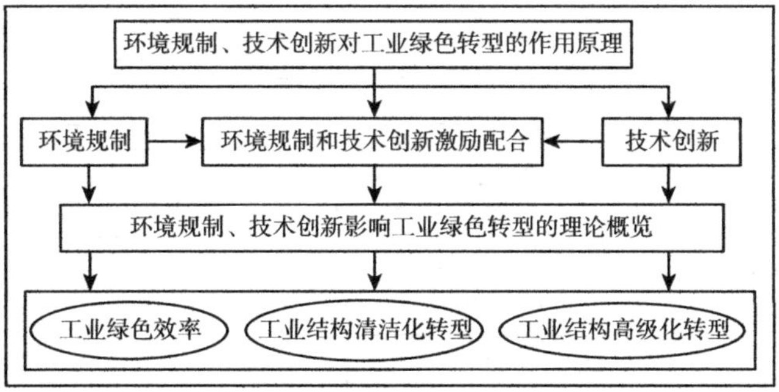

图3－1　本章的分析脉络

3.1　环境规制与技术创新的概念界定

从理论上分析环境规制、技术创新影响工业绿色转型作用机理时，需要对环境规制、技术创新的内涵进行界定，这有助于理解环境规制、技术创新对包括工业绿色效率、工业结构清洁化转型和工业结构高级化转型这三个层面的工业绿色转型的作用原理。

3.1.1　环境规制的概念界定

从隶属关系上来看，环境规制属于规制范畴，为此，本书在界定环境规制内涵之前，首先分析规制的内涵。

（1）规制的内涵。顾名思义，规制就是用规则来加以约束和治理，源于英文的"Regulation"或"Regulatory Constraint"，日文译成"规制"。规制是依据一定规则制度对特定经济社会组织或个人所采取的一种限制（植草益，1992[116]）。美国经济学家施蒂格勒（Stigler，1996[117]）认为规制是为了实现某些利益而制定的干预市场配置机制的一系列规则措施的总和。为了便于理解规则的相关构成要件，在整理分析现有文献的基础上，从规制的缘起、目标、主客体、手段和分类等五个方面对规则这一概念进行了图解（见图3－2）。

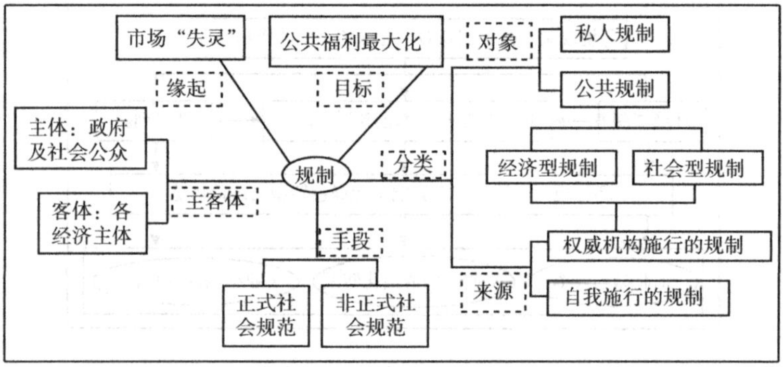

图3－2　环境规则的构成要素

一般认为，规制缘起于市场"失灵"，由于一些经济行为主体在市场机制下会给社会公众的效用带来负外部性，使公众利益受损，由此需要社会公共利益的委托者制定并实施规则制度进行纠偏，以实现社会公共利益最大化。规制的目标是实现社会整体福利最大化。规制的主体为政府和社会公众，规制的客体主要是指各类经济主体，包括社会化生产中的消费者和生产者。从规制手段上来看，既包括正式的法律政策和行业规范，又包括非正式的风俗习惯和社会规范。从分类上来看，规制一般可分为公共规制和私人规制，公共规制是社会公共部门对市场经济中特定主体所从事的具有负外部性的经济活动施加特定影响的规章制度，进而规范治理的过程，以实现整体公共利益最大化。按照规制性质的不同，公共规制又可以进一步分为社会型规制和经济型规制，其中，社会型规制是政府对具有负外部性或者可能会降低社会公众效用的特定行为进行规范、治理和约束。经济型规制主要是对具有信息不对称情况下的行业或垄断部门进行规范或限制（胡威，2016[118]），按照规制力量的来源可以将规制分为权威机构实施的规制和自我实施的规制。

基于上述分析，本书认为规制的含义可以表述为：为应对市场“失灵”，社会公共利益的委托者为实现社会整体福利最大化，避免市场经济条件下经济主体给社会公共利益造成负的外部性，对特定经济主体施加相应规章制度和措施进行纠偏的过程。

（2）环境规制的内涵。作为社会型规制的重要内容之一，环境规制是为了解决市场“失灵”情况下环境污染所产生的负外部性问题，满足于人们对改善环境的需要而产生的。起初，环境规制被认为是政府制定并实施政策制度来对环境资源市场进行规范治理，主要包括许可证制度、环境禁令等规制工具。然而，随着实践中环境税、环境补贴、排污费等市场化环境规制工具的制定和实施，在政府行政手段的基础上，环境规制向市场机制下的经济手段拓展，既包括政府“有形的手”，对环境污染进行直接和间接干预的手段，又包括市场“无形的手”，通过市场机制对环境资源进行调整和治理。当然，随着人们环境保护意识的增强，相对于政府强制的行政手段，以及市场机制下的间接规制和调控等显性环境规制，一些依赖于经济社会主体的环保意识和环保素养等隐性环境规制也逐渐受到关注，隐性的环境规制主要是指自愿型环境规制（胡威，2016[118]）。例如，社会舆论对环境污染事件披露的透明度和社会公众对环境污染状况的关注度，以无形的方式给相关政府和排污企业带来了巨大的压力，而这种无形压力就是“非正式性”环境规制的一种重要表现形式，越来越受到人们的普遍关注。

综上所述，结合本书的研究需要，我们认为环境规制是为了实现环境保护与经济社会可持续发展，由社会组织、企业及个人等共同参与的，通过制定并实施有益于环境治理和保护的一切有形或无形的规制制度，是针对导致环境污染的组织或个人的活动所进行的一种约束和调控。

3.1.2　技术创新的概念界定

在分析技术创新对工业绿色转型的影响前，有必要先对技术创新的概念进行界定。

对于创新，熊彼特（1912）[87]认为是企业家将生产过程中的要素以新组合方式投入生产系统中，由此获得超额利润的过程，主要包括引进一种新产品、在现有产品的基础上开发新的功能、采用新的商业运行模式、开辟新的市场或生产要素的供应方式以及采取新的生产技术、组织生产方式或管理方法，可见创新主要表现为产品创新、生产方式创新、营销方式和组织方式创新四种模式。作为创新的一个重要分支，技术创新是企业为获得更多的商业利益，通过重新组合生产要素，建立起更高效的生产经营组织模式，由此创造新产品和新工艺、开辟新市场、获得新的原材料供给来源和方式等一系列活动的综合过程（傅家骥，1999[119]）。技术创新的实质是通过利用并创造知识，把新知识、新技能转化为现实生产力和社会财富（章成帅，2017[120]）。技术创新是创造出新的产品或生产方式，或者对原有产品的生产方法有大的改进，或者在产品销售、对外关系中出现新的组织管理模式[121]。技术创新也是推动经济变革的核心力量，能够实现产品的质变，工业生产过程的革新、创造新的销售市场、新的生产要素市场和新的组织模式[122]。

综上所述，结合研究需要，本书将技术创新定义为工业企业为适应市场需求，引进或创造新知识、新工艺和新技术，采用新生产组织方式，达到提高产品性能、实现环境友好、资源节约、提高市场竞争力的过程。

3.2 环境规制、技术创新影响工业绿色转型的理论概述

3.2.1 环境规制与技术创新影响工业绿色转型的逻辑关系

为了从总体上分析环境规制、技术创新对工业绿色转型的内在逻辑，本部分在图 2 - 3 的基础上，进一步构建图 3 - 3，从中可以直观地反映环境规制、技术创新影响工业绿色转型的内在逻辑关系。

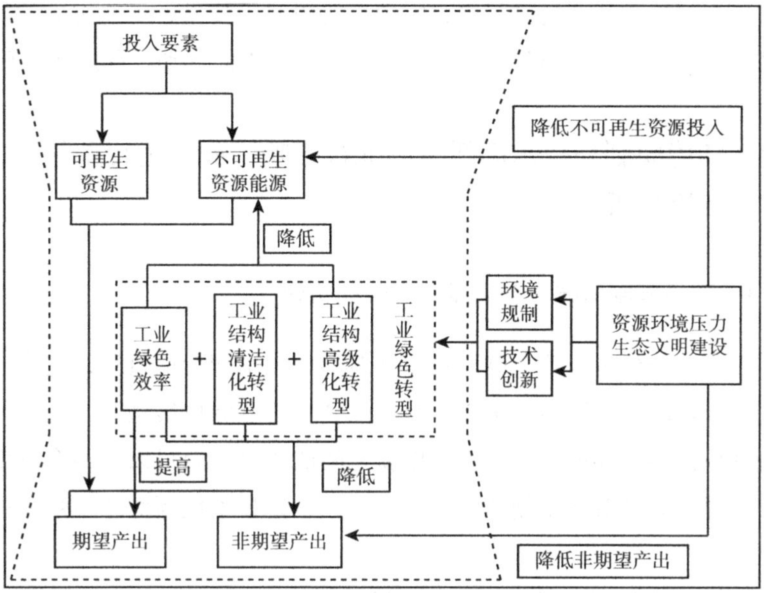

图3-3 环境规制、技术创新影响工业绿色转型的逻辑关联

区域工业粗放式增长所导致的环境污染问题、不可再生资源大量消耗问题，给区域生态环境和资源能源带来了巨大压力，由此，生态文明建设顺势而生。面对资源环境压力和生态文明建设的要求，作为响应或应对措施，区域公共部门实施环境规制政策和创新驱动战略。区域技术创新驱动战略为工业企业的技术创新提供良好的外部创新环境，同时发挥政策引领作用，促进工业企业积极进行技术创新，进而推动工业绿色效率提升。合理的环境规制促使工业企业通过工业结构绿色化转型，降低对环境污染强度，由此触发工业绿色转型。

对于工业企业来说，面对资源环境所带来的压力及生态文明建设的要求，在区域环境规制政策的触发和创新政策的引领下，区域工业企业表现出三个方面的策略：一是提高自身创新能力，实施技术创新策略，提高工业绿色效率水平，促进不可再生资源利用效率和期望产出效率的提升，同时降低非期望产出率，实现工业绿色转型；二是工业企业从污染生产转向清洁生产，或者由污染行业转向清洁行业，以实现工业结构清洁化转型；三是基于高新技术产业所具有的高附加值、低污染和高技术等特征，通过技术创新，工业企业本身技术水平得以提升，形成了转型发展高新技术产业的基础，在转型发展高新技术产业的过程中，实现了能源使用技术、工业污染的防御和治理技术，以及期望产出生产技术水平的提高，由此推动工业的绿色转型。

3.2.2 环境规制与技术创新激励配合影响工业绿色转型的理论分析

3.2.2.1 环境规制与技术创新激励配合的机理

本部分首先分析环境规制与技术创新形成激励配合的机理，这为进一步从理论上分析环境规制与技术创新激励配合对工业绿色转型及其构成因素的影响机理作铺垫。环境规制与技术创新之间的激励配合可以从两个方面来体现：一是环境规制对技术创新的激励机制，二是技术创新对环境规制的激励配合。

（1）环境规制对技术创新的激励机制。

工业企业在进行期望产出生产时，非期望产出也会随之而产生，期望产出越多，非期望产出也越会增加，但增加的幅度会与企业绿色技术有关。借鉴张成等（2011）[123]的做法，假设企业的利润函数为：$\pi = P \cdot Y$，其中 P 为产品价格，Y 为期望产出的产量，其表达式为 $Y = A(K_A)f(K_p)$，$A(K_A)$ 代表企业的生产技术水平，其大小与技术研发资本 K_A 有关，$f(K_p)$ 表示在生产技术一定情况下，期望产出是工业企业所投入生产资本（K_p）的函数。为了简化分析，假设工业企业所处的产品市场和要素市场均为完全竞争市场，这意味着单个工业企业是既定价格的接受者。此外，假设企业的非期望产出的生产函数为 $B(Y,E)$，非期望产出是期望产出 Y 和绿色技术研发投入资本 E 的函数，且满足$\frac{\partial B}{\partial Y} > 0$，$\frac{\partial B}{\partial E} < 0$，这表明非期望产出随着期望产出的增加而增加，而随着绿色研发投入的增加而减少。

在没有约束的情况下，企业只会关注期望产出的增加，而不会关注非期望产出的减少。但是当面对环境规制时，企业为将非期望产出控制在环境规制标准以内，通过提高产出和增加绿色技术研发支出来应对环境规制，提高产出是将部分增加的产出用于绿色技术创新，形成“创新补偿”效应，增加绿色技术研发支出来降低非期望产出。从这里可以看出，无论企业采取哪种措施来应对非期望产出，都是拿出期望产出的一部分比例 $\alpha(0<\alpha<1)$ 用于治理非期望产出，α 的大小与环境规制相关，反映了环境规制的大小，假设企业污染治理支出为 $S=\alpha\cdot Y$，则企业利润最大化的条件可以表示为：

$$\begin{aligned}&\text{Max}\quad \pi=PY-\alpha\cdot PY\\&\text{s. t}\qquad B(Y,E)=R\end{aligned}\tag{3-1}$$

构建拉格朗日函数，根据企业利润最大化的一阶条件可得：$\frac{\partial B}{\partial Y}=-\frac{\partial B}{\partial E}$，这说明当企业面临环境规制 R 时，企业的最优选择是期望产出的边际非期望产出与技术创新的边际非期望之和为零。假设技术水平 $T(A,E)$ 由生产技术水平 A 和治理非期望产出的技术投入 E 来决定，生产技术水平的提高也有利于污染治理技术水平的提高，有 $\frac{\partial T}{\partial A}=\frac{\partial T}{\partial B}\cdot\frac{\partial B}{\partial A}+\frac{\partial T}{\partial B}\cdot\frac{\partial B}{\partial E}\cdot\partial f>0$。结合 $\frac{\partial B}{\partial A}=\frac{\partial B}{\partial F}\cdot f+\frac{\partial B}{\partial E}\cdot\partial f$ 与 $\frac{\partial B}{\partial Y}=-\frac{\partial B}{\partial E}$。可得 $\frac{\partial T}{\partial A}=\frac{\partial T}{\partial B}\cdot\frac{\partial B}{\partial Y}(1-2\partial)\cdot\partial f>0$。

综上所述，当环境规制强度逐渐提升时，企业需要投入更多的资金用于技术研发投入来提升工业污染防御或治理水平。当 $0<\alpha<0.5$ 时，由于 $\frac{\partial B}{\partial Y}>0$，可得 $\frac{\partial B}{\partial Y}(1-2\alpha)\cdot\partial f>0$，结合 $\frac{\partial T}{\partial B}\cdot\frac{\partial B}{\partial Y}(1-2\alpha)\cdot\partial f>0$，可得 $\frac{\partial T}{\partial B}>0$，这反映了技术产生水平与工业污染排放同向变化。在此情况下，随着环境规制的增强，工业污染排放减少，技术创新水平趋于下降。当 $0.5<\alpha<1$ 时，由 $\frac{\partial B}{\partial Y}(1-2\alpha)\cdot\partial f<0$ 可知 $\frac{\partial T}{\partial B}<0$，这反映了技术产生水平与工业污染排放反向变化。在此情况下，随着环境规制的增强，工业污染排放减少，技术创新水平趋于上升。由此可见，当环境规制水平较低时，环境规制与技术创新负相关；当环境规制水平较高时，环境规制与技术创新水平正相关。从而得出，环境规制对技术创新的影响呈现非线性的趋势特征，这也反映环境规制对技术创新的激励存在门槛效应。

（2）技术创新对环境规制的激励机理。

技术创新是区域实现环境保护和经济增长双重目标的有效途径[124]，随着技术创新的不断推进，区域工业企业技术水平不断提高，由此改变工业企业的生产方式，向着清洁化和高端化的生产方向发展，这将会改变区域总体环境污染强度，区域环境状况的改变势必会引起环境规制政策的改变。Naughton（2014）[125]逆向研究了企业战略行为对环境规制的激励配合作用，发现企业技术创新会模糊各企业间的边界，这将导致新型融合产业的产生，在产业融合发展过程中会使企业获得新知识并产生新的需求。如更新生产工艺、优化原材料组合、重新梳理管理流程和提升成本管理等融合过程，这又使新型的融合产业更容易达到原有环境规制的标准，对环境规制的标准、工具和政策选择、内容和评价体系都提出了变更要求。这一过程体现了工业企业技术创新对环境规制的影响途径。

综合以上两个方面的分析，可以发现环境规制能够倒逼工业企业进行技术创新，同样，工业企业的技术创新战略也会因为改变生态环境，影响着环境规制强度的变化。从这两个方面来看，环境规制与技术创新间能够相互作用对方，形成激励配合效应。

3.2.2.2 环境规制与技术创新激励配合对工业绿色转型的作用机理

环境规制与技术创新激励配合影响工业绿色转型的内在逻辑可以用图3－4直观反映。环境规制的最终目的是降低环境污染，实现经济高质量发展，如果没有技术创新配合，或者工业企业不进行技术创新而被动地应对环境规制，工业企业将可能局限于工业污染的终端治理（工业污染终端是指工业污染物产生后，基于环境规制的压力，对已产生的工业污染物进行降污后流入自然环境之中的过程），没有从源头上降低工业污染产生率。如果在环境规制的过程中，区域工业企业能够积极有效地配合以技术创新，环境规制不仅能够促使终端污染排放的降低，也触发工业企业从源头上对工业污染的防御治理（工业污染源头防御治理是指在工业生产过程中，通过技术创新，从工业污染物的产生端减少其产生），实现真正意义上的绿色生产。

一般情况下，存在多种类型的技术创新策略可供工业企业选择，在市场机制下，若没有环境规制，工业企业的技术创新可能仅局限于提高工业产出效率，而较少关注能够改善生态环境质量下的技术创新，在这种情况下，技术创新所引起的工业绿色转型仅限于传统意义上的工业转型。而在环境规制的影响下，工业企业在进行技术创新时，不仅关注能够提高产出效率的技术创新，也会关注能够同时实现环境污染治理的技术创新，即绿色技术创新，从而推动工业绿色效率的提高。在此情况下，两者协调配合并形成合力时才能发挥出“1+1>2”的政策效果。

现有文献研究表明，环境规制常常会产生挤出和补偿两种效应，挤出效应意味着环境规制引起污染型生产要素价格提高，这将导致污染型工业企业的成本增加，降低了该类型企业的利润和竞争力。与此同时，非正式环境规制对污染产业的抵制，将使高污染产业成为“红海”，相比之下清洁产业成为“蓝海”。在市场机制作用下，工业企业自然由“红海”转入“蓝海”，区域工业产业由高污染行业转向低污染行业，实现区域产业结构的绿色化转型。这一过程，可以借鉴产业组织理论中经典的SCP分析范式，构建PCS分析范式来分析环境规制、技术创新及两者激励配合对工业结构绿色转型影响的逻辑关系。环境规制政策（Policy，用P来表示）导致污染型工业企业成本的变化，成本的变化导致利润的变化，而非正式环境规制将导致污染企业的市场竞争力和市场份额降低，进一步改变了企业的利润，市场竞争力和利润的变化传导影响到企业生产组织或创新行为的转变（Conduction，用C来表示），工业污染型企业将转型低污染和低能耗工业行业，由此改变了区域的工业产业结构（Structure，用S来表示），区域工业企业可能选择低污染的清洁行业或者具有低污染、高技术、高附加值特征高新技术行业，实现工业结构绿色转型，可以将这一过程概括为PCS分析范式。

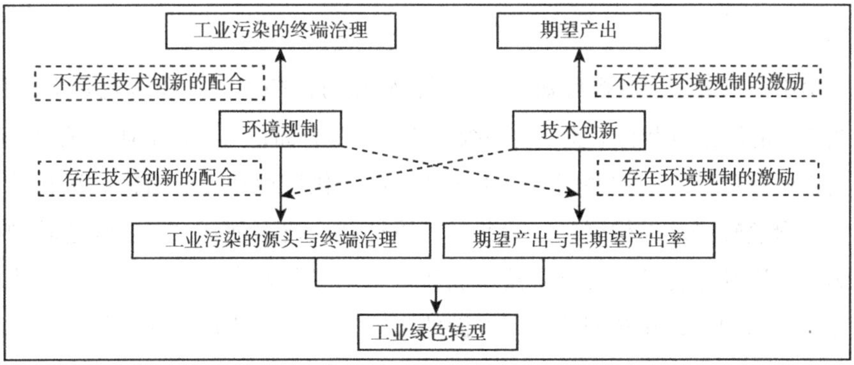

图3-4　环境规制与技术创新激励配合影响工业绿色转型的逻辑

环境规制可以充分发挥政策导向作用引导社会资本流向清洁型产业，使清洁产业更容易获得技术创新的资金，由此推动工业企业技术创新行为，工业企业的技术创新行为将会提高生产技术效率、能源使用效率和工业污染排放效率，在此作用下，工业企业实现绿色效率的提高，实现绿色化生产。由此可见，环境规制在技术创新的配合下，污染型产业转向绿色产业，区域工业行业实现工业结构绿色转型。

环境规制产生的补偿效应是指在长期时间内，适度的环境规制将倒逼激励企业进行技术创新，技术创新通过提升劳动技术效率、能源使用效率和污染治理效率来综合作用于工业绿色效率。由第 2 章的分析可知，要实现工业绿色发展，一方面是要提高劳动生产率；另一方面要提高能源使用效率和工业污染防御、治理效率，技术创新将会使能源节约、环境优化，使经济增长、资源能源节约和环境保护齐头并进，从而促进了工业绿色效率提升。事实上，减少工业污染排放是环境规制的“标”，而使区域经济高质量发展才是环境规制的“本”，而环境规制从真正意义上是要达到这个根本目的，就意味着企业在面对环境规制时需要更多的技术创新予以有机配合，这样才能发挥环境规制的正向作用，由此来促进工业绿色转型。

3.3 环境规制、技术创新影响工业绿色效率的理论分析

由第 2 章的理论分析可知，工业绿色转型可以拓展为工业绿色效率提升、工业结构清洁化转型和工业结构高级化转型三个方面，其中，工业绿色效率提升是工业绿色转型的效率因素，工业结构清洁化转型和工业结构高级化转型是工业绿色转型的结构因素。为此，环境规制、技术创新对工业绿色转型的影响又可以细化为环境规制、技术创新对工业绿色效率、工业结构清洁化转型和工业结构高级化转型这三个方面的影响。本节主要通过演绎推理，结合数理论证，从理论上分析环境规制、技术创新及其两者激励配合对工业绿色效率的影响。3.4 节和 3.5 节将分别在理论上分析环境规制、技术创新及其两者激励配合对工业结构清洁化转型和工业结构高级化转型的影响。

3.3.1 环境规制影响工业绿色效率的理论分析

环境规制是政府解决环境问题面临“市场失灵”时的重要策略，也是实现工业结构调整的重要措施[8]。工业绿色转型能够推动工业经济效益与资源环境效益协调共进，而提升工业绿色效率无疑是其中的关键一环[21]。为了深入分析环境规制对工业绿色效率的作用原理，本书从数理模型和数学图解两个角度来展开分析，力求较为全面系统地揭示其中的作用机理。

3.3.1.1 环境规制影响工业绿色效率的理论分析

本节在许启琪（2015）[126]等研究的基础上，构建了环境规制影响工业绿色效率的数理模型，以此分析环境规制影响工业绿色效率提升的内在机制。

（1）模型的假设。根据研究的需要，在模型构建过程中，做了以下三个方面的假设。

假设1：关于经济行为主体的假设。假设经济系统中有两个经济主体，一个是环境规制的实施主体——政府部门；另一个是促成工业绿色效率变化的直接关联主体——工业企业部门。将工业企业部门的生产活动分成三个过程：一是期望产出（主要指工业产品）生产过程，期望产出生产过程是指工业企业利用现有生产要素和技术生产具有正外部性的产出，能够给工业企业带来利润，这一部分产出是工业企业期望得到的产出。二是非期望产出（主要指工业污染物的产出）治理过程。企业在期望产出生产过程中，非期望产出相伴产生，带来了负外部性，迫于环境规制的压力，需要对非期望产出进行防御治理或精洗后再流入公共自然环境中，即从工业生产的源头减少非期望产出的产生，或者从工业生产的终端削减非期望产出，以此降低非期望产出造成的负外部性，达到环境规制的标准。三是绿色生产技术研发过程，企业为了满足环境规制要求，设立研发部门，负责绿色技术研究开发，通过企业自主技术创新或技术引进吸收再创新等方式生产绿色技术资本，提高工业企业的期望产出效率，降低工业企业的非期望产出，实现工业绿色生产率的提高，从这一过程来讲，绿色技术研发过程属于非期望产出的源头治理。

假设2：关于模型中变量的假设。假设期望产出为 Y，非期望产出为 B，资本投入为 K，其中，生产资本为 K_y，绿色技术研发资本为 K_r，非期望产出终端治理资本为 K_b；为了便于分析，假设 $K_r = rK_y$，即绿色技术研发资本在数量上等于生产资本的 r 倍；假设 $K_b = bK_y$，表示非期望产出终端治理资本为生产资本的 b 倍。通常情况下，绿色技术研发资本和非期望产出防御治理资本之和不大于生产资本（即 $r+b\leqslant 1$），综上可知，$K_y + rK_y + bK_y = K$。

假设3：关于模型形式的假设。假设在绿色技术研发过程中，绿色技术生产函数为 C－D 函数形式，即为 $R = R(K_r, R_e) = A(rK_y)^{\beta} R_e^{1-\beta}$。其中，$A$ 是指除了资本和技术存量之外的其他影响变量，且 $A>0$，rK_y 为投入的研发资本，其对绿色技术产出的弹性系数为 β。R_e 为投入的绿色技术存量，实际上，由于固定生产资本的特性，本期绿色技术的生产受到上期资本存量转入本期期初的绿色技术知识存量 R_e 影响，新经济地理学理论指出，知识和技术的集聚，可以使知识资本生产成本降低[127]。企业期望产出生产函数也采用 C－D 函数形式，即为 $Y = F(K_y, R) = (K_y)^{\alpha} R_e^{1-\alpha}$，$\alpha$ 和 $1-\alpha$ 分别为资本和绿色技术知识期初存量对期望产出产生的影响。企业污染治理部门的非期望产出的实际产生量为 $B = B(Y, M, K) = B_y - B_c = F(Y) - g(M) \cdot bk_y$，$B_y = F(Y)$ 表示非期望产出是期望产出的函数，$g(M) \cdot bk_y$ 表示非期望治理量，其为非期望产出治理资本 bk_y 的函数。企业在期望产出生产过程中，非期望产出也伴随产生，假设非期望产出和期望产出之间存在函数关系 $Y = H(B)(Y)$，满足 $dH/dB>0$，$d^2H/d^2B<0$，在边际产出递减规律的影响下，期望产出随着非期望产出的增加而增加，但增长速度呈递减趋势。

（2）理论模型分析。

情况一：当不存在环境规制时，作为“理性的经济人”，企业的目标为利润最大化，单个企业必然选择 $dH/dB=0$，这意味着没有环境规制时，非期望产出具有负外部性，厂商会将生产提至非期望产出的边际期望产出为0，以追求期望产出最大化为目标的工业企业尽可能地从非期产出中得到最大化的期望产出。

情况二：当面临政府部门环境规制 E 时，工业企业一方面对绿色技术研究进行投资，力图从源头对非期望产出进行防御治理；另一方面对产生的非期望产出进行“精洗”，力图从终端上对非期望产出进行治理，以达到环境规制要求，在这两方面作用下，企业选择最优的资本投入量，以实现利润最大化。假设期望产出的单位价格为 p，则工业企业的理性选择为：

$$\begin{aligned} &\text{Max} \quad \pi = P \cdot Y - (1+r+b)K \\ &\text{s.t} \qquad\qquad r+b \leqslant 1 \end{aligned} \tag{3-2}$$

$$F(Y) - g(M)bk \leqslant E \tag{3-3}$$

为了分析企业的资本分配状况，构建拉格朗日函数：

$$L = P \cdot Y - (1+r+b)K - \lambda[F(Y) - g(M)bk - E] - \nu(r+b-1) \tag{3-4}$$

对拉格朗日函数求一阶导数可得：

$$\frac{\partial L}{\partial r} = P \cdot \frac{\partial Y}{\partial r} - K - \lambda F(Y)\frac{\partial Y}{\partial r} - \nu \tag{3-5}$$

$$\frac{\partial L}{\partial b} = -K + \lambda g(M)K - \nu \tag{3-6}$$

$$\frac{\partial L}{\partial \lambda} = F(Y) - g(M)bk - E \tag{3-7}$$

$$\frac{\partial L}{\partial \nu} = r + b - 1 \tag{3-8}$$

根据极值求解原理，令上述各阶偏导数等于零，可得：

$$b = \frac{F(Y) - E}{g(M)K} \tag{3-9}$$

$$r = \frac{g(M)K - F(Y) + E}{g(M)K} \tag{3-10}$$

通过建立环境规制影响绿色技术研发资本和非期望产出治理资本选择的一般模型，得到 r 和 b 的表达式，从中可以看出，在利润最大化的驱使下，企业会根据环境规制强度调整资本在绿色技术研发和非期望产出终端治理部门进行分配。在其他条件不变时，当环境规制过于严格，允许企业实际排放的污染物越低，对应着 E 值越小，由于绿色技术创新的周期相对较长，企业为了达到环境规制的要求，企业采取最为直接有效的污染处理方式，即进行终端治理，环境规制越严格，即在这种情况下，b 越大，r 值越小，企业用于污染终端治理的资本越多，而用于绿色技术研发的将越会变小。从某种意义上来说，属于一种短期行为，这种行为仅仅在短时期内达到环境规制的要求。从长期来看，企业的有效措施是加大绿色技术研究资本投入，实现技术提升和非期望产出的降低，由此提升工业绿色效率。

从上述理论模型分析可以看出，如果实施过强的环境规制政策，在绿色技术创新周期相对较长的情况下，企业将在短期内使用相对较多的资本用于非期望产出的终端治理，由此来降低非期望产出，这样就挤出了对非期望产出的源头治理，即绿色技术创新。而当环境规制宽松时，虽然在给予企业较为宽松的绿色技术创新环境，但又很难达到对非期望产出的约束，在这种情况下，短期内，非期望产出的实际排放有所增加，这样又不利于环境改善，因此存在一个环境规制的最佳“度”，在这一水平上，非期望产出的实际排放量减少的同时，又能够促进绿色技术创新，实现非期望污染的终端治理和源头治理达到平衡，这也显示环境规制与工业绿色效率间存在非线性关系。

工业污染的终端治理仅从“标”上降低非期望产出，在一定程度上能够提高工业绿色效率。而通过适度的环境规制倒逼企业进行技术创新，从源头上治理工业污染的同时，提高期望产出，可以从“本”上提高绿色效率。这说明环境规制的制定者应综合考虑企业工业污染的终端治理和源头治理受环境规制影响，将环境规制制定在一个适度的水平上，而不能够采取“一刀切”的环境规制政策。在环境规制政策制定的过程中，考虑到技术创新的长周期性，应采取适度趋紧的策略，来影响工业企业的预期，改变企业仅使用工业污染终端治理单一策略，同时，加大力度实施技术创新，来实现以工业环境污染的源头治理为主的治理方式，从根本上提高工业绿色效率。

3.3.1.2 环境规制对工业绿色效率影响的图解分析

前面从工业企业资本选择的角度就环境规制影响工业绿色效率的机制进行演绎推理。为了更为直观地解释环境规制对工业绿色效率的影响，本部分从数理图解上直观分析环境规制对工业绿色效率的影响（见图3-5）。

基于分析的需要，本部分延续前面的假设，假设企业在期望产出 Y 的形成过程中，相伴产出非期望产出 b，两者之间的函数关系可以表示为 $Y=f(b)$，且 $\frac{dY}{db}>0$，$\frac{d^2Y}{d^2b}<0$，这意味着 Y 随着 b 的增加而增加，但根据边际产出的递减原理，其增加幅度是递减的。企业期望产出与非期望产出的函数表达式由 $Y_u=f_u(b)$ 表示。曲线 $Y_3=f_3(b)$、$Y_0=f_0(b)$、$Y_1=f_1(b)$ 和 $Y_2=f_2(b)$ 所代

表的工业绿色效率水平依次上升，箭头方向表示对应变量向递增的方向发展。其中，$y_0=f_0(b)$ 代表工业绿色效率的初始水平。

从前面的数理模型可知，如果在区域产业发展的初始阶段采取严格的环境规制手段，鉴于技术创新周期较长的特点，企业为了达到环境规制要求，相应地会调整生产决策，通过投入一定量资本对非期望产出进行治理，这将降低了工业企业的期望产出，即由 A 点到 F 点，同时降低非期望产出的实际排放量，达到了环境规制的要求，即由 A 点到 D 点，在向量 AD 和向量 AF 共同作用下，由向量的加法原理可得由 A 点移动到 E 点。即，下降至代表工业绿色效率相对较低水平的生产函数曲线上［$Y_3=f_3(b)$］。

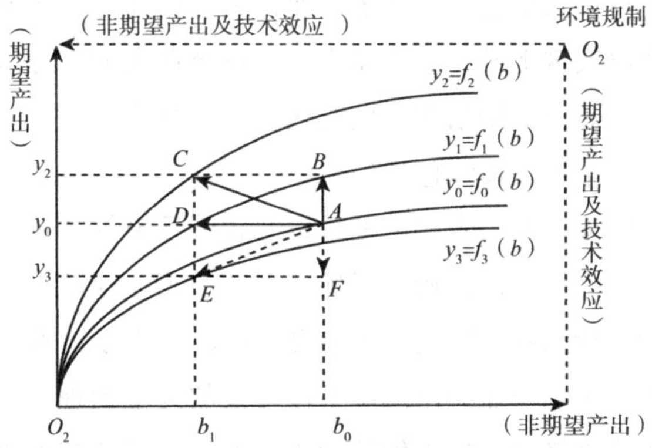

图3－5　环境规制对工业绿色效率的影响机制

从环境规制的“补偿”效应来看，随着环境规制政策持续时间的延长，适度的环境规制的倒逼对绿色技术进步的刺激力度将逐步增大[128]。企业短期进行非期望产出终端治理将不能适应长期持续的环境规制，为了增强市场竞争力，企业将会通过技术创新，提升工业绿色效率的内生决定因素——技术水平的作用效果，来降低由于环境规制造成的生产成本损失，以保障在非期望产出降低的情况下，能源实现集约利用，期望产出出现上升。长期持续的环境规制倒逼企业进行技术创新，在技术效应的作用下，单位成本下期望产出增加，能够对冲环境规制所产生的成本增加，使净期望产出增加，即由 A 点上移至 B 点。而绿色技术创新与应用将会降低非期望产出水平，即由 A 点移至 D 点。在两者共同作用下，由 A 点移动至 C 点，即上升至代表工业绿色效率相对较高水平的生产函数曲线上［$Y_2=f_2(b)$］。

提高环境规制政策（Policy，用 P 来表示）增加了企业的进入成本，对工业企业行为（Conduction，用 C 来表示）产生两个方面的影响，一是提高企业的进入壁垒；二是在竞争机制下，高污染企业被迫退出市场。进入壁垒的提高与污染企业的退出将提高对应行业的市场集中度，由此使市场结构（Structure，用 S 来表示）发生改变，存在于较高市场集中度的大企业能够发挥规模优势，投入大量资本于研发部门进行技术创新，由此提高生产技术[80]。与此同时，在长期，随着环境规制政策持续时间的延长，其对绿色技术进步的刺激力度将逐步增大[128]。企业短期进行非期望产出终端治理将不能适应长期持续的环境规制，为了增强市场竞争力，企业将会通过技术创新，来降低由于环境规所造成的期望产业损失，以保障在非期望产出降低的情况下，期望产出实现上升。总体而言，工业企业在面临环境规制时，出现退出市场的现象，导致市场结构发生变化，市场结构的变化又引起企业创新行为的变化，由此影响工业绿色转型。

以上从理论模型和数学图解两种分析方式就环境规制对工业绿色转型的作用机制进行了理论分析，分析发现环境规制对工业绿色效率存在非线性关系。从理论模型分析来看，环境规制强度过高时，由于技术创新的周期相对较长，在短期内，工业企业会倾向于工业污染的终端治理，有利于达到环境规制的标准，而这将挤出了技术创新投入，不利于工业技术水平的提高，有碍于从内生因素上提高工业绿色效率。当环境规制较小时，又不能够对工业企业的环境污染形成有效的约束，这就要将环境规制控制在适度的基础上，一方面倒逼工业企业进行工业污染的终端治理；另一方面，触发工业企业进行技术创新，实现工业污染的源头治理，进而促进工业绿色效率从内在和外在两个方面实现提升。

3.3.2 技术创新影响工业绿色效率的理论分析

技术创新对中国工业绿色效率的影响可以用规模报酬不变的柯布—道格拉斯生产函数来进行阐释，参考付宏等（2013）[129]和韩晶等（2018）[130]的做法，构建技术创新对工业绿色效率影响的数理模型，以分析技术创新对工业绿色效率的影响机理。

首先构造地区生产函数：

$$Y(y_g,y_b)=AK^{\alpha}L^{\beta},\alpha+\beta=1 \tag{3-11}$$

其中，A 表示技术进步水平，$Y(y_g,y_b)$ 表示区域生产过程中的产出（y_g 表示期望产出，y_b 表示非期望产出），K 和 L 分别表示区域生产过程中的资本投入和劳动力投入，α 和 β 分别表示资本和劳动的产出弹性。

同样使用柯布—道格拉斯生产函数来构建工业行业的生产函数：

$$Y^j(y_g,y_b)=A^jK_i^{\alpha j}L_i^{\beta j},\alpha^j+\beta^j=1 \tag{3-12}$$

其中，各符号意义同式（3-12），下标 i 表示地区各工业行业，上标 j 表示各工业行业生产函数的参数。将式（3-12）和式（3-13）采取两边同时除以劳动力投入量，即变为人均生产函数的形式，即：

$$\frac{Y(y_g,y_b)}{L}=A\left(\frac{K}{L}\right)^{\alpha} \tag{3-13}$$

$$\frac{Y_i^j(y_g,y_b)}{L_i^j}=A^j\left(\frac{K_i}{L_i}\right)^{\alpha j} \tag{3-14}$$

借鉴付宏等（2013）[127]等的做法，用工业行业资本劳动比率与地区资本劳动比率的比值来表示工业技术使用系数，即：

$$TCL_i=\frac{\frac{K_i}{L_i}}{\frac{K}{L}}=\left(\frac{Y_i}{L_i}\right)^{1/\alpha j}\left(\frac{Y}{L}\right)^{-1/\alpha}\frac{A^{1/\alpha}}{(A^j)^{1/\alpha j}} \tag{3-15}$$

用以反映该工业行业发展过程中和区域经济发展的技术使用程度。结合模型（3-13）、模型（3-14）和模型（3-15），进一步可得：

$$\frac{Y_i^j(y_g,y_b)}{L_i^j}=(TCI_i)^{\alpha j}\left(\frac{Y}{L}\right)^{\alpha j/\alpha}\frac{A^j}{(A)^{\alpha j/\alpha}} \tag{3-16}$$

$$\bar{Y}_i(y_g,y_b)=(TCI_i)^{\alpha j}(\bar{Y})^{\alpha j/\alpha}\frac{A^j}{(A)^{\alpha j/\alpha}} \tag{3-17}$$

从模型（3-16）和模型（3-17）可以看出，工业行业人均产出受到国民经济中人均产出和技术使用系数影响，在资本产出弹性为正（$\alpha^j>0$）时，技术使用系数对工业行业人均产出有正向影响，这反映出提高工业技术使用系数（即工业资本劳动比率），会提高工业行业人均产出速度。一般来说，资本由人力资本和物质资本两者构成，人力资本是指具有创新能力的人力资源，是技术创新的核心。在工业发展进程中增加技术创新活动投入，技术创新资本的增加，能够提高人力资本劳动比率，进而促进人均工业产出的提高，实现工业绿色效率的提高，由此体现了技术创新对工业绿色效率的正向影响。

3.3.3　环境规制与技术创新激励配合影响工业绿色效率的理论分析

当环境规制实施时，如果没有技术创新配合，为了达到环境规制的标准，企业仅仅是被动地进行工业污染物的终端治理，在这种情况下难以从根本上提升工业绿色效率。而在技术创新的配合下，环境规制在促进工业企业进行污染物终端治理的同时，也会因为技术水平的提高，而实现工业污染物的源头治理，由此提高工业绿色效率。同样，对于技术创新来说，如果没有环境规制的激励作用，技术创新仅仅关注期望产出的增加，而没有动机去关注非期望产出减少下的技术创新策略，当存在合理的环境规制时，将会使工业企业在进行技术创新时，不仅关注提高期望产出的技术创新，而且关注能够降低非期望产出的技术创新。由此可见环境规制和技术创新任何一方要实现工业绿色效率的提高，其单方面的推动力度有限，只有两者进行有机协调配合，才能有效地促进工业绿色效率的提高。

工业绿色效率提升是工业绿色转型的基础，工业绿色效率的变化直接受制于技术创新，而技术创新需要前期较大投入，并且是一个回报收益期长、风险系数较高的研发攻坚过程，需要促进绿色技术创新的推力和拉力共同配合。环境规制是在市场“失灵”的情况下，公共利益的委托者为规避经济主体所产生的环境污染给社会公众带来的负外部性，而采取的正式或非正式的政策进行规范治理的过程，环境规制的最终目的是实现环境友好和公共环境福利最大化。而适度的环境规制能够促进绿色技术创新，也是绿色技术创新的推力。

从前面的分析可以看出，环境规制和技术创新对工业绿色效率的影响机理和路径具有较大的差异，环境规制对技术创新也存在非线性影响，这就可能出现环境规制与技术创新之间不协调、不一致的情况，由此对工业绿色效率的促进作用就有可能不显著，甚至产生阻碍作用。因此，环境规制和技术激励配合对工业绿色的影响作用大小、方向和显著性取决于两者的协调配合程度。若两者配合的协调程度高，对工业绿色效率具有促进作用。反之，会对工业绿色效率的作用效果不明显甚至产生阻碍作用。

3.4　环境规制、技术创新影响工业结构清洁化转型的理论分析

3.4.1　环境规制影响工业结构清洁化转型的理论分析

环境规制影响着污染型工业行业的生产要素价格，生产要素价格的变化也会影响着企业的决策行为[29]。借鉴新经济地理学的分析范式，分析环境规制的变化，导致污染型工业企业的生产成本变动，由此引起工业企业生产策略的变动，进而引起工业结构清洁化转型。

假设经济系统中包括南部地区1和北部地区2，两个地区同时存在众多无差异的厂商。南部地区1，代表性厂商 A 生产污染型和清洁型两种商品，生产这两种商品的要素价格为 η_1 和 ζ，污染型产品在南部地区和北部地区的销量分别为 Q_1 和 Q_2，在南部地区销售价格分别为 P，考虑到冰山成本的存在，假设运往北部地区的销售价格 γP（$1<\gamma$）；同时假设清洁型商品仅在本地销售，价格和销量分别为 P_s 和 S。假设企业生产中所用的其他要素均折算成价值型的资本投入 K，投入 β 比例的资本要素生产污染型产品，则投入（$1-\beta$）比例的资本要素生产清洁产品。则南部代表性厂商的利润函数为：

$$\pi = PQ_1 + \gamma PQ_2 + P_sS - [\eta_1\beta + \zeta(1-\beta)]K \tag{3-18}$$

基于分析环境规制对工业结构清洁化转型的需要，假设环境规制主要对污染型企业施加影响。当南部地区加强环境规制时，使生产污染型产品的生产要素价格上升至 η_2，而对清洁型产品的生产要素价格影响较小。受到环境规制加强时，工业企业会调整生产策略，基于研究需要，主要讨论环境规制变化时，工业企业生产策略的调整对产业结构的影响。

厂商策略一：厂商选择不做调整的决策，在此情形下，由于环境规制加强导致污染型产品生产要素价格提高至 η_2，此时有：

$$\pi_1 = PQ_1 + \gamma PQ_2 + P_s S - [\eta_2\beta + \zeta(1-\beta)]K \tag{3-19}$$

厂商策略二：厂商选择做调整的决策，随着环境规制程度的增强，由于清洁型生产影响较小，而污染型生产受到影响较大，理性的厂商基于利润最大化的选择，会将购买污染型生产要素的部分资本投向清洁型生产要素，这样将降低污染产业的占比，提高清洁型产业的占比，实现本地的产业结构清洁化转型，假设在该种情况下，厂商选择 $\beta_2 K(\beta_2 < \beta)$ 用于污染型产品的生产，$(1-\beta_2)$ K 用于清洁型产品的生产，在此情况下，污染产品在南部和北部的销量为 Q_3 和 Q_4，清洁产品的销量为 S_2，则厂商的利润为：

$$\pi_2 = PQ_3 + \gamma PQ_4 + P_s S_2 - [\eta_2\beta_2 + \zeta(1-\beta_2)]K \tag{3-20}$$

当 $\pi_2 < \pi_1$ 时，即面对环境规制时，厂商做出选择清洁化转型后的利润比不作调整的利润小，即：

$$\eta_2 < \zeta + [P(Q_3 - Q_1) + \gamma P(Q_4 - Q_2) + P_s(S_2 - S)]/K(\beta_2 - \beta) \tag{3-21}$$

式（3-21）说明环境规制强度较弱时，所引起的污染型生产要素价格提高幅度较小，在此情况下，厂商将不会做出清洁化生产的决策，此时环境规制不能够促进本地工业进行清洁化转型。

当 $\pi_2 > \pi_1$ 时，即面对环境规制加强时，厂商做出选择清洁化转型后的利润比不作调整的利润大，此时有：

$$\eta_2 > \zeta + [P(Q_3 - Q_1) + \gamma P(Q_4 - Q_2) + P_s(S_2 - S)]/K(\beta_2 - \beta) \tag{3-22}$$

式（3-22）反映环境规制较强时，所引起的污染型生产要素的价格上升幅度较大，在此情况下，厂商将转型清洁型工业行业，本地工业实现了清洁化转型。

从上述的理论分析可以看出，当环境规制引起的污染型生产要素价格较小时，企业不进行工业行业结构调整的利润大于进行调整时的利润，此时企业不进行工业结构的清洁化转型；当环境规制强度提高使污染型生产要素价格大幅提高，工业企业进行生产调整时的利润大于不进行生产调整时的利润，厂商将进行工业结构的清洁化转型。从这两个方面可以看出环境规制对工业结构清洁化转型的影响存在非线性特征。但在现实中，可能存在环境规制政策在制定过程中，未能充分与区域工业企业发展现状相结合，没有充分考虑在长期内逐步改变工业企业清洁生产的预期，采取适宜的循序渐进的环境规制政策，来逐步改变企业的生产方向，而采取“一刀切”的环境规制政策。同时，在环境规制政策实施过程中，也可能出现偏差，由此在实践中不当或不适宜的环境规制政策可能阻碍工业结构清洁化转型。

3.4.2 技术创新影响工业结构清洁化转型的理论分析

产业结构怎样才能实现转型，众多学者不约而同地指向技术创新，早在1942年，约瑟夫·熊彼特就强调技术创新对产业的“创造性破坏”作用[131]，这也显示了技术创新对产业结构重构的重要影响。技术创新是产业结构转型的核心因素，技术创新在催生新型产业的同时，也会促使传统产业的更新换代，在直接作用于产业结构转型的同时（谢婷婷等，2016[132]）。技术创新会在产业间传递扩散，来间接影响产业结构转型升级（陶长琪、彭永樟，2017[133]）。

地区工业结构清洁化转型主要体现为区域低污染产业的比重上升和区域传统产业实现清洁化生产。在资源环境日趋严格的约束下，区域的工业企业通过技术创新和新产品的开发来推动传统产业转型，改变了原有工业行业的发展轨迹，一方面表现为传统产业的渐进式转型，实现传统产业产品质的提升和清洁化生产；另一方面表现为打破对原有传统产业路径依赖，实现工业企业的跳跃式转型，由此提高区域清洁型产业的比重，实现区域工业结构的绿色转型（郭爱君、胡安军等，2017[134]）。

根据前面的分析，技术创新除了自主创新外，还包括技术引进消化吸收再创新，技术引进、改造再创新促进传统产业的转型升级是世界工业发达国家实现工业绿色转型的一种重要路径，战后日本主要通过引进国外先进技术并进行消化吸收再创新的方式实现传统产业转型升级，同时，催生了新型绿色产业的出现及发展，也实现了日本经济的腾飞。同样对于美国和德国，也通过技术创新投资和技术引进创新实现传统产业的跳跃式发展，以实现区域工业结构转型[135]。

综上所述，技术创新在理论上能够促进工业结构清洁化转型，但在实践中能否发挥技术创新对工业结构清洁化的正向影响，与技术创新效果以及技术引进的质量有关。

3.4.3 环境规制与技术创新激励配合影响工业结构清洁化转型的理论分析

纵观中外工业结构调整政策及其相关政策的实践，可以发现，政府在制定实施相关产业结构调整政策时，不是简单地出台单一政策，而是实施一揽子配套政策来形成政策“组合拳”，以促进某项产业发展目标得以实现。区域在实施生态文明建设，力图实现绿色发展的过程中，政府实施环境规制政策同时，为促进企业转型发展绿色环保、资源节约的工业行业，也会实施包括技术创新支持在内的其他政策予以配合，以期实现环境规制与技术创新的有机结合，形成政策“合力”，综合作用于区域工业绿色转型，以实现区域绿色发展，达到生态文明建设的目的。

在环境规制的“倒逼”下，区域高污染行业面临着淘汰的局面，在此情况下，一方面是理性的工业企业转而进入低污染的清洁型行业；另一方面，环境规制迫使高污染工业企业关闭，同时抑制高污染企业的进入，为区域发展清洁型工业行业起到了“腾笼换鸟”的作用。在此过程中，不管是污染型工业转型进入清洁型行业，还是污染型工业行业退出区域市场，引入清洁型产业，都需要技术创新的配合支持。污染型工业企业转型进入清洁型行业，这一行业间的转变，需要实现生产技术的转换，而技术创新则为生产技术的转换提供了保障。另外，区域污染型工业行业的退出，清洁型行业的进入，需要区域整体技术环境和水平进行较大的转换，而这种技术上的转换自然需要区域技术创新政策的支持与配合。由此可见，环境规制对工业结构清洁化转型所形成的“倒逼”机制的作用效果在很大程度上取决于区域技术创新政策的支持效果，以及工业企业技术创新协调配合效果。在环境规制倒逼机制推动下，由区域污染型工业企业转型发展起来的清洁型工业行业，在技术创新的有效配合下，才能实现清洁化生产技术的内在提升。

技术创新使区域技术水平得以提高，为区域转型发展清洁型工业行业形成了“技术知识蓄水池”，在环境规制的倒逼机制下，区域“技术蓄水池”为区域转型发展清洁型工业行业创造了条件。技术创新对区域工业产业结构清洁化转型的影响主要表现为推动工业生产效率的提高、能源效率的提高和污染治理效率的提高，对应着工业结构中清洁产业的产出增加，污染排放的减少。

工业结构清洁化转型是一个复杂的过程，其能否实现转型，需要多方面的共同协调配合，各种措施策略间形成良性互动，彼此间形成有效的激励配合，才能对工业结构清洁化转型产生正向作用。由于环境规制和技术创新对工业结构清洁化转型影响的作用机制、侧重点等有所不同，在具体实践过程中难免会出现相互干扰现象，从而弱化环境规制和技术创新形成的激励配合对工业绿色转型的影响效果，甚至出现抑制的现象。因此，环境规制和技术创新激励配合对工业结构清洁化转型的作用大小和方向在很大程度上取决于两者配合协调程度。

3.5　环境规制、技术创新影响工业结构高级化转型的理论分析

3.5.1　环境规制影响工业结构高级化转型的理论分析

高新技术产业以技术创新为核心特征，属于轻度污染的产业，且具备环境友好、资源节约的绿色产业发展特征，成为产业转型升级的引擎，也是世界各国重点发展的战略产业（胡安军、郭爱君等，2018[115]）。为了实现区域生态环境保护，资源节约和经济发展，以及提高区域产业竞争力，区域社会公共部门在制定实施环境规制政策规避高污染产业发展的过程中，采取倾向性的政策鼓励扶持高新技术产业发展。在这种情况下，区域污染型工业行业受到一定程度的挤压，而高新技术产业在环境规制政策及其相关配套政策的作用下不仅没有受到影响，反而可能进一步促进其发展，随着高新技术产业在区域工业中比重的提高，区域实现了工业结构高级化转型。

环境规制对区域工业企业转型发展高新技术产业的影响机理主要表现在三个方面：一是区域政府实施适度的环境规制政策，并积极推广应用资源节约和环境友好的生产模式和组织管理模式，引导社会资本流向高附加值、低能耗和低污染的工业产业，这将给高新技术产业提供良好的外部发展环境。

二是地方政府通过采取诸如税收、补贴和排污费等政策型环境规制给予了高新技术产业以优惠政策，使其显示出的成本优势，增强其竞争优势，为区域产业转型高新技术产业提供良好的营商环境。三是非正式环境规制政策对绿色环保、高附加值和高技术产业产业进行积极正面的宣传，通过正面的舆论导向效应助推区域工业企业转型发展高新技术产业，这为区域发展高新技术产业提供了良好的社会环境，由此实现环境规制对区域工业结构高度化转型的推动作用（谢婷婷、郭艳芳，2016[132]）。理论上环境规制对工业结构高级化转型存在推动作用，但这一过程需要把握环境规制的“适度原则”，过低的环境规制不足触发工业企业进行技术创新，也难以形成对工业结构高级化转型的倒逼动力，而过度的环境规制所产生的“成本效应”，挤出了企业的技术创新，难以形成对工业结构高级化转型的技术基础，由此，本书认为环境规制对工业绿色转型应该存在“U”形或倒“U”形的变化趋势。

3.5.2 技术创新影响工业结构高级化转型的理论分析

区域工业结构转型主要有两种方式：一是依靠技术创新来改造传统产业，运用现代化的生产技术和生产组织方式，以及使用新型节能环保的生产要素，来改造提升传统产业生产效率、资源利用率和环境保护水平；二是引入高端的工业行业，取代传统工业行业，以此提高区域高端工业行业在区域工业行业中的比重。而这两种工业结构转型的途径都需要以技术创新为基础，对高端创新成果有着巨大的需求（李政、杨思莹，2017[136]）。

根据第2章的理论分析可知，作为工业结构绿色转型的重要方面，工业结构高级化转型是指高新技术产业在区域工业行业中的比重不断提高，实现区域工业向着高新技术产业的方向发展。高新技术产业已经成为国民经济可持续发展的重点支柱产业，对于推进产业结构优化升级，提升整个民族技术创新能力并形成显著的国家竞争力，具有重要基础支持作用。高新技术产业作为技术密集型产业，技术创新活动一直是其可持续发展的生命力[137]。高新技术产业作为推动经济增长过程中的一个重要组成部分，其发展必然受到技术因素的影响，且技术进步与技术创新对高新技术产业部门的推动作用较

其他产业部门更为明显[138]。

技术创新是提升技术水平的基础，不断进行技术创新为区域“技术知识蓄水池”注入技术知识流量，扩展了区域“技术蓄水池”，通过技术的积累、扩散和再创新，形成因果循环积累效应，这为区域工业企业转向发展以技术进步为核心的高新技术产业提供了基础动力，推动着区域工业结构高级化转型。

3.5.3　环境规制与技术创新激励配合影响工业结构高级化转型的理论分析

区域环境规制政策倒逼污染型工业企业向清洁型产业转型的同时，具备较高技术创新能力的工业企业，在区域发展高新技术产业的政策支持下，基于提高市场竞争力的考量，会进一步向具有高技术、高附加值和低污染的产业转型，提高本企业市场竞争力的同时，实现生产的绿色化和附加值的提高，由此实现工业结构高级化转型。

高新技术产业发展状况体现了区域工业的竞争力水平，而高新技术产业的发展需要技术创新作为支持，在此情况下，区域在制定环境规制政策时，势必会制定实施包括技术创新在内的政策支持，发挥政策导向作用，以扶持高新技术产业的发展。在环境规制政策的推力和区域高新技术产业发展政策支持的拉力共同作用下，具有较高技术水平和技术创新能力的工业企业，在市场机制的作用下，进一步进行深入转型，走向发展高技术产业的道路，由此可见，环境规制在影响工业结构高级化转型的过程中，需要技术创新的有机配合，才能实现工业结构高级化的稳固转型。

技术创新是高新技术企业得以生存发展的基础，只有不断进行技术创新，才能保持高新技术企业适应市场变化，保持较长的生命周期。环境规制的“补偿效应”指出适宜的环境规制有助于触发企业进行技术创新，尤其是向着绿色技术的方向创新。在绿色技术创新影响下，高新技术产业适应市场环境变化，以及生态文明建设的要求，向着绿色可持续的方向发展。技术创新对工业结构高级化转型的影响过程中，环境规制的激励配合能够在技术创新促进工业结构高级化转型过程中发挥着叠加效应。

从前面的分析可以看出，理论上环境规制与技术创新之间的有机协调配合与激励对工业结构高级化转型具有促进作用。然而，环境规制与技术创新在推动工业结构高级化转型过程中的作用路径与影响机制有一定差别，在实践过程中可能会产生不协调现象，使环境规制与技术创新间激励配合对工业结构高级化转型产生不明显，甚至抑制作用。由此可见，环境规制和技术创新间激励配合能否有效发挥促进工业绿色转型的正向作用，需要两者很好地协调、激励与配合，才能对工业结构高级化转型形成促进作用。

3.6 本章小结

本章在第 2 章的基础上，主要从理论上分析环境规制、技术创新及其两者激励配合效应对工业绿色转型及其构成要素的影响机理。主要包括五个方面的内容。

一是在第 2 章对工业绿色转型及其构成要素的内涵界定后，为了深入理解环境规制、技术创新对工业绿色转型影响的作用原理，本章就环境规制与技术创新的内涵进行了分析界定。

二是环境规制、技术创新及其两者激励配合影响工业绿色转型的理论概述，对此，本章主要从两个方面进行分析，一方面是环境规制和技术创新对工业绿色转型的逻辑关系分析；另一方面，在分析了环境规制与技术创新两者激励配合效应产生机理的基础上，进一步分析环境规制与技术创新激励配合对工业绿色转型的作用机理。

三是环境规制、技术创新及其两者激励配合影响工业绿色效率的理论分析。具体说来主要包括三个方面的内容，①从数理模型和图解两个方面就环境规制对工业绿色转型的作用机理进行分析，分析发现环境规制对工业绿色效率间存在非线性的作用关系；②技术创新通过提高区域技术水平，进而对工业绿色效率具有促进作用；③理论上来看，环境规制与技术创新之间的激励配合能够对工业绿色效率产生促进作用，但其作用效果和方向在很大程度上取决于两者的激励配合效果。

四是环境规制、技术创新及其两者激励配合影响工业结构清洁化转型的理论分析。理论上分析可以看出，当环境规制较小时，不足以引起触发工业企业转型发展清洁型产业；当环境规制加强到一定程度时，环境规制倒逼企业转型发展清洁型产业，由此可见环境规制对工业结构清洁化转型的影响存在非线性特征。理论上技术创新能够促进工业结构清洁化转型，但在实践中能否发挥技术创新对工业结构清洁化转型的正向影响，与技术创新效果或技术引进质量有很大关系。环境规制与技术创新的有机协调配合能够促进环境工业结构清洁化转型。

五是环境规制、技术创新及其两者激励配合影响工业结构高级化转型的理论分析。理论上，适度的环境规制能够触发工业企业转型高新技术产业，由此推动工业结构高级化转型。不断推进技术创新是高新技术产业重要特征，区域企业技术创新水平提升能够为区域“技术蓄水池”注入新技术知识，为区域发展高新技术产业创造了外部环境。环境规制与技术创新的有机协调配合能够促进工业结构高级化转型。

| 第 4 章 |

环境规制、技术创新与工业绿色转型的测度与特征事实

从理论和实证上揭示环境规制、技术创新及其两者激励配合对工业绿色转型的影响机制是本书重点研究内容之一。第 3 章从理论上揭示了环境规制、技术创新及其两者激励配合对工业绿色转型的作用原理与影响过程。从实证经验上分析环境规制、技术创新及其两者激励配合对工业绿色转型的影响机制，需要对本书所关注的重点变量进行测度，并在此基础上对其特征事实进行分析。基于此，本章主要对中国区域环境规制强度、技术创新与工业绿色转型的相关指标进行测度，并对其现状及所表现的特征事实进行分析。通过本章的分析，能够对中国区域环境规制、技术创新及工业绿色转型状况有较为全面地了解，同时为后面的实证分析作铺垫，本章分析脉络如图 4 -1 所示。

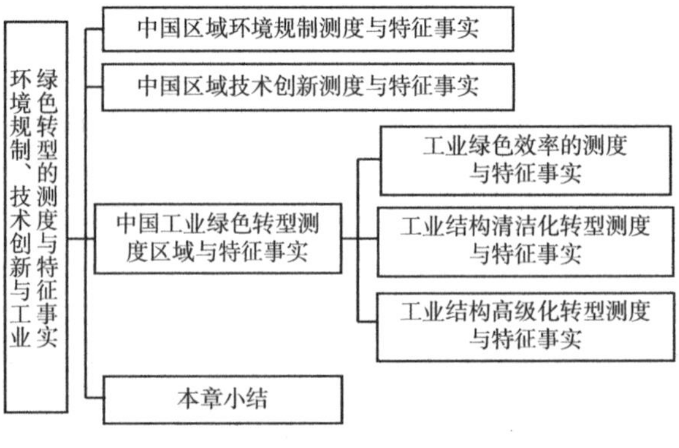

图 4 -1　本章分析脉络

4.1　环境规制的测度与特征事实

4.1.1　环境规制的测度概述

环境规制本身的内涵比较丰富，但是由于相关数据的可获得性较低，限制了许多经验研究的开展（Busse，2004[139]；陆旸，2009[140]）。目前，环境规制的测度没有统一的标准，现有研究基本上是根据需要有针对性地选择相应指标来进行测度。总体来看，现有对环境规制的测度可总结为以下四个方面：定性描述、成本型、绩效型和指数型等指标（李钢等，2012[141]）。当然，这种划分也不存在绝对的界限，如指数型环境规制可以通过构建多个成本型环境规制指标来加总合成得到，也可能是由多个绩效型环境规制指标构建的指标体系来测度指数型环境规制强度[141,142]。

定性描述型环境规制主要是通过定性描述的方式来分析环境规制，这在早期环境规制的相关研究中常被应用，近年来逐渐被定量型指标所取代。

成本型环境规制指标是依据治理环境污染时所付出的成本来测度环境规制强度，常包括污染物的治理成本、环境法规执行时所支出的人力或物力成本。童健等（2016）[8]和沈能（2012）[143]选用工业行业污染治理运行费用占工业产值的比重作为环境规制强度的代理变量。齐亚伟（2018）[144]和李小平（2012）[145]分别采用工业行业废水与废气治理运行费用占工业总产值和工业增加值的比重来衡量环境规制强度。朱东波等（2017）[17]选取环境治理投资与工业总产值的比值表示成本型环境规制。张成等（2011）[123]使用工业污染治理总投资与规模以上工业企业主营成本、工业增加值的比值来作为度量环境规制强度的两个代理指标。

绩效型环境规制指标主要从环境治理效果的角度来进行度量。例如，用工业"三废"的治理效果来度量，对此，现有的做法是根据工业 SO_2 去除率、工业烟尘去除率、工业废水达标率以及固体废物综合利用率等测度绩效型环境规制（朱东波等，2017[17]；童健等，2016[8]；王文普，2013[146]）。然而从 2011 年之后，由于统计口径的变化，现有统计资料中工业"三废"达标率均未统计，工业 SO_2 达标排放量和废水排放达标量在统计口径上前后出现很大差别。这就使2011年前后所涉及的绩效型环境规制的数据存在较大偏差，这给绩效型环境规制的分析带来较大局限性。

指数型环境规制指标是一种综合指标，首先通过构建环境规制的指标体系，通过一定的方法给各指标赋权，然后获得环境规制强度的综合指数。彭星等（2016）[18]构建了一个包括命令控制型、经济激励型和自愿型环境规制综合体系来衡量环境规制。虽然该种分析测度较为全面，但是存在一定程度上的度量难问题，尤其是命令控制型和自愿型环境规制难以获得其准确数据，命令控制型环境规制主要是以各种涉及环境规制的法律法规制定的条数，以及环保案件的个数来度量命令控制型环境规制强度的大小，但该种方法最大的问题是不同地区经济发展水平的不同，环境法规的制定与执行强度也有差别，且执行强度也难以度量，在此情况下，指数型环境也就存在度量准确性问题。

4.1.2 中国区域环境规制的测度与数据来源

根据前文对环境规制强度测度指标与方法的分析，本章基于中国省级面板数据各环境指标的可得性和相对完整性，主要使用成本型环境规制来度量环境规制。目前成本型环境规制普遍有两种做法：一是从环境治污投资支出的角度，使用污染治理设施运行费用占工业产值的比重来度量（童健等，2016[8]；齐亚伟，2018[144]；李小平等，2012[145]）。二是使用工业污染治理投资额占工业总产值或主营业务成本的比重来表示（朱东波等，2017[17]；张成等，2011[123]）。由于统计口径的变化，《中国环境统计年鉴》及2017年各省区市的统计资料未统计工业废气、工业废水与工业固体废物的治理运行费用等相关数据。由此，本章用工业污染治理投资额分析环境规制强度。一方面，环境污染治理投资额的统计数据相对较为完善；另一方面，工业“三废”的达标排放量与环境污染治理投资额有较大相关性，一般而言，污染治理投资额越大，工业“三废”排放的达标率就相对越高。在具体度量时，使用工业污染治理总投资占规模以上工业企业主营业务成本来表示成本型环境规制强度。各省区市工业污染治理总投资额数据来源于《中国环境统计年鉴》（2006～2017 年），规模以上工业企业主营业务成本来源于《中国工业统计年鉴》（2006～2017 年）。

4.1.3　中国区域环境规制的特征事实

根据前文的分析，本章使用规模以上工业企业污染治理总投资占其主营业务总成本的比重来衡量环境规制强度，其值越大，意味着环境规制强度越大。2005～2016 年中国及东中西三大区域的环境规制强度如图 4－2 所示，从阶段性来看，中国区域工业行业平均环境规制强度基本呈现“U”形的发展趋势，即表现出先下降后上升的趋势。2005～2010 年中国区域环境规制呈现下降趋势，这一阶段是中国经济快速发展时期，经济增长接近两位数，但这是以能源消耗和环境污染为代价，产生了日益严重的环境问题。2011 年之后，中国经济逐步走向新常态，经济的发展不仅要金山银山，更要绿水青山，绿色发展理念逐步贯穿于区域经济发展之中，生态文明建设提高到前所未有的建设高度，中国环境规制趋向严格，工业污染治理强度趋于增强。

从区域异质性来看，由图 4－2 可知西部地区工业产业的平均环境规制强度相对较高，中部次之，东部相对较低，这一测量结果与毛锦凰（2016）[147]的测算结果基本相似。出现这种情况的可能原因是，东部的工业较为发达，相对中西部地区而言，分布着较多的清洁型工业行业，而中西部

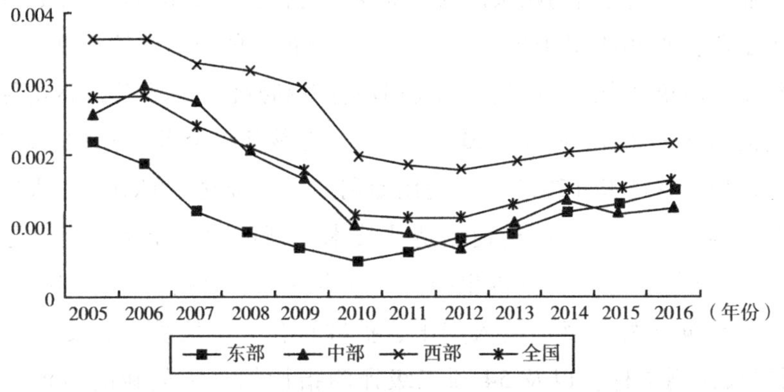

图 4－2　2005～2016 年中国区域平均环境规制强度

地区分布着相对污染的产业。另外，东部地区工业规模较大，产生了环境治理的规模效应，由此出现单位产出的治理成本较低。同时，在东部、中部产业向西部地区转移过程中，基于“腾笼换鸟”的需要，由东部向中部、西部地区转移的产业层次相对较低，这就带来了环境问题，较高的环境规制强度将有利于西部地区环境污染治理及脆弱生态环境的保护。

4.2 技术创新的测度与特征事实

4.2.1 技术创新的测度概述

在知识经济时代，技术创新已成为经济发展的第一驱动力，技术创新通过技术提升促成产业转型，进而推动经济增长（岳鸿飞等，2017[58]）。在分析技术创新对工业绿色转型的影响时，需要选取恰当可行的指标来对技术创新进行测度。总体来看，现有研究关于技术创新的测度主要体现在三个方面：一是从技术创新投入的角度来度量技术创新，主要采用研发支出衡量(贾仓仓、陈绍友（2018）[60]），以及从技术模仿和引进技术支出的角度来度量技术创新。林春艳和孔凡超（2016）[52]使用研发支出与外资参与度来衡量模仿创新能力。岳鸿飞等（2017）[58]使用规模以上工业企业 R&D 经费内部支出与技术消化吸收经费之和表示各工业行业的自主创新水平、用规模以上工业企业技术引进经费与购买国内技术经费之和表示技术引进水平，选取规模以上工业企业 R&D 政府资金支出表示科技创新的政府支持程度。二是从技术创新产出角度来进行度量，如使用环境专利授权数来测度地区的绿色技术创新活动（王文普、陈斌，2013[148]）。三是构建综合指标来评价度量技术创新。例如，季良玉（2016）[149]使用专利产出、研发（R&D）投入以及新产品开发与效益三个方面构建制造业技术创新能力的指标体系。孙早等(2012)[150]构建了一个包括内生指标、外生指标、直接指标和间接指标四大类一级评测指标，涵盖投入产出、扩散转化、决策盈利和支持保障等16 项二级评测指标，以及 54 项三级评测指标的自主创新能力评测指标体系，来度量战略性新兴产业的自主创新能力。蔡新蕾和高山行等

(2014)[151]从自主技术创新、突破式技术创新、渐进式技术创新、模块式技术创新、架构式技术创新五个角度构建技术创新模块，分析不同创新模式对创新绩效的影响。

总体来看，目前对技术创新的测度指标尚未形成一致的标准，不同研究者根据其研究需要，提出相应的测度方法。然而，进一步综合对比发现，现有研究对技术创新度量时，基本上都包含在两个范畴之内，一方面，从企业技术创新的外部环境来进行度量，如区域社会资源对企业的技术创新支持、区域技术创新强度等；另一方面，从企业自身内部创新角度来进行度量，如企业在进行创新过程中的各种支出及创新成果。为此，本章也从这两个方面来度量技术创新，具体来说，从区域技术创新强度、工业企业自主技术创新和工业企业技术引进创新三个角度来反映区域技术创新水平。

4.2.2　中国区域技术创新的测度与数据来源

结合前文对技术创新水平测度方法的分析，为了较为全面地反映技术创新，基于数据的可得性，本章从三个方面来反映技术创新。一是区域技术创新强度，区域技术创新强度体现了地区对工业企业技术创新的支持力度，在一定程度上也反映了区域技术创新政策环境。合理的区域技术创新政策支持有利于企业技术创新，尤其是有效的政府创新支持能够发挥引导作用，有利于工业绿色转型，区域技术研发投入的规模及强度是反映一个区域技术创新投入水平的重要指标。使用地区研究与试验发展（R&D）经费内部支出占地区生产总值的比重来表示。二是工业企业自主技术创新，企业自主技术创新的核心驱动力来自企业内部对新技术的突破，依靠企业自身力量独立进行技术研发活动，其研发获得的科技成果具有自主知识产权。本章使用规模以上工业企业 R&D 经费内部支出中试验研发支出与技术改造经费支出之和占主营业务收入的比重来表示工业企业自主创新。三是工业企业技术引进创新。工业企业技术引进创新是指工业企业通过从国内外的其他企业及科研院所直接获得先进技术。企业技术引进创新是快速获得成熟技术成果的重要途径，能够节约获取技术时的大量科研投入和时间，因此也成为世界各国，特别是发展中国家促进技术进步、实现“弯道超车”的重要途径，在此，本章使用规模以上工业企业境外引进技术经费支出与购买境内技术经费支出之和占主营业务收入的比重来度量工业企业技术引进创新。所使用的各种技术创新支出的数据来源于《中国科技统计年鉴》（2006～2017年），规模以上工业企业主营业务收入的数据来源于《中国工业统计年鉴》（2006～2017年），区域研发支出和地区生产总值的数据来源于2006～2017年各省区市统计年鉴。

4.2.3 中国区域技术创新的特征事实

根据前文的分析，结合收集到的数据，计算了区域技术创新强度、工业企业自主技术创新和工业企业技术引进创新这三种技术创新水平。区域技术创新强度，这是从区域层面对技术创新所进行的度量分析，在某种程度上反映了区域对企业技术创新的政策支持，也反映了企业技术创新的外部环境，工业企业自主技术创新和工业企业技术引进创新是从企业层面对技术创新的度量，在某种程度上反映了企业的技术创新策略。

为了反映区域工业企业技术创新的异质性，本章计算了2005～2016年区域技术创新强度、企业技术自主创新和企业技术引进创新的均值（见表4－1、表4－2和表4－3）。从中可以看出中国区域工业企业技术创新存在明显的区域异质性，从区域技术创新强度来看，东部地区技术创新强度最高(0.0207)，中部地区技术创新（0.0112）次之，西部地区技术创新强度(0.0080）较弱。从区域工业企业自主技术创新水平来看，中部地区企业自主创新水平稍高于东部地区，这可能是因为东部地区少数区域的自主技术创新水平较低，拉下了东部地区技术创新的整体平均水平，但是在所有省区市中工业企业自主技术创新水平排在前三位的均在东部地区，分别为北京（0.564）、上海（0.034）和天津（0.0257)，除此之外，位于东部地区的江苏、浙江、广东、山东和辽宁等省份的工业企业自主技术创新水平也相对较高。从区域工业企业技术引进创新来看，东部地区的企业技术引进创新水平的均值相对较高，中西部地区企业技术引进创新水平基本相当。整体来说，东部地区的技术创新水平高于中部地区，中部地区高于西部地区。

表 4－1　　　　　　　　中国区域技术创新强度

东部地区	区域技术创新强度	中部地区	区域技术创新强度	西部地区	区域技术创新强度
北　京	0.0564	山　西	0.0097	内蒙古	0.0056
天　津	0.0257	吉　林	0.0095	广　西	0.0059
河　北	0.0086	黑龙江	0.0105	重　庆	0.0126
辽　宁	0.0152	安　徽	0.0144	四　川	0.0146
上　海	0.0304	江　西	0.0091	贵　州	0.0060
江　苏	0.0212	河　南	0.0092	云　南	0.0065
浙　江	0.0186	湖　北	0.0158	陕　西	0.0213
福　建	0.0120	湖　南	0.0113	甘　肃	0.0051
山　东	0.0173			青　海	0.0033
广　东	0.0184			宁　夏	0.0049
海　南	0.0036			新　疆	0.0022
东部均值	0.0207	中部均值	0.0112	西部均值	0.0080

资料来源：通过作者整理计算获得。

表 4－2　　　　　　中国区域工业企业自主技术创新

东部地区	企业自主技术创新	中部地区	企业自主技术创新	西部地区	企业自主技术创新
北　京	0.0136	山　西	0.0178	内蒙古	0.0118
天　津	0.0145	吉　林	0.0119	广　西	0.0180
河　北	0.0094	黑龙江	0.0134	重　庆	0.0187
辽　宁	0.0155	安　徽	0.0214	四　川	0.0161
上　海	0.0147	江　西	0.0113	甘　肃	0.0015
江　苏	0.0145	河　南	0.0096	陕　西	0.0146
浙　江	0.0156	湖　北	0.0193	云　南	0.0103
福　建	0.0114	湖　南	0.0205	青　海	0.0064
山　东	0.0107			贵　州	0.0024
广　东	0.0117			宁　夏	0.0021
海　南	0.0065			新　疆	0.0078
东部均值	0.0126	中部均值	0.0157	西部均值	0.0100

资料来源：通过作者整理计算获得。

表 4-3　　中国区域工业企业技术引进创新

东部地区	企业技术引进创新	中部地区	企业技术引进创新	西部地区	企业技术引进创新
上　海	0.0031	江　西	0.0013	重　庆	0.0023
天　津	0.0021	安　徽	0.0011	甘　肃	0.0014
北　京	0.0015	山　西	0.0008	云　南	0.0011
海　南	0.0011	黑龙江	0.0006	内蒙古	0.0010
广　东	0.0010	吉　林	0.0006	四　川	0.0009
江　苏	0.0008	河　南	0.0004	陕　西	0.0008
浙　江	0.0007	湖　南	0.0006	广　西	0.0005
福　建	0.0013	湖　北	0.0007	新　疆	0.0005
山　东	0.0006			贵　州	0.0005
河　北	0.0006			宁　夏	0.0003
辽　宁	0.0009			青　海	0.0002
东部均值	0.0012	中部均值	0.0008	西部均值	0.0009

资料来源：通过作者整理计算获得。

4.3　工业绿色转型的测度概述

通过分析现有关于工业绿色转型的文献，可以发现目前对工业转型的研究较多，而对工业绿色转型水平的研究较少。对于工业转型或工业绿色转型水平的测度，目前也没有统一的官方标准，基本上都是根据研究需要，构建相应的指标或指标体系，然后再进一步量化测度。梳理现有相关文献可以发现，关于工业转型或工业绿色转型的测度主要包括工业转型综合指标法、工业生产率对工业增长的贡献率法、工业资源环境脱钩弹性评价法、工业行业污染得分法、全要素生产率直接衡量法和工业行业结构变动法等六种方法。

（1）工业转型综合指标法主要是通过构建多维度综合评价指标体系来对工业转型的内涵进行衡量和判断。基本做法是首先根据研究内容构建指标体系，然后通过主观或客观赋值法给指标赋权后合成综合指标，以此来反映工业转型水平。Yang 和 Yu（2013）[152]从自主创新、工业结构调整及升级、人力资本、资源环境、经济增长和居民生活水平六个方面构建中国工业转型发展模式的指标体系，然后利用层次分析法对中国 2000 ~ 2009 年工业转型程度进行综合测度分析。彭星等（2016）[18]构建一个由三级指标构成的指标体系来度量分析工业绿色转型，其中，一级指标由四个方面组成，即发展方式转型、结构优化、节能减排和绿色技术创新；二级指标在一级指标基础上拓展为 10 个方面，包括工业结构升级、产业结构优化、资源节约、能效提高、污染减排、绿色治理投资和绿色技术研发、科技创新自主化、要素使用集约化、人力资本改善化；在二级指标的基础上，将其拓展为 27 个指标，构成三级指标。然后利用熵权法对各指标进行加总，由此得到工业绿色转型的综合水平，进而分析 2000 ~ 2012 年中国区域工业绿色转型状况。

（2）工业生产率对工业增长的贡献率法就是使用工业生产率对工业增长的贡献大小来进行度量的。转变经济增长方式的本质就是提高全要素生产率在内的工业生产率对经济增长的贡献（于津平、许小雨，2011[153]），因此可以用全要素生产率对经济增长的贡献率来衡量经济增长方式转变水平（赵文军、于津平，2012[154]）。虽然采用全要素生产率对经济贡献的方法能够在一定程度上反映经济发展方式，但是在测算全要素生产率时，仅考虑劳动、资本的投入和期望产出，未考虑资源能源投入，也未考虑非期望产出，这不符合绿色经济效率的内涵。随着研究方法的改善，在传统全要素生产率核算的基础上考虑资源能源投入和环境污染产出等变量后的绿色全要素生产率测度成为可能。在此基础上，测算出工业绿色全要素生产率，然后用其对工业经济增长的贡献率来反映工业绿色转型进程（彭星，2016[18]）。

（3）工业行业污染得分法是通过工业行业污染物排放量来量化工业行业污染得分，以此得分来衡量工业行业绿色转型状况。朱东波等（2017）[17]以单位产出的污染排量作为划分污染型与清洁型行业的标准，计算出污染排放强度，然后标准化，对各污染物排放强度等权重加总，计算出各行业综合污染排放得分，以此度量工业绿色转型。

（4）工业资源环境脱钩弹性评价法是基于脱钩理论来对工业绿色转型进行评价。卢强（2013）[16]将经济发展与资源环境的脱钩研究方法应用到广东省及各辖区工业绿色转型的评价研究中，研究发现在珠三角核心区，工业绿色转型进展较好，在粤东地区仍然存在工业粗放式发展情形。高新才等

(2014)[155]研究发现，西部地区经济发展与环境污染整体强脱钩趋势不是很稳定，经济发展依然带来高污染排放。夏勇等（2017）[156]研究发现，环境规制可以通过优化产业结构进而助推经济增长与环境污染脱钩。车亮亮等(2015)[157]研究发现，中国及大部分地区的煤炭消费、煤炭利用效率与经济增长已由绝对挂钩转变为绝对脱钩状态。

（5）全要素生产率直接衡量法就是直接使用全要素生产率作为衡量经济增长方式转变的方法。在度量分析经济增长方式转变时，部分学者直接使用全要素生产率来进行衡量经济增长方式转变（赵彦云、刘思明，2011[158]；郑京海等，2008[159]；)。比如基于 DEA 模型的 Malmquist 生产率指数法来测算全要素生产率，进一步从全要素生产率中分解出生产技术进步效率，以此来核算工业行业转型（张涛，2017[160]）。但在测算全要素生产率时仅使用资本、劳动和期望产出，没有将非期望产出和能源投入纳入全要素生产率的测算中，从某种意义上来说，这仅仅度量的是传统全要素生产率，不能够真实反映工业效率的绿色因素。基于松弛变量的方向距离函数（SBM - DDF）在分析全要素生产率时，不仅将传统的资本、劳动和期望产出纳入测度模型，而且将非期望产出和能源投入纳入测度模型来计算测度工业绿色全要素生产率，以此来直接度量产业绿色转型水平（岳鸿飞等，2017[58]；齐亚伟，2018[144]），能够较好地反映绿色经济的内涵。

（6）工业行业结构变动法是将工业按照某个标准对所有工业行业进行排序，根据一定规则将所有工业行业划分成若干类，然后对各类工业行业的产值求比值，通过比值的变化判断工业行业结构转型状况。童健等（2016）[8]采用清洁型工业行业与污染密集型工业行业总产值之比来度量工业行业发展方式变化，用以分析工业转型。谢荣辉（2017）[161]选取 2002 ~ 2014 年中国 35 个工业行业的面板数据从产业结构高度化和清洁化两个方面度量产业绿色转型，其中产业结构高度化基于附加值的角度构建分类指标，以此来度量产业转型。

总体来看，上述六种关于工业转型或工业绿色转型的测度方法在某种程度上能够反映工业转型或工业绿色转型水平，但各种方法是根据一定的研究目的来选择和设定，没有统一的标准，也存在一些不足。工业转型综合指标法是依据研究者研究目的所构建的综合指标体系来反映工业转型，这可能会导致一些指标间存在关联性，甚至出现重复的情况，并且该方法主观性较强，对于不同的研究者可能会构造不同的指标体系，这样的测算结果也会出现一定的差别。全要素生产率贡献率虽然避免了主观性，但该方法首先要计算出全要素生产率，然后利用其变化率与工业增长变化率之比值来分析工业转型，一般而言，全要素生产率的变化较小，工业产值本身较大，相对于工业全要素生成率而言，其变化较大，这使通过此法计算出的全要素生产率对工业增长的贡献率很小，不足以反映绿色全要素生产率的贡献率。工业污染评分判断法涉及污染物的选取问题和权重的计算问题。工业资源环境脱钩弹性衡量法对于评价绿色转型方面具有很好的参考价值，但该方法不适合做实证分析[51]。

从第 3 章中的理论分析可以看出，工业绿色效率是工业绿色转型的一个重要方面。分析工业绿色转型首先就要从工业绿色效率考量，由依靠资源大量投入、工业污染的大量排放来维持工业低质量发展转变为提升工业绿色效率的高质量发展。如果说劳动、资本和能源的投入是工业发展的外在动力，那么提升工业绿色效率是中国工业绿色转型升级和可持续发展的内在动力（王兵、刘光天，2015[162]）。中国工业绿色转型的根本就是通过技术创新推进工业绿色全要素生产率的持续改善（陈诗一，2009[163]）。工业绿色全要素生产率是在传统工业全要素生产率的基础上加入了资源能源投入，非期望产出后所核算的工业生产率，根据工业绿色全要素生产率的核算原理可知，提高工业绿色全要素生产率的途径包括，降低非期望产出，提高期望产出和能源利用效率，即在投入要素既定的情况下提高期望产出或减少非期望产出以及在期望产出和非期望产出既定的情况下减少投入要素，这也体现了中国工业绿色转型的基本内涵。基于此，本章使用绿色全要素生产率来作为工业绿色效率的代理变量。

根据第 3 章的分析可知，工业绿色转型除了要实现绿色效率的提升外，也涉及工业结构绿色化转型，其主要表现为工业结构清洁化转型和工业结构高级化转型两个方面，工业结构清洁化转型是指区域工业由污染型行业占主导转向清洁型行业占主导，或者由污染型生产方式转型为清洁型生产方式，这一过程本身就意味着绿色转型，因此，本章使用工业结构清洁化转型作为工业绿色转型的一个度量指标。另外，高新技术产业是以高技术、高附加值为主要特征的工业行业，同时环境污染小，是一种天然的绿色产业[115]，区域工业企业转型发展绿色环保、高技术、高附加值的高新技术产业，其本身也就是工业行业的一种绿色转型。基于此，本章使用区域高新技术产业产值占工业总产值的比重来度量工业结构高级化转型水平，以此作为工业绿色转型的又一个重要变量。

4.4 工业绿色效率的测度与特征事实

4.4.1 工业绿色效率的测度概述

综合分析现有文献可以发现，目前对传统工业效率研究的文献较多，其主要使用全要素生产率作为工业效率的代理指标，但是传统工业全要素生产率未考虑资源和环境因素，而在此基础上发展起来的工业绿色全要素生产率能够很好地反映工业绿色效率的内涵。

对于全要素生产率的衡量，主要有参数度量法和非参数度量法，参数度量法主要包括索罗余值法和随机前沿法。非参数度量方法主要为数据包络法。参数度量法的主要问题在于要设计度量模型的具体函数形式，同时要设定模型中随机扰动项的分布类型，这就不可避免地带来设计偏误的问题，而作为非参数度量方法的数据包络分析（DEA）是运用线性规划知识来构造生产和技术的前沿面来对决策单元的效率进行评价，可以避免参数度量时所遇到的问题。然而以往研究在使用 DEA 进行分析时，仅仅使用资本、劳动以及产出（工业产值等）作为投入产出指标，这没有加入反映资源环境变化的指标，这与本章研究的绿色转型这一主体不相符。

目前，基于传统 DEA 模型发展起来的能够同时兼顾期望产出、劳动投入、资本投入、能源投入与非期望产出的 SBM - DEA 模型能够测度工业绿色效率，其主要包括两大类，一是 ML（Malmquist - Luenberger）生产率指数，二是基于 SBM 的 Luenberger 生产率指数法。两者的相同之处是都运用方向性距离函数将非期望产出纳入 DEA 模型，能够体现绿色效率的内涵，都可以用来测度绿色全要素生产率。其不同之处在于，ML 生产率指数法采用具有径向和角度的 DEA 模型来分析方向性距离函数，然而当存在投入冗余或产出不足时，使用具有径向的 DEA 模型测得的效率值往往会高估，采用具有角度的 DEA 模型往往忽视投入或产出的某一方面而使效率测度不准确。而 Tone（2001）[164]建立了基于松弛量（Slack - Based Measure，SBM）的非径向非角度 DEA 模型，较好地避免 Malmquist - Luenberger 生产率指数法存在的缺陷。在此基础上，Fukuyama 和 Weber（2009）[165]和 Fare 和 Grosskopf（2007）[166]又进一步建立了非径向非角度方向性距离函数，提出基于 SBM 的 Luenberger 生产率指标，这对于绿色全要素生产率的测度较为科学。因此，本章主要采用基于 SBM 的 Luenberger 生产率指标来测算工业绿色全要素生产率，并使用工业绿色全要素生产率来作为工业绿色效率的代理变量。

4.4.2　工业绿色效率的测度模型构建

（1）工业绿色生产效率函数。

本章借鉴 Fare 等（2007）[166]和 Fan（2015）[167]分析思路，构建一个同时包括“期望产出”和“非期望产出”的投入产出结构函数，用来度量工业绿色效率转型。把每个省份看作一个决策单元（Decision Making Unit，DMU），假设每个决策单元工业部门投入的生产要素 X 包括 N 种，即 $X=(x_1,x_2,\cdots,x_N)\in R_N^+$，对应两种产出，一是期望产出为 Y，包括 M 种，即 $Y=(y_1,y_2,\cdots,y_M)\in R_M^+$；二是非期望产出为 b，包括 I 种，即 $b=(b_1,b_2,\cdots,b_I)\in R_I^+$；工业生产可能性集合用 $P(X)$ 来表示[42,21]，表达式如下：

$$P(X)=\{(y,b):X\rightarrow(y,b)\},x\in R_N^+,y\in R_M^+,b\in R_I^+ \tag{4-1}$$

根据 Chung 等（1997）[168]对方向性距离函数关于生产可能性集合的定义，假设工业绿色生产集合是封闭有界的，生产可能性集合满足投入与期望产出强可处置性，非期望产出满足弱处置公理，期望产出和非期望产出相伴产生，即 $(y,b)\in P(x)$，当 $y=0$ 时，则有 $b=0$；同时，当减少期望产出时，非期望产出也在一定程度上减弱。

假设第 $k(k=1,2,\cdots,K)$ 个区域在 $t(t=1,2,\cdots,T)$ 时期的要素投入和产出的组合为 (x_k^t,y_k^t,b_k^t)，使用数据包络模型将满足上述约束条件的生产可能性集模型化，即：

$$P^t(x^t) = \left\{ \begin{array}{c} (y^t, b^t, x^t): \sum_{k=1}^{K} z_k^t y_{km}^t \geqslant y_{km}^t, m = 1,2,\cdots,M; \\ \sum_{k=1}^{K} z_k^t b_{ki}^t \leqslant b_{ki}^t, i = 1,2,\cdots,I; \\ \sum_{k=1}^{K} z_k^t x_{km}^t \leqslant x_{kn}^t, n = 1,2,\cdots,N \end{array} \right\} \quad (4-2)$$

其中，z_k^t 表示给每一个决策单元的观察值赋予的权重。

（2）构建方向性距离函数。

方向性距离函数（DDF）一方面希望产出向着生产前沿移动；另一方面希望污染排放向着最小化方向发展，符合绿色发展的理念[21]。在前面假设条件下，构建方向距离函数 DDF，即可计算出每个决策单元的相对效率，表达式如下：

$$\vec{D}_0(x,y,b:g) = \sup\{\beta:(y,b)+\beta g \in P(x)\} \quad (4-3)$$

其中，g 为方向向量，根据方向距离函数的内涵，构建方向性产出距离函数表示图（见图 4－3）。

如图 4－3 所示，图中水平轴表示非期望产出（b），垂直轴表示期望产出（y）。用 $g=(y,-b)$ 表示方向性向量。DDF 表示当投入向量 x 一定时，沿方向向量 g、产出向量（y,b）能够扩展的最大倍数。在不考虑非期望产出的情况下，期望产出和非期望产出将同时增加，即 A 点将同比例投射至 C 点。然而，当考虑非期望产出时，生产决策单元 A 将沿方向向量 $g=(gy, -gb)$ 扩展到生产可能性边界上的 B 点，这意味着工业总产值最大化和污染排放最小化。当存在两种以上的产出时，可通过构造模型（4－3）的线性规划来求解。

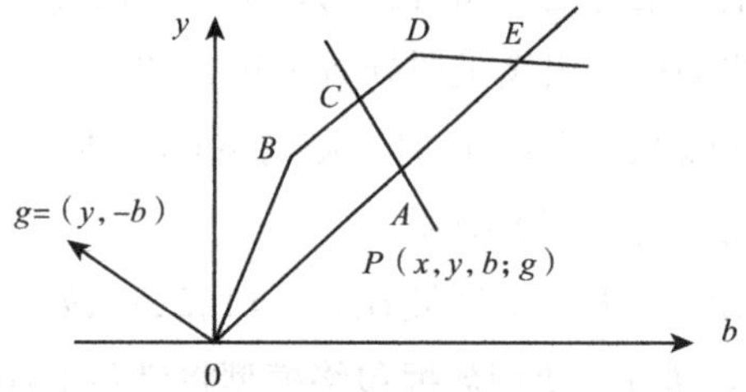

图 4－3　生产可能性边界和方向距离函数图形

在非期望产出满足“强处置”的条件下，企业的非期望产出不受约束。在非期望产出满足“弱处置”时，工业企业在处理非期望产出时需要付出成本，这就消耗了一定的资源，势必会减少期望产出。包络线 OBCDE 为生产可能性前沿面，对应的生产可能性集为包络线 OBCDE 与 x 轴之间的部分，企业沿向量 $g=(y,-b)$ 由 A 点向 B 点的运动过程表明通过效率改善和技术进步向生产前沿面的移动，这意味着绿色全要素生产率的提高（陈超凡，2016[21]）。

在图4-3中，生产技术由点 $A(y,b)$ 所在的生产集用 $P(x)$ 表示。方向性距离函数（DDF）则可以沿着 ABD 的方向同时拟合期望产出增加和非期望产出减少的行为。DDF 的具体形式用模型（4-4）表示。根据数据包络分析法（DEA）对方向距离函数进行求解，可以得到如下规划方程：

$$\vec{D}_0(x^{t,k},y^{t,k},b^{t,k}:y^{t,k},-b^{t,k})=\max\beta$$

$$\text{s. t.}\quad\begin{cases}\sum\limits_{k=1}^{K}z_k^t y_{km}^t \geqslant (1+\beta)y_{km}^t, m=1,2,\cdots,M\\ \sum\limits_{k=1}^{K}z_k^t b_{ki}^t=(1-\beta)b_{ki}^t, i=1,2,\cdots,I\\ \sum\limits_{k=1}^{K}z_k^t x_{kn}^t \leqslant x_{kn}^t, n=1,2,\cdots,N\\ z_k^t\geqslant 0; k=1,2,\cdots,N\end{cases}\tag{4-4}$$

其中，模型中参数的含义与模型（4-1）和模型（4-2）中对应变量所表示的意义相同。

4.4.3 中国区域工业绿色效率的测度与数据来源

本章使用工业绿色全要素生产率来作为工业绿色效率的代理变量，从前文工业绿色全要素生产率测度模型的构建过程中可以看出，工业绿色全要素生产率测算的准确度与投入产出指标的选取及其数据的准确性有很大关系。基于研究数据的可得性，选取中国30个省、直辖市和自治区的数据，由于台湾地区、香港特别行政区、澳门特别行政区和西藏自治区的数据缺失较多，因此在研究时没有加入这些地区，研究期间为2005~2016年。投入指标包括劳动力投入、资本投入和能源投入，产出指标包括期望产出和非期望产出，各指标的具体核算方法和来源如下。

①劳动投入：在核算区域工业绿色全要素生产率时，学界普遍的做法是选用规模以上工业企业年平均从业人数来衡量（陈玉龙、石慧，2017[169]；张纯洪、刘海英，2014[170]；蔡宁等，2014[171]）。基于数据可得性，本章也使用区域规模以上工业企业年平均从业人数来度量，2006年规模以上工业企业为全部国有及规模以上非国有工业企业，自2007年起，规模以上工业企业调整为年主营业务收入在500万元以上的工业企业，相关数据来源于《中国工业统计年鉴》(2006~2017年)。

②资本投入：对于资本投入，目前学界通常采用三种方法进行衡量，一是运用资本存量来作为代理变量，使用永续盘存法（PIM）来核算资本存量，在估测资本存量时，多数研究（余泳泽等，2017[172]；惠树鹏、张威振等，2017[173]）采用张军等（2004）和单豪杰（2010）所构建的永续盘存法计算公式，该方法在理论分析上较为合适，但这种方法对数据的要求较高，不仅需要研究期初的资本存量和各研究期的固定资产投资额及固定资产投资价格指数，还需要对固定资产折旧率进行估测。对于工业部门而言，从现有统计资料中难以获取上述数据，且使用该方法时主要的问题就是期初资本存量和折旧率的问题，目前尚未有一致的标准，因而使测算结果千差万别。二是直接使用各年度固定资产投资额表示资本投入，这种方法简单易行，但该种核算方法仅考虑当年的资本投入，而未考虑以往年份留存下来的资本对本期产出的影响，这与现实生产活动不相符，因为本期的工业产出不仅与本期投入的资本有关，而且与上期留存下来了的固定资产也有很大关系。三是使用工业部门固定资产投资净值作为固定资本存量的替代变量（申晨、贾妮莎、李炫榆，2017[174]；原毅军、谢荣辉，2016[175]）。固定资产净值是固定资产原值减去累计折旧所得到余值，该种计算方法与永续盘存法的思路基本一致。为此，本章借鉴陈玉龙等（2017）[169]和谢荣辉（2017）[176]等的做法，使用工业行业固定资产投资净值作为固定资本存量的替代变量，其计算方法为固定资产投资原值与累计折旧的差值，所用工业行业固定资产净值来源于《中国工业统计年鉴》(2006~2017年)，并经固定资产投资价格指数将各年名义值平减为以2005年为基年的实际值，固定资产投资价格指数值来源于

《各省区市统计年鉴》(2006～2017年)。

③能源消费量：借鉴李平（2017）[177]的做法，使用区域规模以上工业企业能源消费总量来衡量，并按标准煤折合系数转换为万吨标准煤，折合系数来源于2016年《中国能源统计年鉴》的附录数据，能源消费总量数据源自《中国能源统计年鉴》(2006～2017年)。

④期望产出：鉴于能源消费具有明显的工业中间投入品性质，同时，工业污染排放不仅存在于增加值部分的生产过程，而且存在于中间投入部分的生产过程（Manabi & Kaneko，2006[178]，2009[179]；董敏杰等，2012[80]）。因此，本章选择包含中间投入成本的工业总产值作为工业行业的期望产出，而不是工业增加值，使用工业品出厂价格指数将各期工业总产值平减到以2005年为基年的不变价格工业总产值，由于2013年改为《中国工业统计年鉴》，没有公布工业总产值的数据，因此2012～2016年的工业总产值数据利用对应年份的"工业销售产值"的比值来计算得到这一期间的工业总产值，原始数据来自《中国工业经济统计年鉴》(2006～2017年)，以下内容中凡涉及工业产值的度量及数据来源均按此方法计算，不再赘述。

⑤非期望产出：工业非期望产出主要是指工业生产过程中所产生的工业污染物，在研究中，学术界选取的污染物指标有一定的差异。陈玉龙和石慧（2017）[169]、惠树鹏等（2017[173]）选取工业废水排放量、工业废气排放量、工业固体废物排放量作为产出指标。申晨等（2017）[174]选取二氧化硫（SO_2）、化学需氧量（COD）和温室气体二氧化碳（CO_2）作为产出指标。谢荣辉（2017）[176]、原毅军和谢荣辉（2016）[175]选取CO_2排放量作为非期望产出指标。张纯洪和刘海英（2014）[170]、杨文举和龙睿赟（2012）[181]选取工业SO_2排放量和工业废水中的化学需氧量COD排放量测度工业的非期望产出。Manabi和Kaneko（2006）[178]不仅选择"三废"排放量，还考虑了工业废气中的二氧化硫、工业烟尘、工业粉尘的排放量，以及工业废水中的COD、六价铬、铅等污染物。尽管所选择的污染物有所不同，但从大的种类上来看，都包括在或者都属于工业"三废"（即工业废水、工业废气和工业固体废物）之列，基于此，本章以地区规模以上工业企业废水排放、废气排放、固体废弃物三种工业污染物的排放总量或产生总量作为工业生产的非期望产出，相关数据源自《中国环境统计年鉴》(2006～2017年)。

按照上文工业绿色全要素生产率测算模型及指标的选择分析，表4－4简要显示了本章在测度2005～2016年中国区域工业绿色全要素生产率时所用的指标及数据来源。

表4－4　中国分地区绿色全要素生产率核算投入产出指标及数据来源

研究对象	总体指标	具体指标	数据来源
中国区域工业绿色效率	要素投入指标	劳动投入	《中国统计年鉴》
		资本投入	《中国统计年鉴》
		能源投入	《中国能源统计年鉴》
	期望产业	工业总产值	《中国统计年鉴》
	非期望产出	工业废水排放量	《中国环境统计年鉴》
		工业废气排放总量	《中国环境统计年鉴》
		工业固体废物排放量	《中国环境统计年鉴》

4.4.4　中国区域工业绿色效率的特征事实

利用SBM－DEA测算工业绿色全要素生产率的基本原理，使用MaxDEA专业版软件测得2005～2016年中国各省区市的工业绿色全要素生产率，用工业绿色全要素生产率作为工业绿色效率的代理变量。

从测算结果来看，2005～2016年中国区域工业绿色效率水平呈现明显的区域异质性和阶段性特征。通过计算得到各省区市2005～2016年工业绿色效率的均值。在研究期内，北京市（1.1643）的绿色经济效率最高，其次是广东省（1.0561）、天津市（1.017）、江苏省（1.0125）和上海市（1.0007），这5个省市达到了工业绿色效率的前沿面。而甘肃、黑龙江、贵州、山西、新疆、青海和宁夏7省区的工业绿色效率水平相比其他省区市来说降低。总体来看，中国工业绿色效率水平呈现东部地区高、中西部地区较低的分布态势。

通过计算2005～2016年各省区市的工业绿色效率均值，得到2005～2016年中国工业绿色效率的变化均值图（见图4－4），从中可以发现中国工业绿色效率变化呈现近似于倒“W”形曲线变化趋势，在2005～2013年呈现波动式上升趋势，而后转为下降，但从2015年又开始表现出上升的趋势。

这可能是因为 2013 年以来，中国经济进入新常态，工业发展进入换档调整期，以及去产能调结构的发展阶段，以此实现经济的高质量发展，反映在图 4－4 中就是从 2013 年开始，中国工业绿色效率出现不同程度的下滑，而到了 2015 年后，中国工业绿色转型初见成效，中国工业绿色效率开始出现上升的趋势，逐渐向着工业绿色效率提升和经济高质量的方向发展。

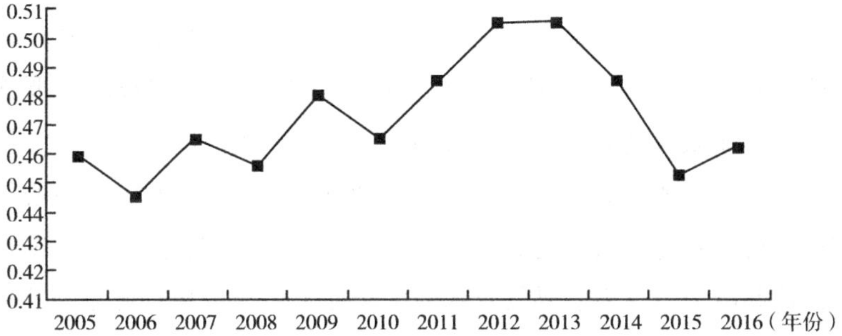

图 4－4　2005～2016 年中国区域工业绿色效率变化分布

4.5　工业结构清洁化转型的测度与特征事实

4.5.1　工业结构清洁化转型的测度概述

目前，关于工业结构转型的测度主要体现在两个方面：一方面是使用单指标测度工业转型，使用单一指标测度工业转型就是按照某一规则，计算出一个总体指标来度量工业结构转型水平。目前较为常见的有：采用中高技术制造业产值占制造业总产值的比重变化来衡量制造业结构升级（张宗斌、郝静，2011[182]）；使用制造业三类产业（资本密集型产业、技术密集型产业和劳动密集型产业）的产值占制造业总产值的比重作为制造业行业间结构升级的衡量指标（张明志、李敏，2011[183]）。采用清洁型工业行业产值与污染密集型工业产值的相对比重作为工业结构绿色转型的衡量指标（童健等，2016[8]）。总体来看，使用单指标测度工业结构转型的特征是：按照某种方法将产业划分为两大类，然后利用这两类工业产值的比值来表征工业转型，该种方法简单易行，能够排除指标的重复计算问题，保持了数据的原始性，较为真实可靠。另外就是使用多指标来测度工业结构转型。多指标测度工业结构转型就是通过构建指标评价体系的方式来多维度测度工业行业结构升级。例如，通过对制造业行业进行分类，选择技术密集化水平、生态化水平、规模化水平、高附加值化水平和重工业高加工度水平作为测度制造业结构升级的指标（王志华、陈圻，2012[184]）。但是在使用多指标评价工业结构转型时，指标体系中的很多指标是高度相关的，导致一些指标重复计算。

目前，制造业回归已经成为工业发达国家提振经济增长的重要途径之一，也是对产业服务化进行深刻反思后所做的产业战略布局。西方国家的“工业”仅指加工制造业，其不包括采掘业在内[185]。作为工业核心组成部分，在可获得相对完整数据的36个大类工业行业中，制造业占到29个，而诸如采矿业和电力、热力、燃气及水的生产加工业与区域资源禀赋相关度极高，使这些产业的发展具有很强的地域性，常常形成产业发展的区域路径依赖，其发展状况在很大程度上由其所处的地域所决定，而受其他因素的影响较小。

基于上述分析，不同于以往文献使用全部工业行业来分析工业结构转型，本章使用占工业绝大比例的制造业来分析工业结构清洁化转型。根据工业结构清洁化转型的内涵，以及研究的需要和数据的可得性，本章借鉴童健等（2016）[8]和张成等（2011）[123]的做法，采用清洁型制造业行业总产值与污染密集型制造业行业总产值之比来度量工业结构清洁化转型。

4.5.2 中国区域工业结构清洁化转型的测度与数据来源

根据前文的分析知，本章选择制造业行业中清洁型行业总产值与污染密集型行业总产值之比来表征工业结构清洁化转型，这就涉及制造业的清洁行业和污染行业的划分问题，本章以制造业各行业污染排放强度作为划分标准，将制造业行业划分为低污染行业与高污染行业。

对于污染强度的计算，参考童健等（2016）[8]的研究，首先通过公式 $UE_{ij}=E_{ij}/Y_i$ 计算出制造业各污染物的排放强度，其中，UE_{ij}为行业 i 的污染物 j 的排放强度，污染物 j 主要为工业废水排放量、工业废气排放量和工业固体废物排放量，Y_i 为各行业产值，并利用熵权法求得各行业污染物的排放强度，最后按照2005～2016年所有制造行业污染排放强度均值的中位数作为划分标准，将所有制造业划分为清洁行业和污染行业（见表4－5）。

表4－5　　　　　　　　　　制造业行业分类

清洁行业（14个）	污染行业（14个）
电气机械和器材制造业，印刷和记录媒介复制业，通用设备制造业，家具制造业，计算机、通信和其他电子设备制造业，专用设备制造业，烟草制品业，纺织服装、服饰业，交通运输设备制造业，仪器仪表及文化、办公用机械制造业，橡胶和塑料制品业，废弃资源综合利用业，文教、工美、体育和娱乐用品制造业，医药制造业	木材加工和木、竹、藤、棕、草制品业，文教、工美、体育和娱乐用品制造业，农副食品加工业，金属制品业，皮革、毛皮、羽毛及其制品和制鞋业食品制造业，纺织业，石油加工、炼焦和核燃料加工业，酒、饮料和精制茶制造业，有色金属冶炼和压延加工业，化学纤维制造业，化学原料和化学制品制造业，黑色金属冶炼和压延加工业，非金属矿物制品业，造纸和纸制品业

资料来源：作者根据2005～2016年平均行业排污强度测算而得。

其中，工业废水排放量、工业废气排放量和工业固体废物排放量的数据主要来源于《中国环境统计年鉴》（2006～2017年），制造业各行业产值的数据来源于《中国工业统计年鉴》（2006～2017年）。

4.5.3　中国区域工业结构清洁化转型的特征事实

通过计算得到2005～2016年中国各省区市的工业结构清洁化转型水平。依据2005～2016年各省区市的工业结构清洁化转型强度值，可以得知，北京（2.2687）、上海（2.2331）、广东（2.1869）、重庆（1.8660）、江苏（1.2050）、天津（1.1528）、浙江（1.1042）和福建（1.0628）。这八个省市的工业结构绿色强度值大于1，表明清洁型制造业在全部制造业中的比重大于污染型制造业的比重，这反映了这些省市逐步走向了绿色化的工业生产方式，而其他省区，尤其是山西（0.23918）、内蒙古（0.1761）、宁夏（0.1687）、甘肃（0.1603）、新疆（0.1485）和青海（0.0959）等工业矿产及能源富集区的工业结构清洁化转型水平较低。同时，工业结构清洁化转型较好的地区多集中于东部地区，而工业结构清洁化转型较弱的地区多集中于西部地区，呈现出东高西低的发展趋势。

从阶段性特征来看，通过计算得到2005～2016年中国各区域工业结构清洁化转型的变化均值（见图4－5），从图中可以看出2005～2011年中国各区域工业结构清洁化转型强度呈现出较大波动，2009～2011年，中国工业结构清洁化转型水平呈现下降趋势，这可能是因为为了应对世界性金融危机，中国实施了4万亿元投资刺激计划，在一定程度上使污染型制造业的比重上升，在这种情况下，清洁型制造业的比重相对下降，使工业结构清洁化转型的水平下降。而2011～2016年之后，中国各区域工业结构清洁化转型强度呈现出快速上升趋势，这可能主要是因为2011年之后，面临日益严重的环境污染，中国实施了去产能，特别是加大了对污染产业的治理力度，在这种情况下，污染产业的比重有所下降，使得清洁型制造业对污染型制造业的比重上升，即工业结构清洁化转型呈现上升趋势。

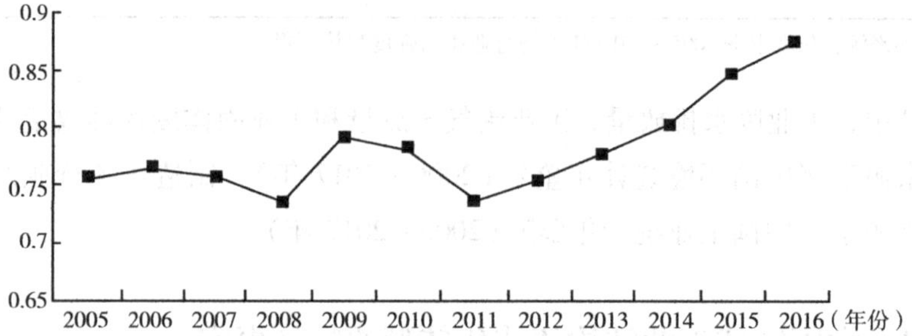

图4－5　2005～2016年中国区域工业结构清洁化转型变化分布

4.6　工业结构高级化转型的测度与特征事实

4.6.1　工业结构高级化转型的测度概述

目前在度量产业高级化转型时，常使用第三产业产值占第二产业产值的比重来表示（焦勇，2015[186]）。然而对于中国这样一个大国来说，经济的健康发展，重在实体产业，服务业依附于实体企业，过度的工业服务业化，将会导致产业的“空心化”。近年来，西方发达国家纷纷采取减税降费的策略，吸引制造业回流，实施再工业化策略。因此产业的高级化不应一味使用第三产业占比来度量，尤其是随着知识经济新时代的到来，其度量方法也应该随之而突破。在知识经济时代，知识经济的生产主要是知识产品的生产，产业的技术基础也发生了巨大的变化，高新技术产业又是知识经济的主要支柱产业（简新华，2000[187]），高新技术产业的发展代表着一个地区的头脑，提升高新技术产业在工业产业中的比重是提升一个地区工业竞争力的表现。为此，根据第 3 章的理论分析，本章借鉴肖兴志和李少林（2013）[188]的做法，使用高新技术产业占工业的比重来衡量工业结构高级化转型。

4.6.2　中国区域工业结构高级化转型的测度与数据来源

本章使用地区高新技术产业产值占工业产值的比重来度量工业结构高级化转型水平。依据《中国高新技术统计年鉴》（2016 年）统计的高新技术产业门类可知，高新技术产业主要包括信息化学品制造业，医疗仪器设备及仪器仪表制造业，计算机及办公设备制造业，电子及通信设备制造业，航空、航天器及设备制造业和医药制造业六大类。从范畴上来看，高新技术产业属于工业中高端制造业。地区高新技术产业产值来源于《中国高新技术统计年鉴》（2006 ~2017 年）。地区工业产值来源于《中国工业统计年鉴》（2006 ~ 2017 年）。选取的高新技术产业总产值的数据采用的是当年价，工业总产值也同样采用当年价，这样可以消除价值折算时造成的误差，保证了指标的可比性。

4.6.3　中国区域工业结构高级化转型的特征事实

根据前文的分析，通过计算得到 2005 ~ 2016 年中国各省区市的工业结构高级化转型水平值。进一步计算得到各省区市在研究期间工业结构高级化转型水平的均值，从中可知，在研究期内，区域工业结构高级化转型水平存在明显的区域异质性，其中，广东省工业结构高级化水平最高，达到 0.2695，然后依次是北京（0.2466）、上海（0.2200）、江苏（0.1851）、天津（0.1712）和福建（0.1240）。总体来看，各省区市工业结构高级化水平较高的区域多集中在东部地区，而工业结构高级化转型水平较低的地区多集中在西部地区，基本呈现由东到西逐级递减的趋势。

通过计算得到2005～2016年中国各区域工业结构高级化转型水平的均值，绘制其变化趋势（见图4－6），可以看出，中国各区域工业结构高级化转型水平基本呈现出“U”形的发展趋势，2005～2011年工业结构高级化转型表现出缓慢下降趋势，而在2011～2016年表现出快速上升趋势，这主要是因为2011年之后，面临日益严重的环境污染，中国工业积极实施发展动能的转换，进入经济新常态，以创新驱动经济发展，在这种情况下，工业结构高级化转型的水平有所提升。

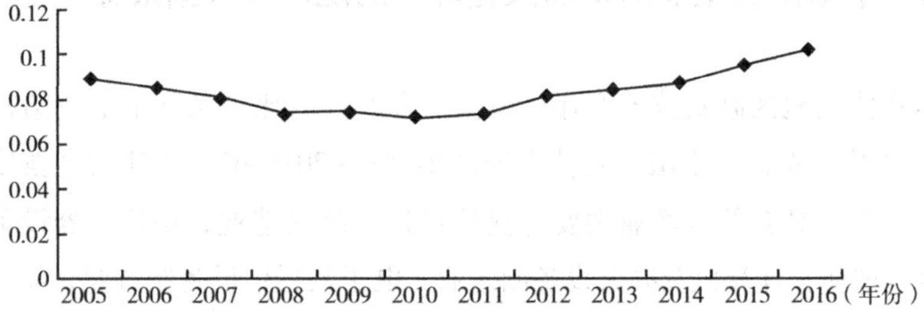

图4－6　2005～2016年中国区域工业结构高级化转型变化分布

4.7　本章小结

本章主要介绍了环境规制、技术创新与工业绿色转型水平的测度问题及其基本的特征事实，这一方面有助于了解中国区域环境规制、技术创新及工业绿色转型的基本特征事实；另一方面也为后文的实证分析做铺垫。

对于环境规制的度量，基于理论分析和数据的可得性，本章主要使用成本型环境规制来进行度量，即使用区域工业污染治理投资额占规模以上工业企业主营业务成本的比重进行计算。研究发现2005～2016年中国环境规制强度存在较强的阶段性和区域异质性特征。

为了较为系统地分析技术创新，本章从技术创新的外部环境——区域技术创新强度，以及企业内部技术创新策略——工业企业自主技术创新和工业企业技术引进创新两个视角下的三个方面来分析测度技术创新水平。总体来看，东部地区技术创新较强，中部地区技术创新较弱，西部地区技术创新水平较为落后。

根据第3章的分析，可以从工业绿色效率、工业结构清洁化转型和工业结构高级化转型三个方面来反映区域工业绿色转型。相应地，在测度分析区域工业绿色转型时，也从这三个方面来刻画。关于工业绿色效率，在借鉴现有文献的基础上，使用工业绿色全要素生产率来作为工业绿色效率的代理变量，使用SBM－DEA模型测得工业绿色效率大小。鉴于制造业在工业中的核心地位，本章使用清洁型制造业产值与污染型制造业产值的比值来度量工业结构清洁化转型。鉴于高新技术产业在区域工业体系中的战略地位，以及其所具有的高技术、高附加值及低污染的特性，本章使用区域高新技术产业产值与工业产值之比来度量工业结构高级化水平。研究发现，中国工业绿色效率水平在2005～2012年鉴呈现波动式上升趋势，而在2013年和2014年出现下降后，于2015年出现回升趋势。中国工业结构清洁化转型水平值2005～2011年表现缓慢波动的上升趋势，而在2012～2016年呈现显著的上升趋势。对于中国工业结构高级化转型来说，其在2005～2011年出现微弱下降，从2012年起出现显著的上升趋势。从区域异质性来看，区域工业绿色效率、区域工业结构清洁化转型和区域工业结构高级化转型三个表征工业绿色转型的指标值均呈现出由东部地区到中部地区，再到西部地区依次递减的特征。

| 第5章 |

环境规制、技术创新影响工业绿色效率的实证分析

在第3章中，本书综合运用演绎推理、数理模型论证，从理论上阐释了环境规制、技术创新及其两者激励配合影响工业绿色转型的机理。接下来，需要将进一步从实证经验上分别揭示环境规制、技术创新对工业绿色效率、工业结构清洁化转型和工业结构高级化转型的影响效果。

从研究方法上来看，结合第3章和第4章中的理论分析和各变量的经济理论含义，基于研究的需要，本章主要涉及三个方面的分析：一是环境规制、技术创新影响工业绿色效率的动态面板数据模型分析，考虑到工业绿色效率可能存在的惯性和动态效应，本书主要使用动态面板模型分析环境规制、技术创新对中国工业绿色效率的影响，为了解决动态面板模型可能带来的内生性问题，本书使用SGMM来进行估计。二是环境规制、技术创新影响工业绿色效率的动态面板门槛模型分析，根据第4章的理论分析可知，环境规制对技术创新的影响存在非线性的趋势，适度的环境规制能够促进技术创新，进而推动工业绿色效率提升，而这一过程，可能会因环境规制强度的不同而出现门槛问题，为此，本书使用动态面板门槛模型，来分析环境规制在技术创新影响中国工业绿色效率过程中可能存在的门槛效应。三是环境规制、技术创新影响工业绿色效率的空间计量模型分析，新经济地理学的理论告诉我们，各研究区域间可能会存在一定经济社会联系，本地区的工业绿色效率可能会受相邻或相近地区工业绿色效率水平的影响，具体来说可以表现为两个方面：一方面是本地区可以从相邻地区或其他相近地区的工业绿色效

率提升中获得一定的相关技术和知识，由此对本地区的工业绿色效率提升产生溢出效应；另一方面是相邻或相近地区的工业绿色效率提升能够对本地工业绿色效率提升产生示范作用，进而对本地区的工业绿色效率提升产生空间效应。基于此，本章进一步基于空间计量模型来分析存在空间因素下环境规制、技术创新对中国工业绿色效率的影响状况。

5.1　引　　言

20 世纪 90 年代以来，中国一直将产业转型升级，尤其是将工业转型升级作为经济工作中的重中之重。作为国家的支柱产业，工业也是资源能源消耗较多、环境污染较大的产业，实现工业绿色转型是生态文明建设、实现中国经济高质量发展的重要途径。

经济增长理论及实践均表明，提高经济效率是促进中国经济健康增长的关键所在[159]，提升兼顾能源投入和环境污染产出的工业绿色效率也是实现工业绿色转型的重要方面。近年来，中国环境污染问题频现，城市雾霾程度居高不下，部分地区空气质量频频爆表。为了应对环境污染问题，促进生态文明建设，中国强化了环境督查，不断提高环境规制强度，那么在现实中，环境规制能否促进工业绿色效率提升？从规模上来看，中国已经成为工业大国，但从质量上来看，中国是一个工业弱国，仍处于全球价值链的低端，表现出一种大而不强的特点，这势必会导致中国在国际贸易中处于不利局面，尤其是在高端制造业的国际贸易中，常遭遇国际绿色贸易壁垒而处于被动局面。为了扭转这一局面，中国大力实施创新驱动战略，积极推进“大众创业、万众创新”计划，以及“制造业 2025”发展战略，旨在由技术创新推动工业转型，实现高质量发展。由工业大国向工业强国迈进的过程中，技术创新势在必行，中国在不断推进创新驱动战略的过程中，技术创新能否推动工业绿色效率提升？对于这些问题的回答，除了需要理论上的分析外，还需要进行经验实证上的检验。基于此，本章在第 3 章理论分析的基础上，从实证角度分析环境规制、技术创新对提升中国区域工业绿色效率的影响。

从第3章的理论分析可知，工业绿色效率提升是工业绿色转型的重要方面，分析环境规制、技术创新对中国工业绿色效率提升的影响也就是从绿色效率方面论证环境规制、技术创新对中国工业绿色转型的影响。

5.2 环境规制、技术创新影响工业绿色效率的研究设计

5.2.1 环境规制、技术创新影响工业绿色效率的模型构建

5.2.1.1 环境规制、技术创新影响工业绿色效率的基准模型构建

为了分析环境规制、技术创新对工业绿色效率的影响，借鉴 Miller 等[189]研究时所建立的生产函数模型，结合本书的研究主题进行适度扩展，采用了如下形式的生产函数：

$$Y(y_{it}, b_{it}) = A_{it}(\cdot)F(K, L, E) \tag{5-1}$$

其中，i 表示研究地区，t 表示年份，Y 表示产出，不同于以往研究，本书的产出 Y 不仅包括期望产出 y_{it}，也包括非期望产出 b_{it}。一般而言，期望产出主要是指能够给企业带来利润的产出，工业企业期望得到的产出，常用工业生产总值来表示。非期望产出主要指对生态环境产生负向影响的产出，工业企业不期望得到的产出，但其会伴随着期望产出的产生而产生，常用工业企业生产过程中排放的污染物来表示。K、L、E 分别表示资本、劳动力和能源投入，$A_{it}(\cdot)$ 表示具有希克斯中性（Hicks neutral）的工业绿色效率。

在模型（5－1）的基础上引入环境规制（er）和技术创新（ti），参考胡安军和郭爱君等（2018）[115]的做法，假定模型（5－1）中的 $A_{it}(\cdot)$ 组成部分是多元的，即：

$$A_{it}(\cdot) = g(er_{it}, ti_{it}) = A_{i0} \cdot e^{\theta_{it}} \cdot er_{it}^{\alpha} \cdot ti_{it}^{\beta} \tag{5-2}$$

将模型（5－2）代入模型（5－1）中，可得：

$$Y(y_{it}, b_{it}) = A_{i0} \cdot e^{\theta_{it}} \cdot er_{it}^{\alpha} \cdot ti_{it}^{\beta} \cdot F(K, L, E) \tag{5-3}$$

将模型（5－3）两边同时除以 $F(K, L, E)$，可以得到工业绿色效率的计算式，即：

$$tes_{it} = Y(y_{it}, b_{it})/F(K,L,E) = A_{i0} \cdot e^{\theta_{it}} \cdot er_{it}^{\alpha} \cdot ti_{it}^{\beta} \tag{5-4}$$

由模型（5-4）可知，工业绿色效率 tes_{it} 由期望产出 y_{it}、非期望产出 b_{it}、资本投入 K、劳动投入 L 和能源投入 E 来决定，而受环境规制（er）和技术创新（ti）的影响，对模型（5-4）两边取自然对数，可以进一步得到工业绿色效率的函数表达式：

$$Lntes_{it} = LnA_{i0} + \theta_{it} + \alpha Lner_{it} + \beta Lnti_{it} \tag{5-5}$$

在模型（5-5）的基础上，得到工业绿色效率的计量模型，即：

$$Lntes_{it} = \phi + \alpha Lner_{it} + \beta Lnti_{it} + \gamma_j X + \nu_i + \mu_{it} \tag{5-6}$$

其中，i 和 t 分别表示研究地区和年份，tes_{it} 表示工业绿色效率，er_{it} 表示环境规制，ti_{it} 表示技术创新，X 为一组控制变量；ν_i 表示个体效应，μ_{it} 为随机扰动项且服从正态分布；ϕ、α、β 和 γ_j 为对应待估参数。

经济的发展往往会存在一定的惯性作用，本期经济发展水平常常会受到上一期的影响。与此类似，工业绿色效率也可能存在一定的惯性，上一期工业绿色效率状况会影响到本期工业绿色效率水平，为此，本书将工业绿色效率的滞后项 $tes_{i,t-1}$ 作为解释变量引入模型，来分析工业绿色效率的惯性作用和动态变化，在模型（5-6）的基础上，进一步将计量模型设定如下：

$$Lntes_{it} = \phi + \varphi Lntes_{i,t-1} + \alpha Lner_{it} + \beta Lnti_{it} + \gamma_j X + \nu_i + \mu_{it} \tag{5-7}$$

其中，i 和 t 分别表示研究地区和年份，tes_{it} 表示工业绿色效率，tes_{it-1} 表示工业绿色效率的一阶滞后项，er_{it} 表示环境规制，ti_{it} 表示技术创新，根据第4章的分析，技术创新主要包括区域技术创新强度（tie_{it}）、工业企业自主技术创新（eii_{it}）和工业企业技术引进创新（tii_{it}）三个方面，X 为控制变量；ν_i 表示个体效应，μ_{it} 为随机扰动项且服从正态分布；ϕ、φ、α、β 和 γ_j 为对应待估参数，模型（5-7）作为本部分的基准模型。

前文的理论分析显示，环境规制对工业绿色效率的影响可能存在非线性，为此，在模型（5-7）的基础上加入环境规制的二次项来分析环境规制与工业绿色效率之间的非线性关系，模型设定如下：

$$Lntes_{it} = \phi + \varphi Lntes_{i,t-1} + \alpha_1 Lner_{it} + \alpha_2 Ln^2 er_{it} + \gamma_j X + \nu_i + \mu_{it} \tag{5-8}$$

其中，i 和 t 分别表示研究地区和年份，tes_{it} 表示工业绿色效率，$tes_{i,t-1}$ 表示工业绿色效率的一阶滞后项，er_{it} 表示环境规制，用 $Ln^2 er_{it} = Lner_{it} \cdot Lner_{it}$ 来分析环境规制与工业绿色效率之间的非线性关系，X 为控制变量，ν_i 表示个体效应，μ_{it}为随机干扰项且其服从正态分布，ϕ、φ、α_1、α_2 和 γ_j 为对应待估参数。

根据本书前文的理论分析可知，环境规制和技术创新的激励配合对工业绿色效率具有理论意义上的影响。为此，本书在模型（5－7）基础上进一步将环境规制和技术创新交互项 $erti_{it}$引入模型，用来分析两者的激励配合对工业绿色效率的影响，此时模型设定如下：

$$Lntes_{it} = \phi + \varphi Lntes_{it-1} + \alpha Lner_{it} + \beta Lnti_{it} + \delta Lnerti_{it} + \gamma_j X + \nu_i + \mu_{it} \quad (5-9)$$

其中，i 和 t 分别表示研究地区和年份，tes_{it}表示工业绿色效率，tes_{it-1}表示工业绿色效率的一阶滞后项，er_{it}表示环境规制，ti_{it}表示技术创新，$Lnerti_{it} = Lner_{it} \cdot Lnti_{it}$表示环境规制与技术创新交互项，用以反映环境规制与技术创新的激励配合作用，X 为控制变量，ν_i 表示个体效应，μ_{it}为随机扰动项且服从正态分布，ϕ、φ、α、β、δ 和 γ_j 为对应待估参数。

5.2.1.2 环境规制、技术创新影响中国工业绿色效率的面板门槛模型设定

由于历史、区位、经济基础和政策环境等方面的原因，中国区域间在经济发展水平方面存在着较大差异，由此导致各地区的环境污染强度也有所不同。根据前文的理论分析可知，环境规制触发企业进行技术创新的存在一个“度”的问题，当环境规制强度低于某一水平时，其对企业技术创新行为触发作用较弱，而超过某一水平时，环境规制对企业技术创新的触发程度可能增强，这就使技术创新在不同强度的环境规制强度的影响下，可能会存在“门槛”，这也意味着环境规制在技术创新作用工业绿色效率的过程中可能存在着“门槛特征”。为此，本部分进一步通过构造动态面板门槛模型分析存在环境规制门槛的情况下，技术创新对工业绿色效率的影响。

本书在 Hansen（2000）[190]的面板门槛模型基础之上，结合研究需要构建本书的动态面板门槛模型，Hansen 将面板门槛模型设定为如下形式：

$$y_{it} = \phi_i + \beta_1 x_{it} \cdot I(q_{it} \leqslant \lambda) + \beta_2 x_{it} \cdot I(q_{it} > \lambda) + e_{it} \quad (5-10)$$

其中，i 和 t 分别表示研究地区和年份，y_{it}为因变量，x_{it}为自变量，$I(\cdot)$为指标函数，q_{it}为门槛变量，λ 为门槛值，e_{it}为随机扰动项且满足 $e_{it} \sim iid(0,\delta^2)$，$\phi_i$、$\beta_1$ 和 β_2 为对应待估参数。

实际上，模型（5－10）等价于如下分段模型：

$$y_{it}=\begin{cases}\phi_i+\beta_1 x_{it}+e_{it},q_{it}\leqslant\lambda\\ \phi_i+\beta_2 x_{it}+e_{it},q_{it}>\lambda\end{cases}\tag{5-11}$$

从模型（5 - 11）的表达式可以看出，当 $q_{it}\leqslant\gamma$ 和 $q_{it}>\gamma$ 时，x_{it}前的系数分别β_1、β_2。借鉴 Hansen 的门槛模型，本书的门槛回归模型设定如下：

$$Lntes_{it}=\phi+\varphi Lntes_{i,t-1}+\beta_1 Lnti_{it}\cdot I(q_{it}\leqslant\lambda)+\beta_2 Lnti_{it}\cdot I(q_{it}>\lambda)+\gamma_j X+e_{it}\tag{5-12}$$

其中，i 和 t 分别表示研究地区和年份；tes_{it}表示工业绿色效率；$tes_{i,t-1}$表示工业绿色效率的一阶滞后项，用于反映工业绿色效率的动态效应和惯性特征；$I(\cdot)$ 为指标函数，门槛变量 q_{it}为环境规制强度，λ 为门槛值；$Lnti_{it}$主要为技术创新水平，主要包括区域技术创新强度（tie_{it}）、工业企业自主技术创新（eii_{it}）和工业企业技术引进创新（tii_{it}）三个方面；X 为控制变量；e_{it}为随机扰动项且满足 $e_{it}\sim iid(0,\delta^2)$，$\phi$、$\varphi$、$\beta_1$、$\beta_2$ 和 γ_j 为对应待估参数。

5.2.1.3　环境规制、技术创新影响中国工业绿色效率的空间计量模型设定

以上的实证模型是在假设各省区市间的变量是相互独立，互不影响的情况下所作的设定，地理学第一定律（First Law of Geography）认为所有事物都与其他事物相关联，且较近的事物比较远的事物更具关联性[190]，各省区市间的工业绿色效率提升也会存在观摩效应和溢出效应。本地区会从邻近地区工业绿色效率提升中获得一定技术溢出，从而对本地区的工业绿色效率产生影响。此外，当本地区观察到邻近地区工业绿色效率的提高时，也会采取相应的策略来改变本地区的工业绿色效率水平，由此产生观摩效应。因此，有必要分析存在空间因素的情况下，各省区市环境规制、技术创新及其两者的激励配合对工业绿色效率的影响状况。空间计量模型为分析各种空间溢出和观摩效应所产生的空间效应提供了很好策略，基于此，本节进一步使用空间计量模型分析环境规制、技术创新及其两者的激励配合对中国工业绿色效率的影响。

（1）空间相关性检验。

在运用空间计量模型进行分析时，首先要分析所研究对象是否具有空间相关性，只有研究变量具备空间相关性的前提下，才能进一步使用空间计量模型进行回归分析。对于空间相关性的检验，一般可以采用 Moran's I 指数、

吉尔里指数和 Getis - ord 指数等方法进行检验。相比较而言，Moran's I 检验最为常用，因此，本书采用 Moran's I 指数来检验所要关注的对象是否存在空间效应[191,192]。

Moran's I 检验指数根据所研究的样本范围不同，可分为全局 Moran's I 指数和局部 Moran's I 指数，其中，全局 Moran's I 指数的计算公式如下：

$$I = \frac{\sum_{i=1}^{n}\sum_{j=1}^{n} w_{ij}(x_i - \bar{x})(x_j - \bar{x})}{S^2 \sum_{i=1}^{n}\sum_{j=1}^{n} w_{ij}} \tag{5-13}$$

其中，$S^2 = \frac{\sum_{i=1}^{n}(x_i - \bar{x})^2}{n}$为样本方差，$w_{ij}$为空间权重矩阵 W_{ij}的第 i 行 j 列的元素，x_i 和 x_j 分别为第 i 和第 j 地区的观察值，全局 Moran's I 指数（global Moran's I）测度的是整个序列的空间自相关性，取值介于 -1 到 1 之间，大于 0 表示空间自相关，即高值和高值相邻或低值与低值相邻，小于 0 表示低值与高值相邻，如果接近于 0，则表示空间分布是随机的，不存在空间相关性。

相对于全局 Moran's I 指数，局部 Moran's I 指数分析局部空间相关性，局部 Moran's I 指数（local Moran's I）的计算公式如下：

$$I_i = \frac{(x_i - \bar{x})\sum_{j=1}^{n} w_{ij}(x_j - \bar{x})}{S^2} \tag{5-14}$$

其中，变量的含义同模型（5 - 14）中对应变量所表示的含义一致，局部 Moran's I 指数与全局 Moran's I 指数类似，正的 I_i 值表示局部区域 i 的高（低）值被周围的高（低）值包围，负的 I_i 值表示局部区域 i 的高（低）值被周围的低（高）值包围。

（2）空间计量模型的设定。

考虑到研究区域之间可能存在的空间相互作用，一般在模型中引入空间滞后因变量、空间滞后自变量和空间滞后误差项。如果因变量依赖于邻近地区对应因变量的观察值或者局部特性，相应地将空间滞后因子 WY 作为自变量引入模型，模型设定如下：

$$Y = \alpha + \rho WY + X\beta + \varepsilon \qquad (5-15)$$

其中，Y 表示因变量，X 表示自变量，W 表示空间权重，α、ρ 和 β 为待估计系数，ε 为随机扰动项，假设 ε 服从均值为 0，方差为 $\sigma^2 I_{NT}$ 的正态分布。

如果因变量依赖于邻近地区自变量的观测值，相应地将空间滞后因子 WX 作为自变量引入模型，此时，空间计量模型可以设定为：

$$Y = \alpha + \rho WX + X\beta + \varepsilon \qquad (5-16)$$

式（5－16）中各参数所表示的意义与模型（5－15）中对应变量所表示的含义相同。如果邻近地区不可观察的扰动项对因变量能够产生作用，即将空间误差因子引入模型，则空间计量模型可以设定为：

$$\begin{aligned} & Y = \alpha + X\beta + \xi \\ & \xi = \lambda W\xi + \varepsilon \qquad (5-17) \\ & \varepsilon \sim N(0, \sigma^2 I_{NT}) \end{aligned}$$

其中，ε 服从均值为 0，方差为 $\sigma^2 I_{NT}$ 的正态分布，其他参数的意义同模型（5－16）。模型（5－15）是将因变量的空间滞后项引入模型，通常也被称为空间自回归模型（表示为 SAR），模型（5－16）是将自变量的空间滞后项引入模型，通常被称为空间滞后模型（表示为 SAC），如果将模型（5－15）和模型（5－16）进行整合，将自变量和因变量的空间滞后项同时引入同一个模型，该模型被称为空间杜宾模型（表示为 SDM）。模型（5－17）是将随机扰动项的空间滞后项引入模型，常被称为空间误差模型（表示为 SEM）。

在进行空间计量分析时，采取何种形式的空间计量模型事关研究结论的准确性，也是使用空间计量模型进行实证分析中所面临的重点问题。一般认为，若空间相关性体现在模型的滞后项中，则应采用空间滞后模型（表示为 SLM）；若空间相关性体现在模型的误差项中，则应采用空间误差模型（表示为 SEM）。如何确定空间相关性的存在形式，主要通过两种方式来进行分析判断，一是通过一定的统计检验来进行选择，Anselin（2004）[193]指出，如果在空间统计检验中发现 LMLAG 比 LMERR 在统计上更加显著，且 R－LMLAG 显著而 R－LMERR 不显著，则选择 SLM；反之，则选择 SEM 模型。二是通过对研究的问题进行理论分析，同时结合空间相关性检验，以及空间计量模型的空间滞后项估计系数的显著性来进行综合判断，以确定其空间相关性在模型中存在的形式。

对于空间计量模型的估计方法，Anselin（1988）[194]认为若采用普通最小二乘法（OLS）来估计空间计量模型，将导致估计结果有偏或不一致，通常是使用极大似然估计法来进行估计，以尽可能逼近真实值。

在前文分析的基础上，为了进一步分析引入空间因素时环境规制、技术创新对中国工业绿色效率提升的作用状况，本书将空间计量模型设定为如下一般形式：

$$Lntes_{it} = \phi_i + \varphi W \cdot Lntes_{it} + \alpha_1 W \cdot Lner_{it} + \alpha_2 W \cdot Ln^2 er_{it} + \beta W \cdot Lnti_{it} + \delta W \cdot Lnerti_{it} + \gamma_j W \cdot X + \xi_{it}$$

$$\xi_{it} = \lambda W \xi_{it} + \varepsilon \qquad (5-18)$$

其中，i 和 t 分别表示研究地区和年份，tes_{it}表示工业绿色效率，W 为空间权重，er_{it}表示环境规制，用 $Ln^2 er_{it}$来分析环境规制与工业绿色效率之间可能存在的非线性关系，$Lnti_{it}$主要为技术创新水平，主要包括区域技术创新强度（tie_{it}）、工业企业自主技术创新（eii_{it}）和工业企业技术引进创新（tii_{it}）三个方面，X 为控制变量，ε 为随机扰动项且满足 $\varepsilon \sim iid(0, \delta^2)$，$\phi_i$、$\varphi$、$\alpha_1$、$\alpha_2$、$\beta$、$\delta$ 和 γ_j 为对应待估参数。模型（5-18）为环境规制、技术创新影响中国工业绿色效率的空间计量模型通式，具体到模型采取何种形式，需要通过理论分析，结合统计检验来进行判断选择。

5.2.2 数据来源与统计分析

（1）被解释变量和核心解释变量。本部分的被解释变量为工业绿色效率，核心解释变量为环境规制和技术创新，这三个变量的测度方法、数据来源在第 4 章中详细给出，本部分不再赘述。

（2）控制变量主要包括：①经济发展水平（*pgdp*）。根据库兹涅茨的观点，经济总量的扩张会引起产业部门调整，促进产业结构转型[136]。同时，经济发展水平是研发经费、环境治理投入、提高绿色经济效率的基础。然而，如果一个地区的经济发展是以“三高”和“三低”为主要特征，仅仅是量的扩大，而不是质的提高，那么将有可能阻碍这个地区的工业绿色效率提升。经济发展水平一般用总量指标和人均指标来衡量，相比于总量指标，人均指标能够剔除各省区市人口与经济规模的差异而导致的度量偏误，因此，本书选取人均国内生产总值衡量经济发展水平，将各年的人均地区生产总值的名义值用地区生产总值指数折算成以2005年为基年的实际值，数据来源于各省区市统计年鉴，（2006～2017年）。②外商直接投资强度（*fdi*）。*fdi*的流入可能会带来技术溢出效应，本地工业企业从外商直接投资的技术溢出中获得技术提升，在这种情况下，将有利于本地工业绿色效率的提高。但是，如果外商投资是基于本地环境规制较弱，以污染转移为目的而进行的直接投资，将会阻碍本地工业绿色效率水平提高。如果外商直接投资采取严格的技术保护策略和专利保护策略，这将对本地的工业绿色效率的影响微弱，甚至挤占本地生产的资本，而不利于区域工业绿色效率的提升，因此外商直接投资对本地工业绿色效应的影响具有不确定性。实际利用外商直接投资用各年人民币对美元的年平均汇率，将其折算成以人民币计价的外商直接投资额，数据来源于各省区市统计年鉴（2006～2017年）和《中国统计年鉴》（2006～2017年）。③所有制结构（*os*），使用国有或国有控股工业企业总产值占工业总产值的比重来度量，反映所有制结构对工业绿色效率的影响，数据来源于《中国工业统计年鉴》（2006～2017年）。④市场化程度（*dmx*），经过40多年的改革探索，中国确立了“要使市场在资源配置中起决定性作用和更好发挥政府作用”的社会主义市场经济的改革方向，市场化程度越高，越有利于生产要素流向效率高的行业，从而有利于区域工业绿色效率的提高，用国民支出中除去政府支出以外的其他支出在地区生产总值中的比重来作为市场化程度的代理变量，数据来源于2006～2017年各省区市统计年鉴。⑤能源结构（*es*），工业能源使用结构的优化将有助于改善工业绿色效率，以煤为主的能源消费结构不仅消耗大量资源，还是产生二氧化碳的主要原因，其消耗强度的降低意味着工业能源使用结构的优化程度。用工业中煤炭实物消耗量折合成标准煤后占能源消耗总量的比重来表示能源结构，数据来源于《中国能源统计年鉴》（2006～2017年）。⑥人力资本（*hc*），人力是工业企业技术创新的核心要素，而教育是人力资本形成的保障。劳动者受教育水平越高，具备知识越多，具有相对较高的专业技能，将有助于提高企业的生产效率水平，随着受教育水平的提高，社会公众环保意识的增强，人们对环境质量的关注程度越高，这将倒逼工业企业提高绿色效率。使用就业人员受教育程度表示人力资本，用 $hc = 6 \times edu1 + 9 \times edu2 + 12 \times edu3 + 16 \times edu4$ 来计算，其中 $edu1$、$edu2$、$edu3$ 和 $edu4$ 分别表示各省区市就业人口中的小学、初中、高中、大专及以上毕业人数就业比例，数据来源于 2006～2017 年各省区市统计年鉴。⑦工业企业规模（*bs*），一般来说，较高的行业规模将有利于行业自身的监管与污染物治理，而较低的行业规模，由于产业组织形式过于分散，资源分布零散，不利于能源的集约化利用与绿色管理，只有具备了一定的行业规模才有实现绿色循环经济效益的基础与空间[58]。但是，企业规模与数量可反映行业竞争激烈程度，竞争有助于促进企业创新，从而有利于工业绿色效率的提高，由此可见，企业规模对工业绿色效率的影响存在不确定性。使用规模以上工业企业主营业务收入除以规模以上工业企业个数来表示，规模以上工业企业主营业务收入与工业企业数量数据均来源于《中国工业统计年鉴》（2006～2017 年）。

（3）变量的描述性统计。有关工业绿色效率、环境规制和技术创新的描述性统计与分析已在第 4 章中进行了详细分析，本部分不再赘述，所有变量的描述性统计见表 5－1。

表 5－1　变量数据的主要统计性特征

变量名称	变量表示	变量单位	均值	标准差	最小值	最大值	样本数
工业绿色效率	*tes*	—	0.472	0.3025	0.1334	1.2115	360
环境规制	*er*	%	0.0018	0.0016	0.0002	0.009	360
技术创新强度	*tie*	%	0.016	0.0129	0.0012	0.0601	360
自主技术创新	*eii*	%	0.0142	0.007	0.0038	0.0416	360
引进技术创新	*tii*	%	0.0011	0.0014	0.0001	0.0138	360
经济发展水平	*pgdp*	万元	3.0101	1.9083	0.5052	10.6767	360
外商直接投资强度	*fdi*	%	0.0236	0.0182	0.0004	0.0819	360
所有制结构	*os*	%	0.3861	0.1859	0.0966	0.8337	360
市场化程度	*dmx*	%	0.7863	0.0941	0.3731	0.9202	360
能源结构	*es*	%	0.5002	0.1671	0.0924	0.9437	360
人力资本	*hc*	—	9.3354	1.2446	6.4598	13.4024	360
工业企业规模	*bs*	亿元/个	2.3297	1.1935	0.5716	5.9123	360

资料来源：作者计算统计获得。

5.3 环境规制、技术创新影响工业绿色效率的实证检验

5.3.1 环境规制、技术创新影响工业绿色效率的基准回归

（1）估计方法概述。经济理论认为，由于惯性或动态调整，过去行为对经济个体的当前行为会产生影响，为了分析工业绿色效率提升的惯性和动态特征，将被解释变量的滞后项作为解释变量引入模型后，使静态分析变为动态分析，这能够很好地反映工业绿色效率的动态变化，但也会带来模型的内生性问题。同时，模型中使用的是相对效率，非观测因素导致随机扰动项与解释变量间可能存在相关性，这都有可能导致内生性问题。

为了解决动态面板模型出现的内生性问题，Arellano 和 Bond（1991）[195]使用所有可能的滞后变量作为工具变量，对差分后的方程进行 GMM 估计，这也被称为差分 GMM，使用差分 GMM 虽然在一定程度上能够解决动态面板模型所遇到的内生性问题，但是差分 GMM 估计的前提是扰动项不存在相关性，同时在作差分时常常会出现诸如：①若解释变量是前定变量，而不是严格外生的，这将导致差分后也出现内生性问题；②由于长面板导致的弱工具变量问题；③如果被解释变量的持续性很强，可能不适用于差分 GMM[196]。为了解决这些问题，Arellano 和 Bover（1995）[197]使用水平 GMM 估计，而使用水平 GMM 估计的前提是扰动项不存在自相关，被解释变量的滞后差分与个体效应不相关，这较易导致弱工具变量问题。Blundell 和 Bond（1998）[198]在差分 GMM 估计和水平 GMM 估计的基础上，将两者结合起来作为一个方程系统进行 GMM 估计，即系统 GMM 估计（System GMM）。系统 GMM 估计法是在差分 GMM 估计的基础上将差分项的滞后变量作为水平值的工具变量，通过增加工具变量的个数来解决弱工具变量问题，可以很好地解决模型中的内生性问题，同时系统 GMM 估计能够提高估计的效率，且能够估计不随时间变化的变量系数。基于此，本书主要使用 System GMM（即 SGMM）对环

境规制、技术创新影响中国工业绿色效率的动态面板模型进行估计。在使用SGMM方法进行回归分析时，首先验证模型是否满足SGMM的条件，主要包括扰动项和工具变量的检验。常采用Bond（2002）[199]提出的检验方法，即SGMM估计的前提是扰动项不存在二阶自相关，并且工具变量不存在过度识别。

（2）环境规制、技术创新影响中国工业绿色效率的SGMM估计见表5－2。从中可以看出，所有模型的被解释变量一阶滞后项前的系数均显著为正，这说明工业绿色效率具有动态性和惯性。Sargan和AR（2）检验的P值显示通过工具变量不存在过度识别和误差项不存在二阶自相关的检验，表明动态面板模型设定是合理有效的，估计方法有效，可以使用SGMM进行估计。

从表5－2的回归结果可以看出，模型1中环境规制的一次和二次项前的系数在5%显著性水平上均为正，这说明环境规制与工业绿色效率间存在显著的“U”形关系，意味着随着环境规制强度的逐渐加大，中国工业绿色效率呈现先降后升的变化趋势。模型2是加入了区域技术创新强度（*Lntie*）变量，用于分析区域技术创新水平对工业绿色效率的影响状况，从变量*Lntie*前回归系数显著性水平及数值可知，区域技术创新强度对区域工业绿色效率具有显著的促进作用，表明提高区域技术创新强度有利于工业绿色效率的提升，这也反映中国实施科技创新驱动战略，提高区域技术创新强度是及时必要的。从模型3中*Lneii*前系数的显著性水平及数值可知，工业企业自主技术创新能够显著促进工业绿色效率提升，企业通过加大技术创新力度，增加企业的技术自主创新能力，能够提升工业企业整体技术水平，从而提高了工业对资源能源的利用效率，降低了非期望产出，由此提升了工业绿色效率水平。从模型4中变量*Lntii*前系数的显著性水平及数值可知，技术引进创新对工业绿色效率的影响不显著。从模型5的回归结果可以发现，反映环境规制政策与区域技术创新政策激励配合的交互项前的系数为负，但不显著，这反映环境规制与区域创新政策之间在作用工业绿色效率提升过程中，两者之间协调配合力度不足，区域环境规制政策与区域技术创新政策间需要进一步协调配合，才能有助于形成促进工业绿色效率提升的“合力”。从模型6可以看出，企业自主技术创新与环境规制的激励配合对工业绿色效率具有显著促进作用，这说明两者在促进工业绿色效率提升过程中表现出较好的协调性，使两者的激励配合促进了工业绿色效率提升。从模型7可以看出，环境规制、企业技术引进创新及其交互项前的系数均显著为正，这表明环境规制与企业技术引进创新之间在影响工业绿色效率提升过程中，两者能够较好地协调配合，环境规制强度的提升激励企业进行技术引进，由此促进了工业绿色效率提升。另外，企业技术引进创新能够改善工业企业的技术水平，提升环境规制对工业绿色效率的正向影响，反映了两者能够有效地激励配合，进而有助于工业绿色效率提升。

从控制变量来看，经济发展水平前的系数均显著为负，即经济增长对工业绿色效率的提升产生负作用，这可能是因为经济以“摊大饼”式实现量的增加、以“环境”换“数量”式的增长，导致了“三高”问题突出，在这种情况下势必会阻碍工业绿色效率提升。所有制结构前的系数显著为负，这可能是因为国有企业或国有控股企业存在一定结构性问题，使其对工业绿色效率提升产生负面影响，这也是中国积极进行深化国有企业改革的原因之一。能源结构前的系数显著为负，这主要是因为以煤炭为主要原料的中国工业，其煤炭使用量占比越大，越不利于工业绿色转型，煤炭使用量的增加会加大废气和固体废物的排放，由此增加工业生产过程中的非期望产出，降低工业绿色效率水平。市场化程度前的系数为正，这说明了市场化对工业绿色效率具有显著促进作用，市场的竞争机制促进着企业向着顺应市场需求的绿色生产方式转变。人力资本前的系数在所有模型中均为正，人力资本水平作为绿色技术创新的中心环节，对工业绿色效率提升具有显著促进作用，表明人力资本是中国工业绿色效率提升的重要源泉。工业企业规模前的系数显著为正，这显示工业企业规模对工业绿色效率提升具有显著促进作用，这可能是因为较大规模的工业企业能够持续进行绿色技术创新，根据芝加哥学派产业组织理论的观点，规模较大的企业能够有助于技术创新，实现工业污染的源头治理，从而对工业绿色效率提升具有促进作用[37]。同时规模较大的区域也能够实现工业污染的终端规模治理，在这两个方面的作用下，提升了工业绿色效率。

表 5-2　环境规制、技术创新影响工业绿色效率的基准分析

Lntes	模型 1	模型 2	模型 3	模型 4	模型 5	模型 6	模型 7
L1. Lntes	0.6948 *** (25.92)	0.6043 *** (27.33)	0.7331 *** (26.63)	0.7449 *** (21.75)	0.5741 *** (16.91)	0.6937 *** (23.67)	0.6817 *** (20.07)
Lner	0.1168 *** (2.73)				-0.1070 ** (-2.32)	0.0209 (0.91)	0.0915 *** (3.63)
$Ln^2 er$	0.0122 *** (4)						
Lntie		0.3235 *** (7.65)			0.1926 * (1.77)		
Lneii			0.0316 *** (3.65)			0.1417 *** (3.91)	
Lntii				-0.0066 (-1.54)			0.1184 *** (5.01)
Lnertie					-0.0151 (-1.41)		
Lnereii						0.0158 *** (3.07)	
Lnertii							0.0191 *** (5.93)
Lnpgdp	-0.2836 *** (-8.14)	-0.4885 *** (-6.65)	-0.2616 *** (-7.92)	-0.2568 *** (-6.74)	-0.4805 *** (-6.05)	-0.2628 *** (-7.19)	-0.3166 *** (-8.88)
Lnfdi	-0.0130 (-0.92)	0.0218 ** (2.12)	0.0011 (0.07)	-0.0031 (-0.2)	0.0167 (1.2)	-0.0129 (-0.96)	-0.0158 (-0.9)
Lnos	-0.2343 *** (-6.3)	-0.2839 *** (-3.69)	-0.2467 *** (-6.76)	-0.2338 *** (-6.9)	-0.3013 *** (-3.98)	-0.2397 *** (-7.05)	-0.2604 *** (-10.53)
Lndmx	0.1750 ** (2.33)	0.1837 (1.33)	0.1048 (1.29)	0.0955 (0.88)	0.2506 (1.08)	0.1689 (1.5)	0.1351 (1.26)
Lnes	-0.1392 *** (-5.53)	-0.2114 *** (-5.88)	-0.1003 *** (-4.44)	-0.0899 *** (-3)	-0.2187 *** (-5.48)	-0.1229 *** (-3.29)	-0.1432 *** (-3.06)
Lnhc	0.1953 *** (2.74)	0.4937 ** (2.52)	0.1785 (0.96)	0.0798 (0.74)	0.4402 (1.41)	0.1999 * (1.71)	0.2082 (1.18)

续表

Lntes	模型1	模型2	模型3	模型4	模型5	模型6	模型7
Lnbs	0.0719*** (7.7)	0.0867*** (3.36)	0.1009*** (4.1)	0.0930*** (8.82)	0.0749** (2.44)	0.0881*** (7.59)	0.0744*** (3.3)
_cons	-0.6503*** (-3.14)	0.0348 (0.12)	-0.6476* (-1.73)	-0.5997** (-2.31)	-0.7565** (-2.43)	-0.6194** (-2.5)	-0.3887 (-0.86)
Ar(1) *Z*[*Ar*(1)]	-2.0849 (0.0371)	-1.8563 (0.0634)	-2.0363 (0.0417)	-2.0279 (0.0426)	-1.9737 (0.0484)	-2.1307 (0.0331)	-2.0750 (0.0380)
Ar(2) *Z*[*Ar*(2)]	-0.5282 (0.5973)	-0.6133 (0.5397)	-0.3534 (0.7238)	-0.2776 (0.7813)	-0.7888 (0.4303)	-0.5615 (0.5745)	-0.3607 (0.7183)
sargan *Z*[*sargan*]	26.9342 (0.5218)	28.0287 (0.4629)	27.9969 (0.4646)	27.7014 (0.4804)	27.6961 (0.4806)	26.1020 (0.5674)	27.1316 (0.5111)

注：*、** 和 *** 分别表示10%、5%、1%的显著性水平；圆括号和方括号内的值为t值或z值；*Ar*(1)、*Ar*(2) 和*sargan*分别表示*Ar*(1)、*Ar*(2) 和*sargan*的检验值，*Z*[*Ar*(1)]、*Z*[*Ar*(1)] 和*Z*[*sargan*] 分别表示*Ar*（1），*Ar*（2）和*sargan*检验值Z值；模型1表示加入了环境规制的一次方和二次方项；模型2至模型4表示分别加入了区域技术创新强度、企业自主技术创新和企业技术引进创新；模型5至模型7表示分别加入了反映环境规制与区域技术创新强度、企业自主技术创新、企业技术引进创新间激励配合的交互项。

5.3.2　环境规制、技术创新影响中国工业绿色效率的门槛效应检验

（1）门槛值的确定。

使用门槛模型进行回归分析时，首先面临的一个问题就是门槛变量的选择和门槛值的确定。门槛值确定的基本原理是：给定一个门槛值 λ，则可以根据该门槛值，对模型参数进行估计得到系数的估计值，这就对应着估计模型的残差平方和，若给定的门槛值越接近于真实门槛值，那么估计得到的残差平方和就越小，基于此，可以连续给出所有可能的门槛值，通过比对残差值，来确定使残差值最小时所对应的门槛值，该值即为真实的门槛值。在门槛值确定过程中，常常采取“格栅搜索法（Grid Search）”来连续给出门槛回归中的候选门槛值 λ，然后通过统计检验来确定最终门槛值。

本书通过F检验来判断是否存在环境规制的门槛效应，以及存在几道门槛问题。检验结果见表5-3，从中可以发现，环境规制的单门槛在1%的水

平上显著，而双门槛不显著，由此可以判断环境规制存在单一门槛。借鉴彭星（2015）[15]的做法，根据门槛值将所研究的数据样本进行分组。为了分析在环境规制门槛下，技术创新对工业绿色效率的动态影响，将工业绿色效率一阶滞后项引入模型，并继续采用 SGMM 对动态面板门槛参数进行估计，以解决模型估计过程中可能出现的内生性问题。

表 5-3　　面板门槛值估计和显著性检验结果

门槛变量	门槛数	门槛值	95% 置信区间	F 值	P 值	临界值			门槛影响的变量
						10%	5%	1%	
Lner	Single	-6.895	[-6.9391, -6.8938]	45.24	0	15.3432	18.0666	21.9837	*Lnti*
Lner	Double	-6.8126	[-6.8146, -6.7992]	-0.43	1	15.6428	17.5077	22.354	*Lnti*

注：考察环境规制门槛下，技术创新对工业绿色效率的影响，表中 *Lnti* 是指技术创新变量，包括 *Lntes*、*Lneii* 和 *Lntii*。

（2）面板门槛回归结果分析。

环境规制下技术创新对工业绿色效率的动态面板门槛模型回归结果见表 5-4，从中可以看出所有模型的被解释变量的一阶滞后项显著为正，*Ar*（2）的 P 值显示随机扰动项不存在二阶序列相关，*Sargan* 的 P 值显示不能拒绝模型所选择的工具变量是有效的假设，显示使用 SGMM 进行估计是合理有效的。

表 5-4　　环境规制、技术创新影响工业绿色效率的动态面板门槛模型估计结果

lntes	Lner≤ -6.895	Lner> -6.895	Lner≤ -6.895	Lner> -6.895	Lner≤ -6.895	Lner> -6.895
*Lntes L*1.	0.9058 *** (43.45)	0.8152 *** (115.16)	0.8134 *** (14.37)	0.8089 *** (165.65)	0.8207 *** (94.12)	0.7246 *** (7.06)
Lneii	-0.0045 (-1.07)	0.0362 *** (4.3)				
Lntii			-0.0236 *** (-2.72)	0.0107 ** (2.48)		

续表

lntes	Lner≤ -6.895	Lner > -6.895	Lner≤ -6.895	Lner > -6.895	Lner≤ -6.895	Lner > -6.895
Lntie					-0.0123 (-1.37)	0.0978 *** (2.70)
_cons	-0.0407 * (-1.81)	-0.0496 (-1.23)	-0.2234 *** (-2.8)	-0.1363 *** (-4.2)	-0.2586 *** (-7.54)	0.2939 * (1.67)
Ar(1) Z[Ar(1)]	-1.5124 (0.130)	-1.913 (0.0557)	-1.4421 (0.149)	-1.9456 (0.0517)	-1.9116 (0.0559)	-1.4165 (0.157)
Ar(2) Z[Ar(2)]	1.15 (0.2502)	-0.2643 (0.7916)	1.1966 (0.2315)	-0.23284 (0.8159)	-0.23526 (0.8140)	1.0767 (0.2816)
sargan Z[sargan]	5.2958 (0.9991)	21.9273 (0.2879)	2.9250 (1.0000)	21.7781 (0.2954)	21.7730 (0.2957)	7.0436 (0.9940)

注：*、** 和 *** 分别表示 10%、5%、1% 的显著性水平；圆括号内为 t 值或 z 值；Ar(1)、Ar(2) 和 sargan 分别表示 Ar(1)、Ar(2) 和 sargan 的检验值，Z[Ar(1)]、Z[Ar(2)] 和 Z[sargan] 分别表示 Ar(1)、Ar(2) 和 sargan 统计量的 Z 值。

从表 5-4 中第二列的回归结果可知，当地区环境规制强度未跨过门槛值时，工业企业自主技术创新对工业绿色效率的影响为负但不显著，这说明当环境规制强度较低时，不能够触发企业进行技术创新，由此传导到影响工业绿色效率提升上就表现出不显著影响。从第三列的结果可知，当区域环境规制强度跨过门槛值时，随着环境规制强度的增加，将倒逼工业企业自主技术创新，由此能够显著促进工业绿色效率提升。从表中的第四列回归结果可以看出，当地区环境规制强度未跨过门槛值时，工业企业技术引进创新对工业绿色效率的影响显著为负，这表明当环境规制较小时，不能够引起工业企业的足够重视，在技术引进时，未能充分考虑到技术的环保因素，虽然引进了技术但可能仅仅是为了提高产量，而忽略环境因素，随着期望产出的增加，非期望产出也相应增加，由此导致环境恶化，工业绿色效率水平下降。从表中的第五列的回归结果可以看出，当区域环境规制强度跨过门槛值时，企业技术引进创新能够显著促进工业绿色效率，这是因为，当环境规制加强时，如果工业企业没有对生产过程中的环境污染因素引起足够的重视，将会导致企业更大的成本，这将势必触发企业在引进技术创新时，考虑到环境友好的因素，在追求促进产出效率增加的技术时，也趋向于选择环境友好的技术引进，由此将促进工业绿色效率提升。从表 5－4 中的第六、第七列可以看出，当环境规则小于门槛值时，区域技术创新强度对工业绿色效率的作用为负，但不显著，而当跨越门槛值时，区域技术创新强度显著促进了工业绿色效率。

综上所述，可以看出，环境规制在技术创新影响工业绿色效率的过程中存在显著门槛效应，当环境规制较低，未跨过门槛值时，环境规制不能触发技术创新，在此情况下，技术创新对工业绿色效率的影响不显著或显著为负；当环境规制跨过门槛值时，环境规制能够触发技术创新，进而提升工业绿色效率。

5.3.3 环境规制、技术创新影响中国工业绿色效率的空间效应检验

（1）空间权重矩阵的构建。

实际上，空间计量模型与传统经典计量模型最大的区别在于将空间权重矩阵引入计量模型中。因此，在运用空间计量模型进行研究时，空间权重的设定至关重要。从现有文献来看，常见的空间权重主要有四种，即空间邻接权重、空间地理距离权重、空间经济距离权重和综合权重（张可云、王裕瑾等，2018[200]；董春、梁银鹤，2014[201]）。在借鉴已有研究的基础上，为使选取的权重尽可能准确，依次使用空间邻接权重、空间地理距离权重、空间经济距离权重和综合权重计算研究变量的 Moran's I 指数，然后根据 Moran's I 指数的大小及其显著性，来选择相对较优的空间权重矩阵作为本书空间计量回归时所使用的权重矩阵。

空间邻接权重 W_x 依据各省区市是否空间相邻来设定，若两省区市相邻，则两者的权重被赋值为“1”，否则被赋值为“0”。空间地理距离权重是根据地理学第一定律的基本原理来设定的，空间地理距离权重常使用地理距离平方的倒数来确定，即距离越近的事物总比距离较远的事物之间联系更为紧密（Tobler，1970）[202]，因此，本书将借鉴张林（2016）[203]等的设定方法，将地理距离空间权重设定为如下形式：

$$W_d = \begin{cases} \dfrac{1}{d_{ij}^2}, i \neq j \\ 0, i = j \end{cases} \tag{5-19}$$

其中，d_{ij}表示各省会城市之间球面距离。经济事物之间的空间联系不仅表现为地理邻近，更重要地表现为组织邻近（Gilly & Torre，2000），因此需要构建经济距离权重，经济距离权重矩阵是基于地区间的经济发展水平差距构建空间权重矩阵，其表达为：

$$W_j = \begin{cases} \dfrac{1}{|GDP_i - GDP_j|}, i \neq j \\ 0, i = j \end{cases} \tag{5-20}$$

其中，GDP_i 和 GDP_j 表示 i 地区和 j 地区的实际人均 GDP。上述仅分析了单个的地理距离权重或者经济距离权重下工业绿色效率的空间相关性，但现实情况是距离越近且经济互补性越强的地区间，经济联系更为紧密，基于此，本书借鉴彭星（2016）[15]等的做法构建由经济距离和地理距离组合成的综合权重 W_z，公式为 $W_z = W_d \cdot W_j$，W_d 为地理距离权重，W_j 为经济距离权重。

（2）中国区域工业绿色效率的空间自相关检验。

中国区域工业绿色效率的全局空间相关性检验，可以用全局 Moran's I 指数加以分析。利用 Stata14.0 软件测算了四种不同空间权重下 2005～2016 年中国区域工业绿色效率的全局 Moran's I 指数，计算结果见表 5-5。从中可以看出，2005～2016 年中国区域工业绿色效率在四种不同类型空间权重下的全局 Moran's I 指数均在 1% 的水平上显著为正，这表明中国区域工业绿色效率水平并不是完全随机分布的，而是存在较为明显的正向空间依赖性与空间集聚性。因此，在分析环境规制、技术创新对中国工业绿色效率的影响时需要进一步加入空间因素，来分析环境规制、技术创新对中国区域工业绿色效率的影响。

进一步比较四种类型的空间权重矩阵下全局 Moran's I 指数可以发现，总体来看，空间综合权重下的全局 Moran's I 指数的均值大于其他空间权重下全局 Moran's I 指数的均值，同时空间综合权重包括空间地理距离权重和经济距离权重，基于此，本节在实证分析时，使用空间综合权重来进行空间计量回归分析。

表 5-5　不同权重下区域工业绿色效率的全局 Moran's I 指数

权重类型	空间相邻权重		空间球面距离权重		空间经济距离权重		空间综合权重	
年份	Moran's I	p-value	Moran's I	p-value	Moran's I	p-value	Moran's I	p-value
2005	0.479	0	0.324	0	0.358	0	0.557	0
2006	0.508	0	0.359	0	0.406	0	0.648	0
2007	0.529	0	0.346	0	0.376	0	0.605	0
2008	0.516	0	0.354	0	0.396	0	0.629	0
2009	0.509	0	0.329	0	0.364	0	0.555	0
2010	0.525	0	0.354	0	0.363	0	0.586	0
2011	0.494	0	0.33	0	0.342	0	0.547	0
2012	0.535	0	0.328	0	0.319	0	0.498	0
2013	0.505	0	0.319	0	0.321	0	0.497	0
2014	0.525	0	0.334	0	0.312	0	0.524	0
2015	0.487	0	0.315	0	0.273	0.001	0.473	0.001
2016	0.454	0	0.286	0.001	0.224	0.007	0.436	0.002
均值	0.5055		0.3315		0.3378		0.5463	

资料来源：作者通过 Stata14.0 软件计算获得。

为进一步探讨中国不同区域工业绿色效率的空间相关性是否存在差异，分别描绘了基于空间综合权重下的 2005 年和 2016 年中国区域工业绿色效率的局部 Moran's I 指数的散点图（分别对应于图 5-1 的 a 图和 b 图）。从图中可以看出，中国区域工业绿色效率的 Moran's I 指数散点主要集中在第一象限和第三象限，即主要表现为“高—高”和“低—低”集聚类型。其中，分析图 5-1a 中局部 Moran's I 的散点图可以发现，2005 年处于第一象限的省市主要包括北京、天津、上海、江苏、浙江和山东等，分布在第三象限的省区市主要包括河南、湖北、湖南、重庆、四川、贵州、云南、陕西、甘肃、青海、宁夏和新疆等。而分析图 5-1b 中局部 Moran's I 的散点图可以发现，2016 年分布在第一象限的省市主要有北京、天津、上海、江苏、浙江、安徽、福建、山东、广东等，分布在第三象限的省市主要有重庆、四川、贵州、云南、陕西、甘肃、青海、宁夏和新疆。对比 2005 年和 2016 年的中国区域工业绿色效率的局部 Moran's I 的散点图可知，2016 年的高—高集聚的区域明显增多，这表明随着经济的发展，中国各省区市的工业绿色效率发展水平呈现出高—高集聚的态势。同时也与中国经济发展水平由东向西呈阶梯状分布的空间分布相似。

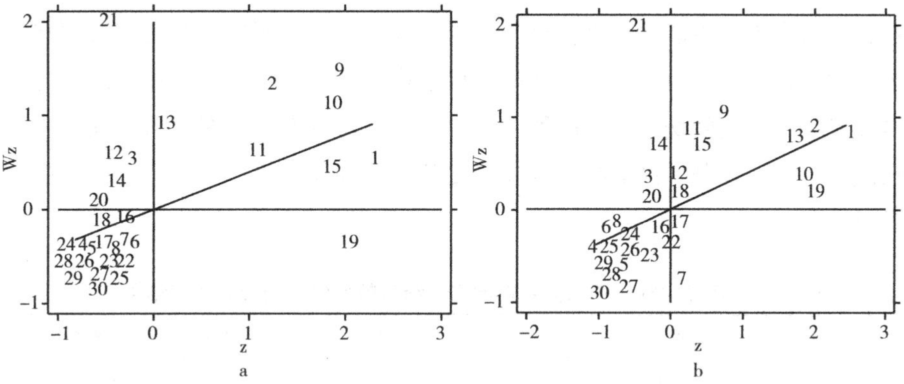

图5-1 局部莫兰指数相关

(3) 空间计量模型估计结果与分析。

在分析过程中，选择空间滞后的形式时，主要考虑三个方面的因素：一是空间效应的显著性问题；二是研究中主要关注变量的空间显著性；三是空间效应的存在性检验。从回归结果来看，面板 SAR 模型的 LM Lag 统计量显著而 SEM 模型的统计量不显著，SAR 模型中 Rho 和 Sigma 均在 1% 的显著性水平上显著，而其他类型模型的空间效应不显著。同时，本部分重点关注工业绿色效率的空间效应，因此，本节选择 SAR 模型进行空间回归分析。

环境规制、技术创新影响中国工业绿色效率的空间计量回归结果见表5-6，从中可以看出，空间自回归系数显著为正，这表明本地区工业绿色效率受到相邻或相近地区工业绿色效率水平的影响。在加入空间因素后，环境规制、技术创新对工业绿色效率影响的显著性水平明显提高，从模型1的回归结果可以看出，环境规制与工业绿色效率间存在倒“U”形的曲线关系，即随着环境规制强度的提高，工业绿色效率水平呈现先升后降，这可能是因为空间因素的存在，当环境规制没有越过拐点时，环境规制在一定程度上促进了工业绿色效率，当本地环境规制逐步加强，越过拐点时，导致工业企业的成本逐步增加，降低了企业进行绿色创新的动力，转而工业企业可能出现区际间产业转移，由此导致本地工业企业规模的下降，使得边际环境效益的递减，工业绿色效率出现递减的趋势。模型2至模型4主要分析技术创新对工业绿色效率的影响，从中可以发现，区域技术创新强度与企业自主技术创新能够显著推动工业绿色效率的提升，这与未加入空间因素下的状况一致。区域企业技术引进创新也能够显著促进工业绿色效率，这说明区域间能够发挥技术溢出效应，产生了对工业绿色效率的促进作用。模型5是引入环境规制与区域技术创新强度间交互项后的回归结果，从中可以发现，在引入空间因素的情况下，环境规制、区域技术创新强度及其激励配合也对工业绿色效率提升具有促进作用。

表5－6　环境规制、技术创新影响工业绿色效率的空间计量回归结果

Lntes	模型1	模型2	模型3	模型4	模型5
Lner	-0.1893* (-1.86)				0.0542* (1.91)
Ln^2er	-0.0122* (-1.8)				
Lntie		0.0729*** (6.27)			0.1773*** (3.1)
Lneii			0.0543*** (2.6)		
Lntii				0.0344*** (3.49)	
Lnertie					0.0146* (1.81)
Lnpgdp	-0.2009*** (-8.15)	-0.1741*** (-8.68)	-0.1947*** (-8.17)	0.5140*** (4.38)	-0.1831*** (-9.02)
Lnfdi	-0.0288* (-2.45)	-0.0255*** (-2.64)	-0.0254** (-2.16)	0.0006 (0.04)	-0.0292*** (-3.04)
Lnos	-0.0126 (-0.99)	-0.0201** (-2.01)	-0.0260** (-2.14)	-0.3625*** (-6.01)	-0.0156 (-1.47)
Lndmx	-0.0262 (-0.13)	0.1146 (0.69)	-0.2138 (-1.02)	0.5428*** (3.45)	0.0600 (0.37)
Lnes	-0.0442* (-2.6)	-0.0742*** (-5.41)	-0.0454*** (-2.78)	-0.0701 (-1.4)	-0.0748*** (-5.57)

续表

Lntes	模型 1	模型 2	模型 3	模型 4	模型 5
Lnhc	0. 5582 *** (5. 47)	0. 2961 *** (3. 17)	0. 5393 *** (5. 39)	0. 5199 ** (2. 09)	0. 2761 *** (3. 02)
Lnbs	0. 0011 (0. 13)	0. 0029 (0. 39)	0. 0002 (0. 03)	0. 3619 *** (7. 24)	0. 0070 (0. 93)
_cons	-1. 8137 *** (-4. 27)	-0. 2620 (-1. 21)	-1. 3207 *** (-6. 32)	-0. 9606 *** (-3. 47)	0. 1717 (0. 56)
Rho	0. 0597 *** (4. 1)	0. 0366 *** (2. 94)	0. 0678 *** (4. 61)	0. 1568 *** (2. 68)	0. 0393 *** (3. 1)
Sigma	0. 0214 *** (11. 57)	0. 0176 *** (11. 58)	0. 0211 *** (11. 57)	0. 0108 *** (13. 36)	0. 0171 *** (11. 58)

注：*、** 和 *** 分别表示 10%、5%、1% 的显著性水平；圆括号内为 t 值或 z 值。

5.4　环境规制、技术创新影响工业绿色效率的区域异质性分析

为了分析环境规制、技术创新影响中国工业绿色效率提升的区域异质性，本节借鉴李梅和柳士昌（2012）[205] 的做法，将全部省份划分为东、中、西 3 个区域①，按照虚拟变量的引入规则，以西部地区为参照系，引入东部地区（用 *east* 表示）和中部地区（用 *central* 表示）两个虚拟变量，模型构建如下：

$$\begin{aligned} Lntes_{it} = {} & \phi + \varphi_1 Lntes_{i,t-1} + \alpha_1 Lner_{it} + \alpha_2 Ln^2 er_{it} + \beta_1 Lnti_{it} + \delta_1 Lnerti_{it} \\ & + \alpha_3 east \cdot Lner_{it} + \alpha_4 east \cdot Ln^2 er_{it} + \beta_2 east \cdot Lnti_{it} + \delta_2 east \cdot Lnerti_{it} \\ & + \alpha_5 central \cdot Lner_{it} + \alpha_6 central \cdot Ln^2 er_{it} + \beta_3 central \cdot Lnti_{it} \\ & + \delta_3 central \cdot Lnerti_{it} + \gamma_j X + \nu_i + \mu_{it} \end{aligned} \quad (5-21)$$

其中，i 和 t 分别表示研究区域和年份；$Lntes_{it}$ 表示工业绿色效率水平，

① 东部包括：北京、天津、河北、辽宁、上海、江苏、浙江、福建、山东、广东、海南；中部包括：山西、吉林、黑龙江、安徽、江西、河南、湖北、湖南；西部包括：内蒙古、广西、四川、重庆、贵州、云南、陕西、甘肃、青海、西藏、宁夏、新疆。

$Lntes_{i,t-1}$表示工业绿色效率的一阶滞后项，用以反映区域工业绿色效率的动态效应；$Lner_{it}$为区域环境规制强度水平；Ln^2er_{it}为环境规制强度水平的平方项，用以反映环境规制与工业绿色效率的非线性关系；$Lnti_{it}$为技术创新，主要从区域技术创新强度（$Lntie_{it}$），工业企业自主技术创新（$Lneii_{it}$）和工业企业技术引进创新（$Lntii_{it}$）这三个层面反映技术创新对工业绿色效率的影响；$Lnerti_{it}$表示环境规制与技术创新的交互项，用于反映环境规制与技术创新间的激励配合对工业绿色效率的影响；X 为控制变量；ν_i 表示个体效应，μ_{it}为随机扰动项且服从正态分布；ϕ、φ、α_1、α_2、α_3、α_4、α_5、α_6、β_1、β_2、β_3、δ_1、δ_2、δ_3 和 γ_j 为对应变量的待估计系数。

为了便于对比分析，模型（5-21）中控制变量的选择与模型（5-9）一致，即控制变量 X 主要包括经济发展水平（*pgdp*）、外商直接投资强度（*fdi*）、所有制结构（*os*）、市场化程度（*dmx*）、能源结构（*es*）、人力资本（*hc*）和工业企业规模（*bs*）。数据来源同本章第 5.2.2 小节所列示的数据来源一致。

对于模型中可能产生的内生性问题，本书继续使用 SGMM 来进行估计分析，用被解释变量一阶滞后项作为工具变量，回归结果见表 5-7。

表 5-7　分区域环境规制、技术创新影响工业绿色效率的 SGMM 估计结果

Lntes	模型 1	模型 2	模型 3	模型 4	模型 5	模型 6	模型 7
*Lntes L*1.	0.7885*** (23.85)	0.6937*** (30.94)	0.8150*** (25.85)	0.8092*** (23.67)	0.6101*** (14.09)	0.7837*** (12.57)	0.7768*** (11.13)
Lner	-0.0536 (-0.76)				0.1290** (2.46)	0.0794 (1.13)	0.0568 (1.35)
Ln^2er	-0.0044 (-0.80)						
EastLner	0.1170*** (5.44)				-0.2057*** (-3.43)	-0.1030 (-1.18)	0.0261 (0.89)
$EastLn^2er$	0.0134*** (5.72)						
CentralLner	0.0715*** (2.81)				-0.2137 (-1.60)	0.0832** (2.03)	0.0601 (1.23)

续表

Lntes	模型 1	模型 2	模型 3	模型 4	模型 5	模型 6	模型 7
CentralLn²er	0.0089 *** (3.54)						
Lntie		0.2326 *** (9.40)			0.2096 *** (3.65)		
EastLntie		0.0634 *** (5.59)			0.0838 (1.24)		
CentralLntie		0.0445 ** (2.07)			0.0231 (0.32)		
Lneii			0.0100 (0.89)			0.1130 (1.43)	
EastLneii			0.0391 *** (3.31)			0.1579 *** (2.83)	
CentralLneii			0.0048 (0.40)			0.0541 (1.42)	
Lntii				-0.0132 *** (-2.79)			0.0462 (1.24)
EastLntii				0.0144 *** (3.20)			0.0856 ** (2.34)
CentralLntii				-0.0002 (-0.05)			0.0377 (0.89)
Lnertie					-0.0321 ** (-2.43)		
EastLnertie					0.0283 ** (2.33)		
CentralLnertie					-0.0375 (-1.36)		
Lnereii						-0.0046 (-0.35)	
EastLnereii						0.0249 *** (2.93)	
CentralLnereii						0.0175 (1.18)	

续表

Lntes	模型 1	模型 2	模型 3	模型 4	模型 5	模型 6	模型 7
Lnertii							0.0079 (1.40)
EastLnertii							0.0129** (2.43)
CentralLnertii							0.0114* (1.79)
_cons	-0.1198 (-0.19)	0.2502 (1.09)	-0.1595 (-0.75)	-0.2281 (-0.85)	-0.4318 (-0.70)	0.3805 (0.44)	0.1323 (0.17)
Ar(1) Z[Ar(1)]	-2.0354 (0.0418)	-1.865 (0.0622)	-2.0142 (0.0440)	-1.978 (0.0479)	-2.1044 (0.0353)	-2.194 (0.0282)	-2.0393 (0.0414)
Ar(2) Z[Ar(2)]	-0.4193 (0.6750)	-0.5425 (0.5875)	-0.2123 (0.8319)	-0.1953 (0.8451)	-0.6939 (0.4878)	-0.2812 (0.7786)	-0.1963 (0.8443)
sargan Z(sargan)	25.9734 (0.1309)	27.1501 (0.1012)	27.6078 (0.0913)	26.9606 (0.1056)	25.3697 (0.1487)	25.8609 (0.1341)	25.7241 (0.1381)

注：*、**和***分别表示10%、5%、1%的显著性水平；圆括号内为t值或z值；Ar(1)、Ar(2)和sargan分别表示Ar(1)、Ar(2)和sargan的检验值，Z[Ar(1)]、Z[Ar(2)]和Z[sargan]分别表示Ar(1)、Ar(2)和sargan统计量的Z值；鉴于重点关注核心变量，本表不再列示相关控制变量的估计系数及其显著性检验；以西部为参照系，引入东部、中部两个虚拟变量east和central。

从表6-3中可以看出，所有模型中被解释变量的一阶滞后项均显著为正，同时Ar(2)和Sargan检验的P值显示所有模型均通过Bond(2002)[199]提出的检验条件，说明模型设计合理，使用SGMM进行估计是有效的。模型1显示，东部和中部环境规制前的一次项系数和二次项系数显著为正，这意味着东部和中部地区环境规制强度与工业绿色效率间表现出明显的“U”形关系。而西部环境规制变量前的一次项和二次项的系数均为负，但不显著，这表明西部地区环境规制对工业绿色效率的作用力度不足。模型2实证结果显示，区域技术创新强度对工业绿色效率提升都具有显著的促进作用，在作用程度上，西部地区技术创新强度对工业绿色效率提升的影响系数明显大于东部地区，东部地区大于中部地区，这可能是国家大力实施丝绸之路建设和西部大开发战略，给予了西部地区更多的技术创新政策支持，同时西部地区经济社会发展水平相对较弱，技术创新强度和工业发展提升空间较大，因此西部地区技术创新强度对工业绿色效率提升的边际效应较东中部地区更为明显。对于企业自主技术创新而言，东部地区企业自主技术创新前的系数显著为正，中西部地区企业自主技术创新系数也为正，但不显著，这表明东部地区工业企业自主技术创新能力较强，能够通过企业自主技术创新推动本地区的工业绿色效率提升，而中西部地区工业企业的自主技术创新能力较弱，未能对工业绿色效率提升形成有效的促进和激励作用。就企业技术引进创新而言，也仅仅有东部地区工业企业技术引进创新对本地区的工业绿色效率具有显著的促进作用，中部地区企业技术引进创新对工业绿色效率的影响为负但不显著，而西部地区企业技术引进创新对工业绿色效率的影响显著为负，这表明东部地区的企业技术引进创新能够对工业绿色效率的提升形成有效的激励和促进，而西部地区技术引进创新则阻碍了工业绿色效率提升。这可能是因为东部地区经济发展水平较好，工业层次较高，对外贸易和国际化程度相对较强，工业企业对技术引进消化吸收再创新的能力较强，由此推动工业绿色效率。西部地区经济社会发展相对落后，为了实现经济发展，本地区积极承接东部地区相对落后的工业产业，产生区域间的触底效应，由此导致技术引进创新对工业绿色效率产生负面影响。

从反映环境规制与技术创新激励配合的交互项来看，东部地区的环境规制与三种类型的技术创新交叉项前的系数均显著为正，这表明东部地区环境规制与技术创新之间在作用于工业绿色效率提升过程中，两者能够相互协调配合，促进了工业绿色效率提升。中部地区环境规制与区域技术创新强度的交互项前的系数为负，但不显著，这表明中部地区的环境规制政策与区域技术创新政策之间在作用工业绿色效率提升过程中，激励配合力度不足，由此对工业绿色效率的影响不显著。西部地区的区域技术创新强度与环境规制交叉项前的系数显著为负，这表明西部地区的环境规制政策与区域技术创新政策之间在作用工业绿色效率提升过程中，彼此间可能出现各自为政的局面，由此不利于区域工业绿色效率的提高。中西部地区的环境规制与工业企业自主创新间的交互效应对工业绿色效率的作用不显著。中部地区环境规制与企业技术引进创新交互项前的系数显著为正，这说明环境规制能够触发中部地区工业企业的技术引进创新，由此提升了区域工业绿色效率。西部地区的环境规制与企业引进创新的交互项前的系数为正但不显著，这可能是环境规制未能够很好地触发企业技术引进创新，进而没能够促进工业绿色效率的提升。

5.5 环境规制、技术创新影响工业绿色效率的进一步讨论

5.5.1 模型设定

借鉴刘丹丹和赵颂（2015）[206]、胡安军和郭爱君（2018）[113]的做法，根据 Malmquist 指数分解的基本原理，将工业绿色效率分解为工业绿色规模效率和工业绿色纯技术效率两项之积，在此基础上，本书进一步实证分析了环境规制、技术创新及其两者激励配合对工业绿色规模效率和工业绿色纯技术效率的影响，来进一步探讨环境规制、技术创新对区域工业绿色效率的内在作用机制。

在模型（5－8）和模式（5－9）的基础上，构建环境规制、技术创新影响工业绿色纯技术效率和绿色规模效率的计量模型：

$$Lnptes_{it} = \phi^1 + \varphi^1 Lnptes_{i,t-1} + \alpha_1^1 Lner_{it} + \alpha_2^1 Ln^2 er_{it} + \beta^1 Lnti_{it} + \delta^1 Lnerti_{it} + \gamma_j^1 X + \nu_i + \mu_{it} \quad (5-22)$$

$$Lnses_{it} = \phi^2 + \varphi^2 Lnptes_{i,t-1} + \alpha_1^2 Lner_{it} + \alpha_2^2 Ln^2 er_{it} + \beta^2 Lnti_{it} + \delta^2 Lnerti_{it} + \gamma_j^2 X + \nu_i + \mu_{it} \quad (5-23)$$

其中，i 和 t 分别表示研究区域和年份；$Lnptes_{it}$ 和 $Lnses_{it}$ 分别表示工业绿色纯技术效率和工业绿色规模效率，$Lnptes_{i,t-1}$ 和 $Lnses_{i,t-1}$ 分别表示工业绿色纯技术效率和工业绿色规模效率的一阶滞后项，用以反映工业绿色纯技术效率和工业绿色规模效率的惯性和动态效应。$Lner_{it}$ 为区域环境规制强度水平；$Ln^2 er_{it}$ 为环境规制强度水平的平方项，用以反映环境规制与工业绿色效率分解项间的非线性关系；$Lnti_{it}$ 为技术创新，主要从区域技术创新强度（$Lntie_{it}$）、工业企业自主技术创新（$Lneii_{it}$）和工业企业技术引进创新（$Lntii_{it}$）这三个层面反映技术创新对工业绿色效率分解项间的影响；$Lnerti_{it}$ 表示环境规制与

技术创新的交互项，用于反映环境规制与技术创新的激励配合对工业绿色效率分解项间的影响；X 为控制变量；ν_i 表示个体效应，μ_{it} 为随机扰动项且服从正态分布；ϕ^1、ϕ^2、φ^1、φ^2、α_1^1、α_1^2、α_2^1、α_2^2、β^1、β^2、δ^1、δ^2、γ_j^1 和 γ_j^2 为对应变量的待估计系数。

5.5.2　指标选取与数据来源

使用第 4 章在测算工业绿色效率时所得到的工业绿色纯技术效率和工业绿色规模效率作为本部分实证分析的被解释变量。为了使本部分的实证分析与环境规制、技术创新对工业绿色效率影响的实证分析相一致，其他变量的选择及数据来源同本章 5.2.2 小节中的变量选择与数据来源相一致。这种做法主要是为了对比分析环境规制、技术创新对工业绿色纯技术效率和工业绿色规模效率影响效果，与环境规制、技术创新对工业绿色效率影响效果的关联关系。

5.5.3　环境规制、技术创新影响中国工业绿色纯技术效率的回归结果与讨论

为了解决动态回归过程中出现的内生性问题，本书继续使用 SGMM 来进行估计，环境规制、技术创新对工业绿色纯技术效率影响的实证回归结果见表 5 - 8，从中可以看出被解释变量的一阶滞后项显著为正，说明引入中国工业绿色纯技术效率的一阶滞后项是合适的。*Ar*（2）和 *Sargan* 检验均符合 Bond 提出的检验标准，由此可以认为，使用 SGMM 估计方法是合适的。从模型 1 的回归结果可以看出，环境规制一次项和二次项前的系数均为正，这反映了环境规制与工业绿色纯技术效率间存在“U”形关系，环境规制对中国工业绿色纯技术效率的影响呈现一种先降低后提升的趋势，这种变化趋势与环境规制对区域工业绿色效率影响的变化趋势基本一致。从模型 2 至模型 4 的回归结果可以看出，三种类型的技术创新对工业绿色纯技术效率进步均具有显著的促进作用，技术创新推动了技术进步，技术进步提高了工业绿色纯技术效率。与表 5 - 2 中模型 2 至模型 4 的回归结果进行对比可以看出，

区域技术创新强度、工业企业自主技术创新对工业绿色纯技术效率的影响方向与区域技术创新强度、工业企业自主技术创新对工业绿色效率的影响方向相一致。从模型5至模型7的回归结果可以看出，环境规制与区域技术创新强度、工业企业自主创新的激励配合对工业绿色纯技术效率具有显著的正向影响，这说明这两者在促进工业绿色纯技术效率上能够较好地协调配合。环境规制与工业企业技术引进创新的协调配合对工业绿色纯技术效率的影响为正，但不显著，这反映了这两者之间在影响工业绿色纯技术效率提升过程中需要进一步协调配合，才能够促进工业绿色纯技术效率。与表5-2中模型5至模型7的回归结果进行对比可以看出，环境规制与工业企业自主技术创新、工业企业技术引进创新的激励配合对工业绿色纯技术效率的影响与其对工业绿色效率的影响基本一致。

表5-8　　环境规制、技术创新影响工业绿色纯技术效率进步的SGMM回归结果

Lnptes	模型1	模型2	模型3	模型4	模型5	模型6	模型7
L1. Lnptes	0.6477*** (92.89)	0.6709*** (256.66)	0.6682*** (118.09)	0.6720*** (158.03)	0.6197*** (64.31)	0.5999*** (80.79)	0.6526*** (76.45)
Lner	0.2208*** (2.92)				0.3126*** (19.52)	0.8163*** (12.19)	-0.0955*** (-3)
Ln²er	0.0234*** (4.13)						
Lntie		0.1152*** (12.15)			0.7817*** (19.17)		
Lneii			0.1022*** (22.79)			1.4684*** (14.61)	
Lntii				0.0567*** (33.54)			0.0494* (1.77)
Lnertie					0.0925***		
Lnereii						0.2031*** (14.32)	

续表

Lnptes	模型 1	模型 2	模型 3	模型 4	模型 5	模型 6	模型 7
Lnertii							0.0008 (0.17)
_cons	3.1758*** (14.12)	3.0129*** (17.51)	3.7332*** (22.65)	3.8290*** (27.51)	4.3474*** (13.73)	8.1090*** (17.35)	1.8937*** (6.29)
Ar(1) *Z*[*Ar*(1)]	-1.4164 (0.0157)	-1.4034 (0.0161)	-1.3963 (0.0163)	-1.423 (0.0155)	-1.4018 (0.0161)	-1.4903 (0.0136)	-1.4007 (0.0161)
Ar(2) *Z*[*Ar*(2)]	1.1246 (0.2608)	0.92405 (0.3555)	0.86941 (0.3846)	1.0183 (0.3086)	0.93022 (0.3523)	0.93004 (0.3524)	1.0456 (0.2958)
sargan *Z*(*sargan*)	28.81176 (0.4221)	28.16786 (0.4556)	27.92334 (0.4685)	26.47783 (0.5468)	27.81228 (0.4744)	26.7812 (0.5302)	27.41256 (0.8475)

注：*、** 和 *** 分别表示 10%、5%、1% 的显著性水平；圆括号内为 t 值或 z 值；*Ar*(1)、*Ar*(2) 和 *sargan* 分别表示 *Ar*(1)、*Ar*(2) 和 *sargan* 的检验值，*Z*[*Ar*(1)]、*Z*[*Ar*(1)] 和 *Z*[*sargan*] 分别表示 *Ar*(1)、*Ar*(2) 和 *sargan* 统计量的 Z 值；模型 1 表示加入了环境规制的一次方和二次方项；模型 2 至模型 4 表示分别加入了区域技术创新强度、企业自主技术创新和企业技术引进创新；模型 5 至模型 7 表示分别加入了反映环境规制与区域技术创新强度、企业自主技术创新、企业技术引进创新间激励配合的交互项；本部分主要为了分析核心解释变量对工业绿色纯技术效率的影响，故本表仅列示了核心变量前的回归结果。

5.5.4　环境规制、技术创新影响中国工业绿色规模效率的回归结果与讨论

为了解决环境规制、技术创新影响工业绿色规模效率的动态回归分析中可能产生的内生性问题，本部分继续使用 SGMM 来进行估计。回归结果见表 5 - 9。从中可以看出，被解释变量的一阶滞后项显著为正，*Ar*(2) 检验和 *Sargan* 检验均符合 Bond 提出的检验标准，这说明模型设计合理，使用的估计方法有效。从模型 1 的回归结果可以看出，环境规制一次项和二次项前的系数均显著为负，这反映了环境规制与绿色规模效率间存在倒“U”形关系，环境规制对绿色规模效率的影响呈现先提升后下降的趋势。从模型 2 回归结果可以看出，区域技术创新强度前的系数为负，但不显著。从模型 3 和模型 4 的回归结果可以看出，企业自主技术创新和企业技术引进创新前的系数显著为负，这说明技术创新对工业企业绿色规模效率产生了负

向影响，这可能是因为，技术创新挤出了企业的规模扩张成本，在这种情况下，技术创新在短期内有碍于企业规模效率的提升。从模型5至模型7的回归结果可以看出，环境规制与区域技术创新强度、企业自主技术创新的激励配合对工业绿色规模效率产生不同程度的负向影响，这反映了环境规制与区域技术创新政策，工业企业自主技术创新策略间在影响工业绿色规模效率提升过程中没有形成有机的配合，环境规制体现了“成本效应”，而不是“创新补偿”效应，挤出了技术创新支出，同时技术创新也可能导致原有生产规模的更新变化，短期内从规模上来看，降低了工业绿色规模效率。

表5-9　环境规制、技术创新影响工业绿色规模效率的SGMM回归结果

Lnses	模型1	模型2	模型3	模型4	模型5	模型6	模型7
L1. Lnses	0.6623*** (43.76)	0.6628*** (54.92)	0.6544*** (54.06)	0.6647*** (46.36)	0.6645*** (37.85)	0.6440*** (39.89)	0.6847*** (31.23)
Lner	-0.3101*** (-6.13)				-0.2428*** (-7.71)	-0.5435*** (-5.13)	0.0402 (1.13)
Ln^2er	-0.0261*** (-6.98)						
Lntie		-0.0129 (-0.46)			-0.3697*** (-6.29)		
Lneii			-0.0355*** (-5.77)			-0.8751*** (-5.75)	
Lntii				-0.0355*** (-8.87)			-0.0270 (-0.84)
Lnertie					-0.0632*** (-9.92)		
Lnereii						-0.1300*** (-5.5)	
Lnertii							0.0002 (0.04)

续表

Lnses	模型 1	模型 2	模型 3	模型 4	模型 5	模型 6	模型 7
_cons	-2.6048 *** (-3.49)	-1.7006 ** (-2.45)	-2.0269 *** (-2.95)	-2.3932 *** (-3.19)	-4.0863 *** (-6.17)	-5.5092 *** (-7.6)	-1.8413 ** (-2.32)
Ar(1) *Z*[*Ar*(1)]	-1.2386 (0.0216)	-1.2211 (0.0222)	-1.2204 (0.0222)	-1.2307 (0.0218)	-1.2571 (0.0208)	-1.3035 (0.0192)	-1.2656 (0.0206)
Ar(2) *Z*[*Ar*(2)]	1.1793 (0.2383)	1.0366 (0.2999)	1.0294 (0.3033)	1.0778 (0.2811)	0.90112 (0.3675)	1.0361 (0.3002)	1.1563 (0.2476)
sargan *Z*(*sargan*)	27.66439 (0.4823)	26.81912 (0.5281)	26.31321 (0.5558)	26.28707 (0.5573)	21.99209 (0.7817)	22.22155 (0.7709)	21.25337 (0.8146)

注：*、** 和 *** 分别表示 10%、5%、1% 的显著性水平；圆括号内为 t 值或 z 值；*Ar*(1)、*Ar*(2) 和 *sargan* 分别表示 *Ar*(1)、*Ar*(2) 和 *sargan* 的检验值，*Z*[*Ar*(1)]、*Z*[*Ar*(2)] 和 *Z*[*sargan*] 分别表示 *Ar*(1)、*Ar*(2) 和 *sargan* 统计量的 Z 值；模型 1 表示加入了环境规制的一次方和二次方项；模型 2 至模型 4 表示分别加入了区域技术创新强度、企业自主技术创新和企业技术引进创新；模型 5 至模型 7 表示分别加入了反映环境规制与区域技术创新强度、企业自主技术创新、企业技术引进创新间激励配合的交互项。本部分主要为了分析核心解释变量对工业绿色规模效率的影响，故本表仅列示了核心变量前的回归结果。

进一步对比分析环境规制、技术创新对工业绿色效率、工业绿色纯技术效率和工业绿色规模效率这三者影响的回归结果，从中可以发现，环境规制与工业绿色效率、工业绿色纯技术效率之间均存在显著的“U”形关系，而与工业绿色规模效率间存在倒“U”形关系，这从侧面反映了环境规制与工业绿色纯技术效率间“U”形作用关系是导致环境规制与工业绿色效率间“U”形关系的主要原因。对比分析三种类型的技术创新对工业绿色效率、工业绿色纯技术效率和工业绿色规模效率影响的回归结果，从中可以发现，区域技术创新强度、企业自主技术创新对工业绿色效率的影响与对工业绿色纯技术效率影响的回归结果基本一致，这反映了技术创新对工业绿色效率的影响更多是通过技术创新对工业绿色纯技术效率的影响来体现。同时可以发现，环境规制与技术创新交互项对工业绿色效率的影响方向也基本与其对工业绿色纯技术效率的影响方向相似，由此可以得出，环境规制、技术创新及其两者激励配合对工业绿色效率的影响主要是通过其对工业绿色纯技术效率的影响来实现，这也说明了工业绿色纯技术效率是影响工业绿色效率内在直接因素，这一结论与胡安军和郭爱君等（2018）[115]的研究结论基本一致。

5.6 本章小结

本章在第4章理论分析基础上，实证分析了环境规制、技术创新及其两者激励配合对工业绿色效率的影响。本章从生产函数出发，构建了环境规制、技术创新与工业绿色效率之间的数理模型，在此基础上进一步构建了环境规制、技术创新影响工业绿色效率的计量模型。进而，利用第4章测度的2005~2016年中国30个省区市环境规制、技术创新及工业绿色效率的面板数据，同时收集其他控制变量数据，在所构建的计量模型基础上，从不同角度就环境规制、技术创新及其两者激励配合对工业绿色效率的影响进行了实证研究。

（1）为了反映工业绿色效率的惯性和动态效应，选择动态面板模型分析了环境规制、技术创新及其两者激励配合对工业绿色效率的影响，同时为了解决动态面板模型可能造成的内生性问题，本章选择了SGMM进行估计，从环境规制、技术创新影响工业绿色效率的估计结果来看，环境规制与工业绿色效率间存在显著的“U”形关系。区域技术创新强度与企业自主技术创新能够显著促进工业绿色效率提升。环境规制与企业自主技术创新、企业技术引进创新之间的激励配合能够显著促进工业绿色效率提升。而企业技术引进创新对工业绿色效率的影响不显著。环境规制与区域技术创新强度之间在影响工业绿色效率过程中，没有形成有力的配合，由此对工业绿色效率的影响不显著。

（2）为了反映环境规制、技术创新及其两者激励配合影响工业绿色效率时可能存在的区域异质性，本章通过引入虚拟变量，建立计量模型来分析中国东部地区、中部地区和西部地区环境规制、技术创新对工业绿色效率的影响效果，从分区域环境规制、技术创新影响工业绿色效率提升的SGMM估计结果来看，东中部地区的环境规制与工业绿色效率提升间具有显著的“U”形关系，而西部地区环境规制对工业绿色效率的影响不显著。东部地区的三种类型的技术创新均能够促进工业绿色效率。中部地区的区域技术创新强度对工业绿色效率提升具有显著的促进作用，而企业技术自主创新和企业技术引进创新对工业绿色效率提升的影响不显著。西部地区的区域技术创新强度对工业绿色效率提升具有显著的正向影响，企业自主技术创新对工业绿色效率的提升虽然具有正向影响但不显著，而企业技术引进创新对工业效率的影响则呈现出显著的抑制作用。东部地区环境规制与三种技术创新之间的激励配合均能够显著促进工业绿色效率提升。中部地区环境规制与技术引进创新的激励配合能够很好地促进工业绿色效率提升，而环境规制与区域技术创新强度、企业自主技术创新的激励配合对工业绿色效率提升的作用不显著。对于西部地区来说，环境规制与区域技术创新政策之间在作用工业绿色效率提升过程中没有能够有机地配合，使其反而阻碍了工业绿色效率提升，环境规制与企业自主技术创新、企业技术引进创新之间在影响工业绿色效率提升过程中没有能形成有效的配合，使其对工业绿色效率的作用不显著。

(3) 环境规制“创新补偿”效应认为，环境规制能够触发技术创新，进而影响工业绿色效率，为此，本章构建了环境规制下技术创新影响工业绿色转型的动态面板门槛模型，从环境规制、技术创新影响工业绿色转型的动态面板门槛模型估计结果来看，当区域环境规制强度未跨过环境规制的门槛值时，技术创新对工业绿色效率呈现出负向或不显著影响；当区域环境规制的强度值跨过门槛值时，技术创新显著促进了工业绿色效率。

(4) 为了反映工业绿色效率的空间技术溢出效应和空间观摩效应，本章建立了空间计量模型，用于分析存在空间效应时，环境规制、技术创新对工业绿色效率的影响效果，研究发现工业绿色效率存在显著的空间效应，存在空间效应下，环境规制与工业绿色效率间存在显著的倒“U”形关系，技术创新对工业绿色效率存在显著的正向影响，环境规制政策与区域技术创新政策的激励配合能够显著促进工业绿色效率提升。

(5) 根据 Malmquist 指数分解的基本原理，可以将工业绿色效率分解为工业绿色规模效率和工业绿色纯技术效率两项之积，从这一视角出发，本章进一步实证分析了环境规制、技术创新对工业绿色规模效率和工业绿色纯技术效应的影响，以此揭示环境规制、技术创新对工业绿色效率提升的内在作用机制。研究发现，环境规制、技术创新对工业绿色纯技术效率的影响与其对工业绿色效率提升的影响基本一致，这也从侧面反映了环境规制、技术创新对工业绿色纯技术效率的影响是其对工业绿色效率影响的主要方面。

| 第6章 |

环境规制、技术创新影响工业结构清洁化转型的实证分析

从第3章中的理论分析可知，作为工业绿色转型的结构因素，工业结构清洁化转型在理论上受到环境规制、技术创新及其两者激励配合的影响。为此，本章使用动态面板数据模型、空间计量模型分析了环境规制、技术创新及其两者激励配合对工业结构清洁化转型的影响程度和效果，并分析了在此过程中的区域异质性。同时，利用中介效应的分析思路和方法，探讨了技术创新在环境规制作用工业结构清洁化转型过程中的中介效应。

6.1 引　　言

工业结构清洁化转型意味着工业企业向着清洁化生产方式发展，区域工业由高污染工业行业占主导转向低污染工业行业占主导，或者区域工业企业由高污染高能耗生产方式转向低污染低能耗绿色化生产方式转变。而采矿业和水、电、气和热力的生产等工业行业与区域资源禀赋有很大关系，这些行业在一些研究区域中完全缺失，表明这些工业行业的发展存在很大的区域相关性，工业中的制造业与区域资源禀赋联系程度相对较低，且制造业占据工业的主要份额，根据2011年国民经济行业分类注释，在行业分类的二级目

录下，工业有41个二级门类行业，其中，采矿业包括7类，电力、热力、燃气及水生产和供应业等行业包括3类，制造业包括31类，占据绝大多数的工业行业门类，因此，考察制造业的绿色结构转型能够基本反映工业绿色转型。而且西方国家的“工业”仅指加工制造业而并不包括采掘业[185]。作为工业的主要组成部分，中国制造业能否实现清洁化转型关系到工业能否实现清洁化转型。基于此，不同于现有研究使用全部工业的结构转型来进行分析（张涛，2017[160]；张成等，2011[123]），本书使用制造业结构清洁化转型来分析工业结构清洁化转型。

6.2 环境规制、技术创新影响工业结构清洁化转型的研究设计

6.2.1 环境规制、技术创新影响工业结构清洁化转型的模型构建

6.2.1.1 基准模型构建

本书第3.4.1小节中的理论分析显示，环境规制与工业结构清洁化转型之间可能存在着非线性关系，为此本节借鉴模型（5-8）的做法，构建环境规制与中国工业结构清洁化转型之间的实证模型：

$$Lnmgst_{it} = \phi + \varphi_1 Lnmgst_{i,t-1} + \alpha_1 Lner_{it} + \alpha_2 Ln^2 er_{it} + \gamma_j X + \nu_i + \mu_{it} \qquad (6-1)$$

其中，i 和 t 分别表示研究区域和年份；$Lnmgst_{it}$表示制造业结构清洁化转型水平，作为工业结构清洁化转型的代理变量；$Lnmgst_{i,t-1}$表示制造业结构清洁化转型的一阶滞后项，用以反映区域工业结构清洁化转型的动态效应；$Lner_{it}$为区域环境规制强度水平；Ln^2er_{it}为环境规制强度水平的平方项，用以反映环境规制与工业结构清洁化转型的非线性关系；X 为控制变量；ν_i 表示个体效应，μ_{it}为随机扰动项且服从正态分布；ϕ、φ_1、α_1、α_2 和 γ_j 为对应变量的待估计系数。

由本书第3.4.2小节的理论分析可知，技术创新能够提升区域技术水平，进而影响区域工业清洁化生产，基于此，本书构建技术创新影响区域工业结构清洁转型的实证模型：

$$Lnmgst_{it} = \phi + \varphi_1 Lnmgst_{i,t-1} + \beta Lnti_{it} + \gamma_j X + \nu_i + \mu_{it} \quad (6-2)$$

其中，i 和 t 分别表示研究区域和年份；$Lnmgst_{it}$ 表示工业结构清洁化转型；$Lnmgst_{i,t-1}$ 表示工业结构清洁化转型的一阶滞后项，用以反映区域工业结构清洁化转型的动态效应；$Lnti_{it}$ 为技术创新，主要从区域技术创新强度（$Lntie_{it}$）、工业企业自主技术创新（$Lneii_{it}$）和工业企业技术引进创新（$Lntii_{it}$）这三个层面反映技术创新对工业结构清洁化转型的影响；X 为控制变量；ν_i 表示个体效应，μ_{it} 为随机扰动项且服从正态分布；ϕ、φ_1、α_1、α_2 和 γ_j 为对应变量的待估计系数。

本书 3.4.3 小节的理论分析可知环境规制与技术创新间有机的协调、激励与配合能够促进区域工业结构清洁化转型，为此，本书构建了环境规制、技术创新及其两者间激励配合对区域工业结构清洁化转型的实证模型：

$$Lnmgst_{it} = \phi + \varphi_1 Lnmgst_{i,t-1} + \alpha_1 Lner_{it} + \beta Lnti_{it} + \delta Lnerti_{it} + \gamma_j X + \nu_i + \mu_{it} \quad (6-3)$$

其中，i 和 t 分别表示研究区域和年份，$Lnmgst_{it}$ 表示工业结构清洁化转型水平，$Lnmgst_{i,t-1}$ 表示工业结构清洁化转型的一阶滞后项，用以反映区域工业结构清洁化转型的动态效应，$Lner_{it}$ 为区域环境规制强度水平，$Lnti_{it}$ 为技术创新，主要从区域技术创新强度（$Lntie_{it}$）、工业企业自主技术创新（$Lneii_{it}$）和工业企业技术引进创新（$Lntii_{it}$）这三个层面反映技术创新对工业结构清洁化转型的影响；$Lnerti_{it}$ 表示环境规制与技术创新的交互项，用于反映环境规制与技术创新之间的激励配合对工业结构清洁化转型的影响；X 为控制变量；ν_i 表示个体效应，μ_{it} 为随机扰动项且服从正态分布；ϕ、φ_1、α_1、β、δ 和 γ_j 为对应变量的待估计系数。

6.2.1.2 环境规制、技术创新影响中国工业结构清洁化转型的空间计量模型设定

根据新经济地理学第一定律可知，区域之间的经济社会是存在一定程度的关联效应，本地区的工业结构转型在一定程度上会受相近地区工业转型的影响，尤其是相邻地区的工业结构转型，因此需要进一步考察存在空间效应下，环境规制、技术创新对工业结构清洁化转型的影响。在分析时，本书选

择 SAR 模型来分析中国区域工业结构清洁化转型的空间效应，主要是因为本部分重点考察的是工业结构清洁化转型的空间效应，空间效应主要体现因变量的空间滞后项中。为此，本节将环境规制、技术创新影响工业结构清洁化转型的空间计量模型设定如下：

$$Lnmgst_{it} = \phi + \rho W \cdot Lnmgst_{it} + \alpha_1 Lner_{it} + \alpha_2 Ln^2 er_{it} + \beta Lnti_{it} + \delta Lnerti_{it} + \gamma_j X + \nu_i + \mu_{it} \quad (6-4)$$

其中，i 和 t 分别表示研究区域和年份，$Lnmgst_{it}$ 表示工业结构清洁化转型水平；W 表示空间权重；$Lner_{it}$ 为区域环境规制强度水平；$Ln^2 er_{it}$ 为环境规制强度的平方项，用以反映环境规制与工业结构清洁化转型的非线性关系；$Lnti_{it}$ 为技术创新，主要从区域技术创新强度（$Lntie_{it}$）、工业企业自主技术创新（$Lneii_{it}$）和工业企业技术引进创新（$Lntii_{it}$）这三个层面反映技术创新对工业结构清洁化转型的影响；$Lnerti_{it}$ 表示环境规制与技术创新的交互项，用于反映环境规制与技术创新间的激励配合对工业结构清洁化转型的影响；X 为控制变量；ν_i 表示个体效应，μ_{it} 为随机扰动项且服从正态分布；ϕ、ρ、α_1、α_2、β、δ 和 γ_j 为对应变量的待估计系数。

6.2.2 变量的选取与数据来源

（1）被解释变量。本部分的被解释变量为工业结构清洁化转型水平，其度量方法、数据来源和描述性统计特征已在本书 4.5 节中详细给出，本节不再赘述。

（2）核心解释变量。根据研究主题的需要，本节的核心解释变量依然是环境规制和技术创新，两者的度量方法、数据来源和描述性统计特征已在本书 4.1 节和 4.2 节中详细给出。

（3）控制变量。根据研究的需要，本部分控制变量主要包括经济发展水平（*pgdp*）、外商直接投资（*fdi*）、所有制结构（*os*）、人力资本（*hc*）和工业行业规模（*bs*）。关于这些控制变量的度量方法和数据来源已在本书 5.2.2 小节中详细给出。

6.3 环境规制、技术创新影响工业结构清洁化转型的实证检验

6.3.1 环境规制、技术创新影响中国工业结构清洁化转型的基准回归

为了解决动态模型中可能出现的内生性问题，本部分继续使用SGMM估计方法进行估计，环境规制、技术创新影响中国工业结构清洁化转型的动态面板模型回归结果如表6－1所示，从中可以发现所有模型被解释变量的一阶滞后项前的系数均显著为正，这说明工业结构清洁化转型具有动态性和惯性。*Ar*(2)和*Sargan*检验的结果显示动态面板模型设定合理，所选择的估计方法可靠有效。

表6－1中模型1的回归结果显示，环境规制的一次项和二次项系数为负，但均不显著，这可能是因为环境规制没有对区域工业企业形成向着清洁化转型的有效动力。模型2至模型4的回归结果显示，区域技术创新强度、企业技术自主创新和企业技术引进创新对工业结构清洁化转型具有显著的正向促进作用，这说明技术创新能够推动区域工业向着清洁化的方向发展。由模型5的回归结果可知，环境规制、区域创新强度及其两者之间的激励配合对工业结构清洁化转型具有显著促进作用，这反映了区域技术创新政策与环境规制政策在作用工业结构清洁化转型过程中，两者之间能够较好地协调配合，由此推动了区域工业向着清洁型的工业行业转型。由模型7的回归结果可知，环境规制、企业技术引进创新及其两者之间的激励配合对工业结构清洁化转型也具有显著促进作用，这反映了环境规制在倒逼工业企业转型清洁型工业行业过程中，也激励着工业企业引进技术进行创新，在技术创新的配合下，工业企业能够实现从效率上的根本性提高，提高了工业结构清洁化转型的质量。工业企业在进行技术引进创新过程中，在环境规制的激励下，工业不仅关注能够提高期望产出的生产率，而且关注能够降低非期望产出的生产率，随着工业企业技术引进创新水平的提升，在环境规制的激励下，区域

工业企业向着清洁化型的产业转型。从模型6的回归结果可以看出，环境规制与企业自主创新的交互效应对工业结构清洁化转型的作用不显著。这反映两者之间尚未形成有效的配合，由此导致两者之间的激励配合对工业清洁化转型的作用不显著。

表6-1　环境规制、技术创新影响工业结构清洁化转型的基准回归结果

lnmgst	模型1	模型2	模型3	模型4	模型5	模型6	模型7
L1. Lnmgst	0.8284*** (37.47)	0.7369*** (46.24)	0.8138*** (34.63)	0.8330*** (38.79)	0.7449*** (46.3)	0.8023*** (30.34)	0.8378*** (41.39)
Lner	-0.0310 (-0.64)				0.0934*** (7.24)	-0.0252*** (-0.65)	0.1020*** (4.17)
Ln²er	-0.0032 (-0.88)						
Lntie		0.2051*** (15.72)			0.3262*** (11.68)		
Lneii			0.0382*** (4.78)			-0.0239*** (-0.44)	
Lntii				0.0042* (1.81)			0.0752*** (3.27)
Lnertie					0.0180*** (5.94)		
Lnereii						-0.0083 (-0.98)	
Lnertii							0.0117*** (3.27)
Lnpgdp	0.2720*** (10.96)	0.1106*** (3.83)	0.2567*** (10.55)	0.2606*** (11.81)	0.1159*** (3.75)	0.2693*** (11.79)	0.2550*** (11.69)
Lnfdi	-0.0043 (-0.59)	-0.0073 (-0.76)	-0.0063 (-0.75)	-0.0027 (-0.34)	-0.0142* (-1.76)	-0.0044 (-0.54)	-0.0018 (-0.24)
Lnos	0.0006 (0.02)	-0.1305*** (-4.47)	-0.0316*** (-1.66)	-0.0025 (-0.14)	-0.1153*** (-3.47)	-0.0186 (-0.65)	-0.0134 (-0.47)
Lnhc	0.4431*** (4.36)	0.5208*** (7.48)	0.5115*** (6.01)	0.4361*** (4.47)	0.5144*** (6.86)	0.4720*** (4.39)	0.4278*** (4.58)

续表

lnmgst	模型 1	模型 2	模型 3	模型 4	模型 5	模型 6	模型 7
Lnbs	-0.2396*** (-18.49)	-0.2470*** (-17.3)	-0.2442*** (-19.32)	-0.2460*** (-19.44)	-0.2396*** (-17.86)	-0.2394*** (-15.01)	-0.2381*** (-18.88)
_cons	-1.2310*** (-5.43)	-0.4713** (-2.53)	-1.1975*** (-5.55)	-1.1693*** (-5.73)	0.1750 (0.74)	-1.3011*** (-3.19)	-0.4755** (-2.54)
Ar(1) Z[Ar(1)]	-3.5384 (0.0004)	-3.2306 (0.0012)	-3.4502 (0.0006)	-3.4724 (0.0005)	-3.3009 (0.001)	-3.5095 (0.0004)	-3.6018 (0.0003)
Ar(2) Z[Ar(2)]	-1.4647 (0.143)	-1.1027 (0.2702)	-1.5289 (0.1263)	-1.4536 (0.1461)	-1.064 (0.2873)	-1.4609 (0.144)	-1.3275 (0.1843)
sargan Z(sargan)	22.0383 (0.2824)	22.6765 (0.2519)	21.8904 (0.2897)	21.8106 (0.2938)	22.4337 (0.2632)	21.4557 (0.3122)	21.0617 (0.3334)

注：*、** 和 *** 分别表示 10%、5%、1% 的显著性水平；圆括号内为 t 值或 z 值；Ar(1)、Ar(2) 和 sargan 分别表示 Ar(1)、Ar(2) 和 sargan 的检验值，Z[Ar(1)]、Z[Ar(1)] 和 Z[sargan] 分别表示 Ar(1)、Ar(2) 和 sargan 统计量的 Z 值；模型 1 表示加入了环境规制的一次方和二次方项；模型 2 至模型 4 表示分别加入了区域技术创新强度、企业自主技术创新和企业技术引进创新；模型 5 至模型 7 表示分别加入了反映环境规制与区域技术创新强度、企业自主技术创新、企业技术引进创新间激励配合的交互项。

从控制变量来看，经济发展水平前的系数均显著为正，即经济增长对工业结构清洁化转型产生正向促进作用，这反映随着经济水平的提高，区域对清洁化生产的要求越强烈，由此促进了工业结构的清洁化转型。外商直接投资前的系数不显著，这说明外商直接投资没有能够促进工业结构清洁化转型。所有制结构前的系数显著为负，这可能是因为国有企业或国有控股企业存在一定结构性问题，使其对工业结构清洁化转型产生负面影响。人力资本水平作为绿色技术创新的中心环节，显著促进了工业结构清洁化转型，人力资本的系数在所有模型均为正，人力资本的提高，一方面能够提高技术创新水平，另一方面人们环保意识和技术创新能力的提高，由此对清洁化生产的愿望越强烈，同时也越有能力进行清洁化生产。工业企业规模对工业结构清洁化转型具有显著抑制作用，因为较大规模的工业企业由于具有较多的沉没成本，在一定程度上阻碍了工业结构清洁化转型。

6.3.2　环境规制、技术创新影响中国工业结构清洁化转型的空间效应分析

（1）中国工业结构清洁化转型的空间相关性分析。

为了分析环境规制、技术创新对工业结构清洁化转型是否存在空间效应，本书根据5.3.3小节中空间矩阵的设定方法，使用Moran's I指数来进行检验，检验结果见表6－2。

表6－2　　不同权重矩阵下区域工业结构清洁化转型的全局Moran's I指数

年份	空间邻接权重			球面距离权重			经济距离权重			综合权重		
	I	z	p－value	I	z	p－value	I	z	p－value	I	z	p－value
2005	0.456	4.029	0	0.325	3.835	0	0.123	1.656	0.098	0.382	2.775	0.006
2006	0.427	3.786	0	0.33	3.885	0	0.155	1.992	0.046	0.404	2.927	0.003
2007	0.376	3.357	0.001	0.314	3.708	0	0.161	2.048	0.041	0.382	2.767	0.006
2008	0.345	3.106	0.002	0.303	3.594	0	0.156	1.996	0.046	0.37	2.689	0.007
2009	0.334	3.025	0.002	0.287	3.43	0.001	0.145	1.878	0.06	0.35	2.557	0.011
2010	0.353	3.198	0.001	0.284	3.418	0.001	0.136	1.795	0.073	0.337	2.494	0.013
2011	0.39	3.527	0	0.296	3.569	0	0.117	1.611	0.107	0.33	2.457	0.014
2012	0.408	3.656	0	0.309	3.69	0	0.112	1.546	0.122	0.343	2.536	0.011
2013	0.387	3.48	0.001	0.287	3.454	0.001	0.102	1.445	0.149	0.326	2.419	0.016
2014	0.341	3.09	0.002	0.264	3.192	0.001	0.103	1.442	0.149	0.299	2.228	0.026
2015	0.326	2.972	0.003	0.263	3.183	0.001	0.102	1.436	0.151	0.305	2.272	0.023
2016	0.312	2.85	0.004	0.232	2.85	0.004	0.095	1.367	0.172	0.276	2.076	0.038
均值	0.3713			0.2912			0.1256			0.342		

资料来源：通过软件Stata14.0计算获得。

从表6－2中可以看出，在空间相邻权重、球面距离权重和综合权重下，工业结构清洁化转型具有显著的空间自相关性，而在经济距离权重下，部分年份工业绿色结构转型不具有空间相关性。空间邻接权重下工业绿色结构转型的Moran's I指数均值大于其他三种权重下的空间权重均值。因此，本节在空间计量分析时使用空间邻接权重矩阵。

为探讨中国不同区域间工业结构清洁化转型的空间相关性是否存在差异，本书来绘制了基于空间邻接权重矩阵下2005年和2016年中国区域工业结构清洁化转型的局部Moran's I指数的散点图（分别对应图6-1的a图和b图）。从中可以看出，中国多数省份的工业结构清洁化转型的局部Moran's I指数位于第一和第三象限，这说明中国多数省份的工业结构清洁化转型呈现高—高和低—低集聚的局面，这反映中国工业结构清洁化转型存在区域异质性。通过2005年和2016年的局部Moran's I指数分布可以发现，相比于2005年，2016年局部Moran's I指数处于第一象限的省份明显增多，这可能是因为随着经济的发展，区域间的清洁型工业出现高—高集聚的局面。

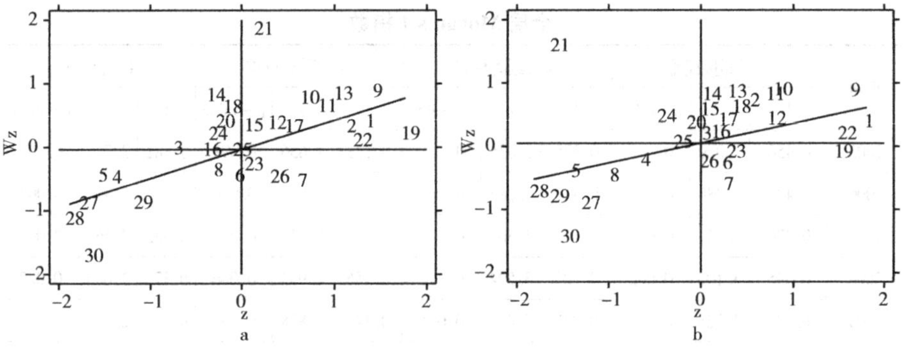

图6-1　中国工业结构清洁化转型的局部Moran's I指数分布

（2）环境规制、技术创新影响中国工业结构清洁化转型的空间计量回归结果与讨论。

环境规制、技术创新影响中国工业结构清洁化转型的空间计量回归结果见表6-3。从中可以看出空间回归系数Rho和Sigma在5%的显著性水平上显著，这说明因变量的空间效应显著，使用SAR模型是合适的。从表中模型1可以看出，环境规制的一次项和二次项系数均显著为正，这表明在加入空间因素后，环境规制与工业结构清洁化转型存在显著的“U”形关系。随着环境规制的增加，工业结构清洁化转型呈现先下降后上升的趋势，与表6-1中的回归结果进行对比，可以发现在加入区域空间效应的情况下，环境规制对中国工业结构清洁化转型的影响发生了很大改变，显著性增强，这说明空间溢出效应和观摩效应使环境规制显著改变了对工业结构清洁化转型的影响效果。从表中的模型2、模型3和模型4可以看出，存在空间效应的情况下，区域技术创新强度、工业企业自主技术创新和工业企业技术引进创新能够显著促进工业结构清洁化转型，这反映了工业结构清洁化转型的空间溢出效应在技术创新影响工业结构清洁化转型过程中发挥着重要作用。从表中的模型5可以看出，环境规制、区域技术创新强度及两者间的激励配合也对工业结构清洁化转型具有显著的促进作用，这说明在存在空间效应的情况下，环境规制政策与区域技术创新政策在影响工业结构清洁化转型过程中，能够相互激励配合，两者协同推动工业结构清洁化转型。

表6-3　环境规制、技术创新影响工业结构清洁化转型的空间计量回归结果

Lnmgst	模型1	模型2	模型3	模型4	模型5
Lner	0.9021 *** (3.26)				0.3307 * (1.78)
Ln^2er	0.0646 *** (3.45)				
Lntie		0.1924 *** (2)			0.5743 * (1.68)
Lneii			0.2702 ** (2.29)		
Lntii				0.0982 *** (4.48)	
Lnertie					0.1146 ** (2.37)
Lnpgdp	-0.2222 * (-1.78)	-0.3032 * (-1.79)	0.0667 (-0.44)	-0.1892 * (-1.6)	-0.3831 ** (-2.36)
Lnfdi	-0.1585 *** (-3.68)	-0.1259 ** (-2.39)	-0.1766 *** (-3.61)	-0.1788 *** (-4.91)	-0.1069 ** (-2.11)
Lnos	-0.0966 * (-1.21)	0.0838 -0.97	-0.2660 ** (-2.48)	-0.1394 * (-1.85)	0.1834 ** -2.16
Lnhc	1.3598 *** (-3.03)	2.1708 *** (-3.11)	0.6076 (-1.1)	1.3064 *** (-3.03)	2.1762 *** (-3.31)
Lnbs	0.3007 *** (-4.04	-0.0978 (-1.53)	-0.0258 (-0.37)	0.2980 *** (-3.73)	-0.0831 (-1.37)

续表

Lnmgst	模型 1	模型 2	模型 3	模型 4	模型 5
_cons	-4.532 (-1.33)	-5.5520*** (-3.14)	1.3746 (-0.77)	-4.3570*** (-2.97)	-2.9958 (-1.33)
Rho	-0.3704*** (-4.2)	-0.3067*** (-4.64)	-0.1499** (-2.04)	-0.4781*** (-5.81)	-0.2941*** (-4.4)
Sigma	0.0966*** (-12.87)	0.1763*** (-12.77)	0.1202*** (-13.43)	0.0934*** (-12.54)	0.1643*** (-12.83)

注：*、** 和 *** 分别表示 10%、5%、1% 的显著性水平；圆括号内为 t 值或 z 值。

6.4 环境规制、技术创新影响工业结构清洁化转型的区域异质性分析

中国幅员辽阔，区域间的经济发展水平，产业结构与产业基础也存在很大差别。同时，各地区间所处的发展阶段也存在较大不同，由此使区域间的环境规制、技术创新与工业结构清洁化转型也可能存在较大异质性，为了分析环境规制、技术创新对中国工业结构清洁化转型影响的区域异质性，本节按照现有中国省域普遍的划分方法①，将全部省份划分为东、中、西 3 个区域，按照虚拟变量的引入规制，引入 2 个虚拟变量，即以西部地区为参照系，引入东、中部两个虚拟变量 *east* 和 *central*[205]。模型构建如下：

$$\begin{aligned} Lnmgst_{it} = {} & \phi + \varphi_1 Lnmgst_{i,t-1} + \alpha_1 Lner_{it} + \alpha_2 Ln^2 er_{it} + \beta_1 Lnti_{it} + \delta_1 Lnerti_{it} \\ & + \alpha_3 east \cdot Lner_{it} + \alpha_4 east \cdot Ln^2 er_{it} + \beta_2 east \cdot Lnti_{it} + \delta_2 east \cdot Lnerti_{it} \\ & + \alpha_5 central \cdot Lner_{it} + \alpha_6 central \cdot Ln^2 er_{it} + \beta_3 central \cdot Lnti_{it} \\ & + \delta_3 central \cdot Lnerti_{it} + \gamma_j X + \nu_i + \mu_{it} \end{aligned} \tag{6-5}$$

其中，i 和 t 分别表示研究区域和年份；$Lnmgst_{it}$ 表示工业结构清洁化转型的代理变量；$Lnmgst_{i,t-1}$ 表示工业结构清洁化转型的一阶滞后项，用以反

① 东部包括：北京、天津、河北、辽宁、上海、江苏、浙江、福建、山东、广东、海南；中部包括：山西、吉林、黑龙江、安徽、江西、河南、湖北、湖南；西部包括：内蒙古、广西、四川、重庆、贵州、云南、陕西、甘肃、青海、西藏、宁夏、新疆。

映区域工业结构清洁化转型的动态效应；$Lner_{it}$ 为区域环境规制强度水平；Ln^2er_{it} 为环境规制强度水平的平方项，用以反映环境规制与工业结构清洁化转型的非线性关系；$Lnti_{it}$ 为技术创新，主要从区域技术创新强度（$Lntie_{it}$）、工业企业自主技术创新（$Lneii_{it}$）和工业企业技术引进创新（$Lntii_{it}$）这三个层面反映技术创新对工业结构清洁化转型的影响；$Lnerti_{it}$ 表示环境规制与技术创新的交互项，用于反映环境规制与技术创新间的激励配合对工业结构清洁化转型的影响；X 为控制变量；ν_i 表示个体效应，μ_{it} 为随机扰动项且服从正态分布；ϕ、ρ、α_1、α_2、α_3、α_4、α_5、α_6、β_1、β_2、β_3、δ_1、δ_2、δ_3 和 γ_j 为对应变量的待估计系数。

为了便于对比分析，模型（6－5）中控制变量的选择与总体分析环境规制、技术创新影响中国工业结构清洁化转型时的模型一致，即控制变量 X 主要包括本部分控制变量主要包括经济发展水平（*pgdp*）、外商直接投资（*fdi*）、所有制结构（*os*）、人力资本（*hc*）和工业行业规模（*bs*）。数据来源同本章6.2.2小节所列示的数据来源相一致。

为了解决动态面板模式所产生的内生性问题，本部分继续使用SGMM方法来进行估计。分区域环境规制、技术创新对中国工业结构清洁化转型的SGMM估计结果见表6－4，从中可以看出，所有模型被解释变量滞后项显著为正，这说明区域工业结构清洁化转型存在动态效应。同时，所有模型的 *Ar*(2) 和 *Sargan* 检验显示，在估计过程中不存在扰动项的二阶相关，工具变量也不存在过度识别。根据 Bond[199] 的检验方法可知，实证模型设定合理，估计方法有效。从模型1的回归结果来看，对于所有地区来说，环境规制一次项和二次项均不显著，这与总体样本的回归结果基本一致。从模型2至模型4的回归结果可以看出，东部地区三种类型的技术创新（区域技术创新强度、企业自主技术创新和企业技术引进创新）均对工业结构清洁化转型产生正向的促进作用，而对于中西部来说则相反，这可能是因为相对于东部地区，中西部地区大多经济发展落后，技术创新水平较低，为了发展经济，工业转型以量的扩大为主，在技术创新方面也可能较多地关注技术创新所带来的期望产出率，而忽略技术创新对工业污染的治理方面，由此产生了对工业结构清洁化转型的抑制效应。对于东部来说，经济发展水平相对较高，技术水平较高，处于中国的技术和工业发展的前沿面，同时工业发展的国际化程度较高，技术创新活跃，能够有效地促进区域工业结构清洁化转型。从表中的模型5可以看出，环境规制与区域技术创新强度的激励配合对工业结构清洁化转型的影响也存在着显著的区域差异，对于东部地区来说，两者交互项前的系数显著为正，这反映东部地区的环境规制与技术创新之间在作用工业结构清洁化转型过程中能够较好地协调配合，进而促进了工业结构清洁化转型。而对于中部来说，两者的交互项前的系数显著为负；对于西部地区来说，两者交互项前的系数为负，但不显著，这可能是在中西部地区，环境规制政策与区域技术创新之间出现脱节的情况，两者在影响工业结构清洁化转型过程中不能够有机地配合，甚至出现相互背离的情况，由此抑制了工业结构清洁化转型。从表中模型6可以看出，东中部地区环境规制与企业自主技术创新的激励配合对工业结构清洁化转型具有显著的促进作用，这反映了东中部地区的环境规制与企业自主技术创新之间在影响工业结构清洁化转型过程中能够有效地激励配合，由此促进了工业结构清洁化转型。而对于西部地区而言，两者的激励配合对工业结构清洁化转型的影响显著为负，这可能是两者之间出现各自为政的局面，没有能够很好地协调配合，由此抑制了工业结构清洁化转型。从表中模型7可以看出，所有地区环境规制与企业技术引进创新间的激励配合对工业结构清洁化转型影响显著为正，但是不显著。这说明两者之间的协调配合力度不够，未能对工业结构清洁化转型的产生实质影响。

表6-4　分区域环境规制、技术创新影响工业结构清洁化转型的SGMM估计结果

Lnmgst	模型1	模型2	模型3	模型4	模型5	模型6	模型7
L1. Lnmgst	0.7897*** (17.69)	0.7517*** (28.96)	0.8630*** (21.68)	0.8402*** (25.49)	0.8200*** (17.58)	0.8653*** (13.86)	0.7965*** (15.45)
Lner	0.0477 (0.47)				0.1308*** (3.66)	-0.3232*** (-3.13)	0.1206* (1.79)
Ln^2er	-0.0007 (-0.1)						
EastLner	-0.0458 (-1.05)				-0.0861** (-2.34)	0.1171*** (3.21)	-0.0414** (-2.39)

续表

Lnmgst	模型 1	模型 2	模型 3	模型 4	模型 5	模型 6	模型 7
$EastLn^2er$	-0.0005 (-0.13)						
CentralLner	-0.0555 (-1.06)				-0.3014 *** (-3.89)	0.0505 (1.32)	-0.0513 (-1.27)
$CentralLn^2er$	0.0001 (0.02)						
Lntie		-0.0391 *** (-2.65)			0.2356 ** (2.49)		
EastLntie		0.1858 *** (11.61)			-0.0338 (-0.97)		
CentralLntie		-0.0456 * (-1.68)			-0.0496 (-0.84)		
Lneii			-0.0772 *** (-4.78)			-0.3536 *** (-2.76)	
EastLneii			0.1061 *** (7.47)			-0.0384 (-1)	
CentralLneii			-0.1086 *** (-3.63)			-0.0439 (-0.68)	
Lntii				-0.0333 *** (-7.28)			0.0350 (0.59)
EastLntii				0.0067 * (1.77)			0.0146 (0.57)
CentralLntii				-0.0426 *** (-5.22)			0.0058 (0.18)
Lnertie					-0.0076 (-0.78)		
EastLnertie					0.0179 * (1.73)		
CentralLnertie					-0.0546 *** (-3.01)		
Lnereii						-0.0815 *** (-3.7)	

续表

Lnmgst	模型 1	模型 2	模型 3	模型 4	模型 5	模型 6	模型 7
EastLnereii						0. 0316 *** (3. 67)	
CentralLnereii						0. 0222 ** (2. 02)	
Lnertii							0. 0062 (0. 65)
EastLnertii							0. 0023 (0. 67)
CentralLnertii							0. 0021 (0. 34)
_cons	0. 3738 (0. 43)	0. 1929 (0. 81)	0. 0864 (0. 29)	-0. 2216 (-0. 84)	1. 3494 (1. 41)	-0. 6061 (-0. 58)	0. 7375 (0. 99)
Ar(1) *Z*[*Ar*(1)]	-3. 3541 (0. 0008)	-3. 2576 (0. 0011)	-3. 4942 (0. 0005)	-3. 7047 (0. 0002)	-3. 4487 (0. 0006)	-3. 2901 (0. 001)	-3. 2719 (0. 0011)
Ar(2) *Z*[*Ar*(2)]	-0. 7565 (0. 4494)	-0. 8464 (0. 3974)	-1. 4781 (0. 1394)	-0. 9411 (0. 3467)	-0. 6600 (0. 5093)	-1. 0071 (0. 3139)	-0. 4850 (0. 6277)
sargan *Z*(*sargan*)	17. 6571 (0. 5454)	21. 0505 (0. 334)	16. 4656 (0. 626)	17. 9967 (0. 5227)	11. 3399 (0. 9119)	13. 5790 (0. 8077)	16. 1269 (0. 6488)

注：*、** 和 *** 分别表示 10%、5%、1% 的显著性水平；圆括号内为 t 值或 z 值；模型 1 表示加入了环境规制的一次方和二次方项；模型 2 至模型 4 表示分别加入了区域技术创新强度、企业自主技术创新和企业技术引进创新；模型 5 至模型 7 表示分别加入了反映环境规制与区域技术创新强度、企业自主技术创新、企业技术引进创新间激励配合的交互项。基于研究的需要，本表主要列示了所关注的核心解释变量回归系数及其统计值，未列示控制变量的回归系数及其统计值。

6.5　进一步拓展：中介效应检验

“波特假说”认为环境规制能够激发企业进行技术创新，提高区域竞争力，显示出“创新补偿”效应。环境规制通过“创新补偿”能有效推动企业实施技术创新活动（Hamamoto，2006[207]）。高强度的环境规制只有与其他条件相匹配才能发挥作用（高霞、贺至晗、张福元，2022[208]）。政府的

“帮助之手”对中国区域绿色技术创新发挥着重要作用。在控制行业规模和创新人力资源投入两个变量的情况下，政府制订严格的环境规制政策可以有效促进污染密集行业实施绿色技术创新（李婉红、毕克新、孙冰，2013[209]）。自主创新与政府支持是资源密集型工业行业实现绿色转型的关键方式，对于劳动密集型工业行业，技术引进则是实现绿色转型的最优路径，对于技术密集型工业行业，自主创新则是推动该行业实现绿色发展的主要驱动力（岳鸿飞、徐颖、吴璘，2017[58]）。

在技术引进与模仿创新路径下，环境规制对工业绿色转型呈现出先促进后抑制的影响。这意味着依靠技术引进与模仿创新将无法有效推动工业向绿色减排，实现向集约化经济增长方式转型。而在自主创新路径下，环境规制对工业绿色转型呈现出先抑制后促进的影响，反映企业在环境规制约束下能有效通过自主创新推动工业绿色转型（宋典、宋培、陈喆，2020[210]）。环境规制正向影响着清洁技术创新对工业绿色转型的作用效果（孙海波、刘忠璐，2021[211]）。只要技术创新水平提高，无论环境规制强度和其他因素发生何种变化，都会促进产业结构升级。环境规制依赖于产业技术创新水平的高低而对产业结构升级产生不同影响（时乐乐、赵军，2018[57]）。环境规制主要通过需求、技术创新和国际贸易传导机制三种途径影响产业升级（肖兴志、李少林，2013[188]）。环境规制与企业技术创新之间呈现先下降后提升的“U”形动态特征，随着环境规制强度由弱变强，影响效应由“抵消效应”转变为“补偿效应”；环境规制会通过抑制 FDI 技术溢出效应和大企业规模效应的发挥，对技术创新产生间接影响（蒋伏心、王竹君、白俊红，2013[212]）。环境规制在技术创新的作用机制下推动了我国地区产业转型升级（刘和旺、向昌勇、郑世林，2021[213]）。换言之，环境规制倒逼了技术创新驱动的地区产业转型升级。

综合现有文献来看，虽然现有研究发现环境规制能够作用技术创新，技术创新也是产业升级和优化的必要条件，但将环境规制、技术创新与产业结构转型升级放在同一分析框架之下进行分析的较少，鲜有分析论证技术创新在环境规制作用工业绿色转型过程中的中介效应。从本书第 3 章的分析可知，在理论上，环境规制能够影响技术创新，技术创新在工业结构清洁化转型过程中发挥着重要的作用，这也表明技术创新在环境规制作用工业结构清洁化转型过程中发挥着中介效应。那么在实证经验上，环境规制能否通过技术创新影响区域工业结构清洁化转型。为此，借鉴温忠麟等（2005）[214]分析中介效应时的思路和方法构建中介效应模型。同时，考虑到技术创新与区域工业结构清洁化转型的动态性，在模型中加入因变量的滞后项，模型如下[214]：

$$Lnmgst_{it} = \alpha_0 + \alpha_1 Lner_{it} + \alpha_2 Lnmgst_{i,t-1} + \alpha_3 \ln^2 er_{i,t} + \alpha_4 Z_{i,t} + \mu_i + \varepsilon_{i,t} \quad (6-6)$$

$$Lntec_{it} = \beta_0 + \beta_1 Ln\ er_{it} + \beta_2 Lntec_{i,t-1} + \beta_3 \ln^2 er_{i,t} + \beta_4 Z_{i,t} + \mu_i + \varepsilon_{i,t} \quad (6-7)$$

$$Lnmgst_{it} = \gamma_0 + \gamma_1 Lntec_{it} + \gamma_2 Lner_{it} + \gamma_3 Lnmgst_{i,t-1} + \gamma_4 \ln e^2 r_{i,t} + \gamma_5 Z_{i,t} + \mu_i + \varepsilon_{i,t} \quad (6-8)$$

其中，中介变量为技术创新（*tec*），*mgst* 表示区域工业结构清洁化转型水平，*er* 表示环境规制水平，*Z* 表示一组控制变量，$Lnmgst_{i,t-1}$表示 *mgst* 的一阶滞后，$Lntec_{i,t-1}$表示 *tec* 的一阶滞后，其他变量含义、数据来源与前文一致。

对于中介效应的检验，根据温忠麟等（2005）[214]提出中介效应检验程序进行检验，中介效应的存在应该满足如下条件，在模型（6－6）中的系数 α_1 显著的条件下，进一步检验在模型（6－7）和模型（6－8）中的系数 β_1 和 γ_1 的显著性，如果均显著，表明在企业家精神对区域工业结构清洁化转型的影响至少有一部分是通过了中介变量技术创新实现的，第一类错误率小于或等于 0.05。为了判断是完全中介效应，还是部分中介效应，需要进一步判断 γ_2 的显著性，γ_1 不显著则存在完全中介效应，显著则存在部分中介效应。如果系数 β_1 和 γ_1 至少有一个不显著，采用 Sobel 统计量检验中介效应是否显著，统计量计算公式为 $Z = \hat{\beta}_1 \hat{\gamma}_1 / Se_{\beta_1\gamma_1}$，其中，$Se_{\beta_1\gamma_2} = \sqrt{\hat{\beta}_1^2 Se_{\gamma_1}^2 \div \hat{\gamma}_1^2 Se_{\beta_1}^2}$，$\hat{\beta}_1$ 与 $\hat{\gamma}_2$ 是模型（6－7）和模型（6－8）中的回归系数，$Se_{\hat{\beta}_1}$ 和 $Se_{\hat{\gamma}_1}$ 分别是 β_1 和 γ_1 的标准误。

在实际估计过程中，为了解决可能出现的内生性问题，继续使用 Sys－GMM 来进行估计，结果如表 6－5 所示，表中 Sargan Test 和 Arellano－Bond 检验的 P 值表明选取的工具变量选取是有效的，使用 Sys－GMM 来估计是合适的。表 6－5 中第 2、第 3 和第 4 列表示“环境规制→技术创新强度→区域工业结构清洁化转型”的路径分析，第 2 列中回归系数显示环境规制对区域工业结构清洁化转型具有显著的促进作用。根据第 3 列结果可知，环境规制对技术创新强度的回归系数为 0.0141，在 5% 的水平上显著，说明环境规制对地区技术创新强度具有显著的正向作用。第4列结果显示，在控制其他解释变量的情况下，中介变量地区技术创新强度对区域工业结构清洁化转型的回归系数为0.203，且在5%的显著性水平上显著，表明地区技术创新强度对区域工业结构清洁化转型具有显著的促进作用，同时，环境规制对区域工业结构清洁化转型的回归系数为0.0130，也在5%的水平上显著。综上可知，技术创新在环境规制驱动区域工业结构清洁化转型的过程中起部分中介效应，且中介效应占比21.36%。

有关“环境规制→企业自主技术创新→区域工业结构清洁化转型”的路径可以结合表6-5中第5、第6列和第2列的回归结果来分析，第5列中回归系数显示环境规制对企业自主技术创新具有显著的促进作用。第6列回归结果显示，在控制其他解释变量的情况下，中介变量企业自主技术创新对区域工业结构清洁化转型的回归系数为0.0325，且在1%的显著性水平上显著，表明企业自主技术创新对区域工业结构清洁化转型具有显著的促进作用。环境规制对区域工业结构清洁化转型的回归系数为0.0111，也在5%的水平上显著。以上分析表明，企业自主技术创新在环境规制对区域工业结构清洁化转型的影响过程中起部分中介效应，且中介效应占比21.53%。

总体来看，区域技术创新强度和企业自主技术创新在环境规制对区域工业结构清洁化转型的影响过程中发挥着中介效应，从中介效应所占比重可以看出，环境规制对区域工业结构清洁化转型的直接效应较高，通过技术创新拉动区域工业结构清洁化转型的比重偏低，技术创新转化为现实生产动力、有效推动区域工业结构清洁化转型的驱动力有待提升。

表6-5　环境规制通过技术创新影响工业结构清洁化转型的中介效应回归结果

	环境规制→区域技术创新强度→区域工业结构清洁化转型			环境规制→企业自主技术创新→区域工业结构清洁化转型	
	lnmgst	lntie	lnmgst	lneii	lnmgst
L. lnmgst	0.830*** (38.86)		0.732*** (47.90)		0.813*** (33.47)
lnerc	0.0134*** (3.64)	0.0141** (2.14)	0.0130** (2.47)	0.0888*** (7.32)	0.0111** (2.40)

续表

	环境规制→区域技术创新强度→区域工业结构清洁化转型			环境规制→企业自主技术创新→区域工业结构清洁化转型	
	lnmgst	lntie	lnmgst	lneii	lnmgst
lntie			0.203 *** (12.10)		
lneii					0.0325 *** (3.74)
lnpgdpw	0.268 *** (10.81)	0.170 *** (7.22)	0.118 *** (3.83)	-0.330 *** (-3.12)	0.265 *** (10.62)
lnfdi	-0.00363 (-0.43)	0.0269 *** (4.74)	-0.0116 (-1.52)	0.0193 (0.80)	-0.00568 (-0.70)
lnos	-0.00425 (-0.17)	-0.0556 ** (-2.14)	-0.132 *** (-3.98)	-0.248 *** (-2.92)	-0.0236 (-0.84)
lndmx	0.0565 (0.65)	-0.486 *** (-7.21)	0.139 ** (2.42)	0.570 * (1.83)	0.0336 (0.34)
lnhc	0.447 *** (4.67)	-0.626 *** (-5.75)	0.521 *** (6.63)	0.520 (1.04)	0.500 *** (5.24)
lnbs	-0.240 *** (-18.99)	-0.0635 *** (-3.90)	-0.243 *** (-17.50)	0.148 * (1.93)	-0.240 *** (-17.38)
L. lntie		0.916 *** (110.68)			
L. lneii				0.811 *** (18.56)	
_cons	-1.089 *** (-5.48)	0.978 *** (5.18)	-0.414 ** (-2.31)	-1.283 (-1.19)	-1.122 *** (-4.99)
N	330	330	330	330	330
Ar (1)	-3.5309	-3.0277	-3.2246	-3.1312	-3.4897
Z [*Ar* (1)]	0.0004	0.0025	0.0013	0.0017	0.0005
Ar (2)	-1.4382	0.5299	-1.026	-1.5702	-1.4923
Z [*Ar* (2)]	0.1504	0.5962	0.3049	0.1164	0.1356
sargan	21.99423	28.57757	22.9217	27.39642	21.86071
Z(*sargan*)	0.2845	0.4342	0.2408	0.4967	0.2912

注：*、** 和 *** 分别表示 10%、5%、1% 的显著性水平；圆括号内为 t 值或 z 值。

6.6　本章小结

从第 3 章的理论分析可知，作为工业绿色转型的结构因素，工业结构清洁化转型在理论上受到环境规制、技术创新及其交互项的影响。在此基础上，本章从实证上分析环境规制、技术创新及其激励配合对工业结构清洁化转型的影响效果。研究发现：环境规制对工业结构清洁化转型的影响不显著，三种类型的技术创新对工业结构清洁化转型均具有显著的促进作用，环境规制政策与区域创新政策、企业技术引进创新之间在影响工业结构清洁化转型的过程中能够很好地协调配合，由此促进了区域工业结构清洁化转型，而环境规制与企业自主创新在影响工业结构清洁化转型时出现不协调的局面，由此对工业结构清洁化转型的作用不显著。分区域来看，所有地区的环境规制对工业结构清洁化转型的作用效果均不显著。对于东部地区来说，三种类型的技术创新均能够对工业结构清洁化转型具有显著的促进作用，对于中西部地区来说则相反。对于东部地区来说，技术创新与环境规制作用工业结构清洁化转型时，两者之间能够较好地协调配合，由此促进了工业结构清洁化转型，而对于中西地区来说则相反。对于东中部地区来说，环境规制与工业企业技术自主创新在影响工业结构清洁化转型过程中，两者之间能够相互协调，促进了工业机构清洁化转型，而对于西部地区来说，则表现出抑制作用。存在空间因素的情况下，环境规制与工业结构清洁化转型间存在显著的“U”形关系，三种类型的技术创新均对工业结构清洁化转型具有显著的促进作用，在作用工业结构清洁化转型过程中，环境规制政策与区域技术创新政策能够很好地激励配合，发挥着对工业绿色转型的正向促进作用。此外，区域技术创新强度和企业自主技术创新在环境规制对区域工业结构清洁化转型的影响过程中发挥着中介效应。

| 第 7 章 |

环境规制、技术创新影响工业结构高级化转型的实证分析

作为工业结构绿色转型重要组成部分，从第 3 章中的理论分析可知，工业结构高级化转型理论上受到环境规制和技术创新的影响。那么在实证经验上，环境规制和技术创新对工业结构高级化转型的效果和机制如何？需要进一步进行实证研究。为此，本章构建动态面板数据模型、门槛效应模型以及空间计量模型，从多个角度分析环境规制、技术创新对中国工业结构高级化转型的作用效果。

7.1 引　　言

作为工业结构绿色转型的重要方面，工业结构高级化转型主要是指区域工业从低水平状态向高水平状态发展的动态过程。一方面表现为工业结构向着劳动密集型、资本密集型、技术密集型和知识密集型工业行业分别占优势地位的顺向递进，由低附加值产业向高附加值产业方向转型（苏东水，2010[80]）；另一方面表现为工业行业由资源高投入和污染高排放向资源节约和环境友好的工业行业转型。高新技术产业是一种典型的技术密集型、知识密集型和高附加值的工业产业，资源能源利用率高，且属于轻度污染的产业，具备环境友好、资源节约的绿色产业发展特征[115]，是实现工业绿色转型的重要抓手，成为区域产业转型升级的引擎，是世界各国重点发展的战略

产业，高新技术产业在工业中的比重也成为工业结构高级化转型重要指标。基于第3章中关于环境规制、技术创新对工业结构高级化转型影响的理论分析，本章进一步从实证上分析环境规制、技术创新对工业结构高级化转型的影响效果。

7.2　环境规制、技术创新影响工业结构高级化转型的研究设计

7.2.1　环境规制、技术创新影响工业结构高级化转型的模型构建

7.2.1.1　环境规制、技术创新影响工业结构高级化转型的基准模型构建

本书第3.5.1小节的理论分析表明，环境规制是工业结构高级化转型的重要因素，环境规制与工业结构高级化转型之间可能存在着非线性关系，为此本节参考模型（5-8）的做法，构建环境规制与中国工业结构高级化转型之间的实证模型：

$$Lnigh_{it} = \phi + \varphi_1 Lnigh_{i,t-1} + \alpha_1 Lner_{it} + \alpha_2 Ln^2 er_{it} + \gamma_j X + \nu_i + \mu_{it} \tag{7-1}$$

其中，i 和 t 分别表示研究区域和年份，$Lnigh_{it}$ 表示工业结构高级化转型水平，$Lnigh_{i,t-1}$ 表示工业结构高级化转型的一阶滞后项，用以反映区域工业结构高级化转型的动态效应，$Lner_{it}$ 为区域环境规制强度水平，Ln^2er_{it} 为环境规制强度水平的平方项，用以反映环境规制与工业结构高级化转型的非线性关系，X 为控制变量；ν_i 表示个体效应，μ_{it} 为随机扰动项且服从正态分布；ϕ、φ_1、α_1、α_2 和 γ_j 为对应变量的待估计系数。

由本书第3.5.2小节的理论分析可知，技术创新会对区域工业结构高级化转型产生一定的影响，基于此，本书构建技术创新与区域工业结构高级化转型间的实证模型：

$$Lnigh_{it} = \phi + \varphi_1 Lnigh_{i,t-1} + \delta Lnti_{it} + \gamma_j X + \nu_i + \mu_{it} \tag{7-2}$$

其中，i 和 t 分别表示研究区域和年份；$Lnigh_{it}$ 表示工业结构高级化转型水平，$Lnigh_{it-1}$ 表示工业结构高级化转型的一阶滞后项，用以反映区域工业结构高级化转型的动态效应；$Lnti_{it}$ 为技术创新，主要从区域技术创新强度

($Lntie_{it}$)、工业企业自主技术创新（$Lneii_{it}$）和工业企业技术引进创新（$Lntii_{it}$）这三个层面反映技术创新对工业结构清洁化转型的影响；X 为控制变量；ν_i 表示个体效应，μ_{it}为随机扰动项且服从正态分布；ϕ、φ_1、δ 和 γ_j 为对应变量的待估计系数。

本书3.5.3小节的理论分析显示，环境规制与技术创新之间有效的激励配合能够对区域工业结构高级化转型产生正向影响，为此，本书构建了环境规制、技术创新及两者的激励配合对区域工业结构高级化转型影响的实证模型：

$$Lnigh_{it} = \phi + \varphi_1 Lnigh_{i,t-1} + \alpha_1 Lner_{it} + \beta Lnti_{it} + \delta Lnerti_{it} + \gamma_j X + \nu_i + \mu_{it} \quad (7-3)$$

其中，i 和 t 分别表示研究区域和年份，$Lnigh_{it}$表示工业结构高级化转型水平，$Lnigh_{i,t-1}$表示工业结构高级化转型的一阶滞后项，用以反映区域工业结构高级化转型的动态效应，$Lner_{it}$为区域环境规制强度水平，$Lnti_{it}$为技术创新，主要从区域技术创新强度（$Lntie_{it}$）、工业企业自主技术创新（$Lneii_{it}$）和工业企业技术引进创新（$Lntii_{it}$）这三个层面反映技术创新对工业结构高级化转型的影响；$Lnerti_{it}$表示环境规制与技术创新的交互项，用于反映环境规制与技术创新间的激励配合对工业结构高级化转型的影响；X 为控制变量；ν_i 表示个体效应，μ_{it}为随机扰动项且服从正态分布；ϕ、φ_1、α_1、β、δ 和 γ_j 为对应变量的待估计系数。

7.2.1.2 环境规制、技术创新影响中国工业结构高级化转型的面板门槛模型

中国地区间经济发展水平、工业发展所处的阶段和发展品质存在较大差异，使得区域环境规制强度、技术创新水平也存在差异。这就意味着环境规制、技术创新及其二者激励配合对工业结构高级化转型的影响可能存在经济发展水平的门槛效应。为此，借鉴 Hansen 的门槛模型，本书的门槛回归模型设定如下：

$$Lnigh_{it} = \alpha_i + \beta_0 LnX_{it} \cdot I(q_{it} \leqslant \lambda) + \beta_1 LnX_{it} \cdot I(q_{it} > \lambda) + e_{it} \quad (7-4)$$

其中，i 和 t 分别表示研究区域和年份，$Lnigh_{it}$表示工业结构高级化转型水平，X_{it}主要为环境规制、技术创新、环境规则与技术创新的交互项以及控制变量。q_{it}为门槛变量，用经济发展水平来度量，λ 为门槛值；e_{it}为服从正态分布的随机扰动项；I 为示函数；α_i、β_0 和 β_1 为对应变量的待估计系数。

为了进一步反映工业结构高级化转型在门槛面板模型中的惯性和动态性，在模型（7－9）基础上引入工业结构高级化转型的滞后项，即：

$$Lnigh_{it}=\alpha_i+\varphi Lnigh_{i,t-1}+\beta_0 LnX_{it}\cdot I(q_{it}\leqslant\lambda)+\beta_1 LnX_{it}\cdot I(q_{it}>\lambda)+e_{it} \tag{7-5}$$

其中，$Lnigh_{it-1}$表示工业结构高级化转型的一阶滞后项，φ 为其对应系数；其他变量的含义同模型（7－3）中对应变量所表示的含义相同。

7.2.1.3　环境规制、技术创新影响中国工业结构高级化转型的空间计量模型

以上的模型分析是在没有考虑到空间因素下所进行的分析，事实上，区域之间也会存在一定程度的经济社会联系，使空间因素可能会对工业结构高级化转型产生影响，需要进一步引入空间因素来分析环境规制、技术创新及其两者激励配合对工业结构高级化转型的影响，为此，本书将空间计量模型设定为如下形式：

$$\begin{aligned}Lnigh_{it}=&\phi+\varphi W\cdot Lnigh_{it}+\alpha_1 W\cdot Lner_{it}+\alpha_2 W\cdot Ln^2er_{it}+\beta W\cdot Lnti_{it}\\&+\delta W\cdot Lnerti_{it}+\gamma_j W\cdot X+\xi_{it}\\ \xi_{it}=&\lambda W\xi_{it}+\varepsilon_{it}\end{aligned} \tag{7-6}$$

其中，i 和 t 分别表示研究区域和年份；$Lnigh_{it}$表示工业结构高级化转型水平，W 为空间权重，$Lner_{it}$为区域环境规制强度水平；Ln^2er_{it}为环境规制强度水平的平方项，用以反映环境规制与工业结构高级化转型的非线性关系；$Lnti_{it}$为技术创新，主要从区域技术创新强度（$Lntie_{it}$）、工业企业自主技术创新（$Lneii_{it}$）和工业企业技术引进创新（$Lntii_{it}$）这三个层面来反映技术创新对工业结构高级化转型的影响；$Lnerti_{it}$表示环境规制与技术创新的交互项，用于反映环境规制与技术创新间的激励配合对工业结构高级化转型的影响；X 为控制变量；ε_{it}为服从正态分布的随机扰动项；ϕ、φ、α_1、α_2、β、δ 和 γ_j 为对应变量的待估计系数。

7.2.2　变量的选取与数据来源

（1）被解释变量。本部分的被解释变量为工业结构高级化转型，其度量方法、数据来源和描述性统计特征已在本书4.6节中详细给出，本部分

不再赘述。

（2）核心解释变量。根据研究主题的需要，本节的核心解释变量依然为环境规制和技术创新，环境规制用成本型环境规制的度量方法来度量，技术创新主要从区域技术创新强度、企业自主技术创新和企业技术引进创新这三个方面来进行分析。对于环境规制与技术创新的度量方法、数据来源和描述性统计特征已在本书本书第 4.1 节和第 4.2 节中详细给出。

（3）控制变量。控制变量主要包括：经济发展水平（*Lnpgdp*）、外商直接投资（*Lnfdi*）、所有制结构（*Lnos*）和人力资本（*Lnhc*）。关于这些控制变量的度量方法和数据来源同本书 5.2.2 小节中所描述。

7.3 环境规制、技术创新影响工业结构高级化转型的实证检验

7.3.1 环境规制、技术创新影响工业结构高级化转型的基准回归

环境规制、技术创新影响中国工业结构高级化转型的总体动态回归结果见表 7-1，从表中回归结果可以看出，所有模型中被解释变量一阶滞后项前的系数均显著为正，这说明工业结构高级化转型具有动态性和惯性，从 *Sargan* 检验和 *Ar*(2) 检验结果可知，使用 SGMM 方法来估计是合适的。

表 7-1 中模型 1 的回归结果显示，环境规制的一次项和二次项系数在 5% 的显著性水平上均为负，这说明环境规制与工业结构高级化转型间存在显著的倒“U”形关系，意味着随着环境规制强度的逐渐加大，中国工业结构高级化转型呈现先升后降的变化趋势。模型 2 至模型 4 中的结果显示，三种类型的技术创新均能够在不同程度上显著促进工业结构高级化转型，这也说明了技术创新在高新技术产业发展中的重要作用，技术创新推动区域工业行业技术水平的提高，为工业企业转向发展高新技术产业提供了前提，由此促进了工业结构高级化转型。模型 5、模型 6 和模型 7 是分别加入了环境规制与三种不同类型技术创新的交互项，用来分析环境规制与技术创新的激励配合对工业结构高级化转型的影响。从模型 7 可以看出，环境规制、企业技

术引进创新以及两者交互项前的系数均显著为正，这表明环境规制与企业技术引进创新在影响工业结构高级化转型过程中，两者能够相互激励配合，由此促进了工业结构高级化转型。模型 5 和模型 6 的回归结果显示，环境规制与区域技术创新强度、企业自主技术创新之间交互项前的系数均显著为负，这反映环境规制与区域技术创新政策、工业企业自主技术创新策略之间在影响工业结构高级化转型过程中，没有能够很好地协调配合，出现相脱节的现象，由此阻碍了工业结构高级化转型。这也反映区域环境规制政策要与区域技术创新政策以及区域企业自主创新策略进一步协调、激励和配合，才能形成促进工业结构高级化转型的合力。

表 7－1　　环境规制、技术创新对中国工业结构高级化转型影响的基准回归

Lnigh	模型 1	模型 2	模型 3	模型 4	模型 5	模型 6	模型 7
L1. Lnigh	0.9032*** (43.19)	0.9206*** (42.88)	0.8625*** (44.04)	0.9025*** (45.61)	0.8931*** (40.63)	0.8613*** (40.83)	0.8781*** (42.59)
Lner	−0.3350*** (−4.97)				−0.0091 (−0.49)	−0.1094*** (−2.22)	0.1485*** (4.71)
Ln^2er	−0.0268*** (−5.48)						
Lntie		0.0485*** (2.83)			−0.0806*** (−3.35)		
Lneii			0.0931*** (5.19)			−0.1057 (−1.6)	
Lntii				0.0201*** (3.13)			0.1304*** (4.82)
Lnertie					−0.0086* (−1.79)		
Lnereii						−0.0291*** (−2.62)	
Lnertii							0.0162*** (4.09)

续表

Lnigh	模型 1	模型 2	模型 3	模型 4	模型 5	模型 6	模型 7
Lnpgdp	-0.0149 (-0.37)	0.0241 (0.64)	-0.0007 (-0.02)	-0.0107 (-0.25)	-0.0287 (-0.75)	-0.031 (-0.9)	-0.0214 (-0.49)
Lnfdi	-0.0922*** (-5.8)	-0.0857*** (-7.14)	-0.1000*** (-8.1)	-0.1121*** (-6.33)	-0.0803*** (-7.64)	-0.1011*** (-8.2)	-0.1003*** (-6.26)
Lnos	-0.3389*** (-9.95)	-0.2902*** (-8.13)	-0.3477*** (-6.35)	-0.3086*** (-7.43)	-0.3666*** (-8.48)	-0.3835*** (-7.64)	-0.3828*** (-10.11)
Lnhc	0.2890* (1.67)	0.2184*** (1.31)	0.3278** (2.51)	0.3341* (1.87)	0.3683*** (2.56)	0.4039*** (2.92)	0.3798** (2.09)
_cons	-2.6599*** (-5.07)	-1.5997 (-4.49)	-1.4872*** (-5.32)	-1.6503*** (-4.62)	-1.9725*** (-7.08)	-2.4368*** (-6.94)	-0.8372** (-2.37)
Ar(1) Z[Ar(1)]	-2.6856 (0.0072)	-2.6701 (0.0076)	-2.659 (0.0078)	-2.6887 (0.0072)	-2.6512 (0.008)	-2.6697 (0.0076)	-2.6819 (0.0073)
Ar(2) Z[Ar(2)]	0.81576 (0.4146)	1.0216 (0.307)	1.0168 (0.3093)	1.0127 (0.3112)	0.92977 (0.3525)	0.84993 (0.3954)	1.0374 (0.2995)
sargan P[sargan]	26.5455 (0.1157)	26.3929 (0.1196)	24.6466 (0.1725)	25.3588 (0.1491)	25.8889 (0.1333)	24.7999 (0.1672)	25.7172 (0.1383)

注：*、** 和 *** 分别表示 10%、5%、1% 的显著性水平；圆括号内为 t 值或 z 值；Ar(1)、Ar(2) 和 sargan 分别表示 Ar(1)、Ar(2) 和 sargan 的检验值，Z[Ar(1)]、Z[Ar(1)] 和 Z[sargan] 分别表示 Ar(1)、Ar(2) 和 sargan 统计量的 Z 值。模型 1 表示加入了环境规制的一次方和二次方项；模型 2 至模型 4 表示分别加入了区域技术创新强度、企业自主技术创新和企业技术引进创新；模型 5 至模型 7 表示分别加入了反映环境规制与区域技术创新强度、企业自主技术创新、企业技术引进创新间激励配合的交互项。

从控制变量来看，经济发展水平（*Lnpgdp*）前的系数均显著为负，即经济增长对工业结构高级化转型产生负作用，这可能主要是因为目前经济增长仍然处于较低质量的发展，在经济增长过程中是以环境换数量式的增长，没有形成高级技术产业集聚发展的外部环境。外商直接投资（*Lnfdi*）前的系数显著为负，这反映了外商直接投资抑制了区域工业结构高级化转型，可能是因为中国区域在吸收外商的直接投资仍处于全球价值链的低端，同时出于商业目的，外商对高端技术的保护，没有对中国区域形成技术溢出效应，相反挤压了中国高新技术产业的发展空间，由此使外商直接投资抑制了工业结构高级化转型。所有制结构（*Lnos*）前的系数显著为负，这可能是因为国有企业或国有控股企业存在一定结构性问题，使其对工业结构高级化转型产生负面影响。人力资本（*Lnhc*）前的系数在所有模型中均显著为正，高新技术产业发展的核心在于创新，而创新的保障在于人力资本，人力资本的提高势必会促进工业企业向着高新技术产业的方向发展。

7.3.2　环境规制、技术创新影响中国工业结构高级化转型的面板门槛检验

从前文的分析可以看出，环境规制、技术创新对中国工业结构高级化转型的影响存在较大的区域差异，这可能是因为不同地区间的经济发展水平不同而使区域环境规制强度存在区域差异，同时也使技术创新水平，以及对技术的吸纳能力也产生差异。为此，我们继续使用 Hansen（1999）提出的门槛回归模型对此进行推断检验。本部分以经济发展水平作为门槛变量分析环境规制、技术创新及其两者激励配合影响中国工业结构高级化转型的门槛效应。在使用门槛模型进行分析时，首先要对门槛效应进行识别，在此基础上才能进一步就环境规制、技术创新影响中国工业结构高级化转型的动态面板门槛效应进行分析。

（1）门槛识别。

表 7－2　　　　面板门槛值估计和显著性检验结果

门槛变量	门槛数	门槛值	95% 置信区间	F 值	P 值	临界值		
						10%	5%	1%
Lnpgdp	Single	0.8051	[0.7762，0.8126]	107.44	0	37.5902	41.2743	47.2501
Lnpgdp	Double	0.9229	[0.9111，0.9313]	21.99	0.195	0.195	26.7793	29.5367

注：*lnpgdp* 的门槛值为 0.8051，pgdp 的门槛值为 2.2369 万元。

按照本书第 5.3.2 小节中门槛值的确定方法，以经济发展水平作为门槛变量，分析环境规制、技术创新及其两者的激励配合对工业结构高级化转型的影响，得到经济发展水平的门槛估计值及其检验结果（见表 7－2），从表中可以看出，经济发展水平存在一个门槛值（*Lnpgdp* 为 0.8051，对应的人均 GDP 为 2.2369 万元），不存在以 *Lnpgdp* 为门槛变量的双门槛效应。进一步分析发现，湖北省、重庆市、河北省、黑龙江省、吉林省、辽宁省、福建

省、内蒙古自治区、山东省、广东省、浙江省、江苏省、北京市、天津市和上海市等地区 2005 ~ 2016 年人均 GDP 的均值跨越了门槛值，而其他地区尚未跨过门槛值，从区域分布上来看，跨越经济发展水平门槛值的区域多集中在东部地区，以及个别中西部地区。

（2）环境规制、技术创新影响中国工业结构高级化转型的动态面板门槛回归分析。

表 7 – 3　环境规制、技术创新影响中国工业结构高级化转型的动态面板门槛模型估计结果

Lnigh	pgdp≤2.2369	pgdp > 2.2369	*Lnigh*	pgdp≤2.2369	pgdp > 2.2369
	gmm	gmm		gmm	gmm
L1. Lnigh	1.0049 *** (36.14)	0.8831 *** (11.57)	*L1. Lnigh*	1.0936 *** (83.62)	1.0077 *** (50.66)
Lner	−0.3696 *** (−3.49)	0.1362 * (1.94)	*Lner*	−0.9535 *** (−8.1)	0.3180 *** (4.49)
Lntie	−0.2308 (−1.49)	0.4603 *** (3.43)	*Lneii*	−1.3852 *** (−7.75)	0.6677 *** (6.27)
Lnertie	−0.0726 *** (−3.81)	0.0335 * (1.84)	*Lnereii*	−0.2073 *** (−7.42)	0.0721 *** (4.62)
_cons	−1.2446 (−1.57)	1.6213 ** (2.37)	*_cons*	−5.9793 *** (−7.87)	2.9122 *** (5.7)
Ar(1) *Z*[*Ar*(1)]	−2.229 (0.0258)	−1.8603 (0.0628)	*Ar*(1) *Z*[*Ar*(1)]	−2.0866 (0.0369)	−1.9059 (0.0567)
Ar(2) Z[Ar(2)]	0.8885 (0.3743)	0.8294 (0.4069)	*Ar*(2) *Z*[*Ar*(2)]	−0.5960 (0.5512)	0.6017 (0.5474)
sargan *P*[*sargan*]	8.3887 (0.9823)	12.6664 (0.8552)	*sargan* *P*[*sargan*]	11.0124 (0.9234)	13.8007 (0.7952)

注：*、** 和 *** 分别表示 10%、5%、1% 的显著性水平；圆括号内为 t 值或 z 值。

通过门槛识别检验可知，存在以 *Lnpgdp* 为门槛变量的一个门槛值，借鉴彭星（2015）[15] 的做法，以此门槛值作为分组变量，将全国样本分为两组子样本，考虑到工业结构高级化转型的动态效应，本书使用面板动态模型分别对两组样本进行回归，为了解决估计过程中动态效应所引起的内生性问题，本书继续使用SGMM来进行估计，估计结果见表7-3，从表中可以看出，*Sargan*和*Ar*(2)的检验结果均符合Bond[199]提出的关于SGMM估计检验标准，这说明所使用的估计方法合理。从表中第2列可以看出，当人均GDP低于门槛值2.2369万元时，环境规制、区域创新强度以及环境规制与区域技术创新强度间的激励配合对工业结构高级化转型具有抑制作用。这说明在经济发展水平较低的区域，在作用工业结构高级化转型过程中，区域环境规制政策与区域技术创新支持政策没有形成有效的激励配合，两者的激励配合反而阻碍了工业结构高级化转型，在经济发展水平较低的区域，区域工业发展水平较低，集聚着低端的制造业，为了实现经济总量的提高，往往忽略区域发展质量，区域的技术创新政策与环境规制政策常常建立在较低的产出基础之上，没有形成转型发展高新技术产业的社会资源环境，反而挤出了发展高新技术产业的区域社会资源，由此阻碍了区域工业结构高级化转型。从表中第3列可以看出，当人均GDP跨过门槛值时，环境规制、区域技术创新强度及其两者之间的激励配合能够显著促进着工业结构高级化转型，对于经济发展水平较高的地区来说，产业层次相对较高，经济发展由量的扩大转向质的提高，在环境规制的激励下，区域技术创新政策支持为工业转向发展高新技术产业提供了充分的社会资源，在区域技术创新政策的配合下，环境规制触发了企业向着工业结构高级化方向转型。

从表7-3中第5列和第6列的回归结果可以发现，对于人均CDP未跨过门槛值的地区来说，环境规制、企业技术自主创新及其两者激励配合对工业结构高级化转型具有一定的抑制效应。当人均GDP跨越地区经济发展水平的门槛值时，环境规制、企业技术自主创新及其两者激励配合显著促进工业结构高级化转型。这表明环境规制、企业技术自主创新及其两者激励配合在影响工业结构高级化转型的过程中存在以区域经济发展水平为门槛的门槛效应。

综上所述，以经济发展水平为门槛变量来分析环境规制、技术创新及其两者激励配合对工业结构高级化转型的动态门槛效应。当区域经济发展水平低于门槛值时，环境规制、技术创新及其两者激励配合对工业结构高级化转型具有抑制作用。当跨越门槛值之后，环境规制、技术创新及其两者激励配合对工业结构高级化转型具有显著正向作用。这反映当区域经济发展水平较低时，经济总量的提高是区域的首要任务，对于工业行业的发展质量要求降低，技术创新水平不足，在作用工业结构高级化转型过程中，环境规制政策与技术创新策略间未能形成有机的配合，出现各自为政、相互干扰的局面，由此反而阻碍了区域工业结构高级化转型。当经济发展水平较高时，人们对经济发展质量和环境质量均有提高，随着工业行业的壮大，环境规制政策和技术创新能够很好地协调配合，形成相互激励配合的合力，由此激励企业转向发展高技术的工业行业，促进工业结构高级化转型。

7.3.3 环境规制、技术创新影响中国工业结构高级化转型的空间效应检验

（1）空间相关性检验。

为了分析中国工业结构高级化转型是否存在空间效应，按照全局 Moran's I 指数的计算公式，参考本书第 5.3.3 小节空间矩阵的设定形式，计算了四种空间权重下的全局 Moran's I 指数值，计算结果见表 7－4。从表中可以发现，在空间邻接权重和球面地理距离权重下的工业结构高级化转型的空间效应在所有研究年份上均显著，这说明在这两种空间权重矩阵下，中国工业结构高级化转型具有显著的空间相关性。而在空间经济距离权重和综合权重下部分年份的空间效应不显著。比对这四种全局 Moran's I 指数的均值可以发现，空间邻接权重下的 Moran's I 指数均值明显高于其他权重下的 Moran's I 指数均值，基于此，本节在构造空间计量模型时使用空间邻接权重矩阵来分析环境规制、技术创新对中国工业结构高级化转型的影响。

表 7－4　不同权重矩阵下区域工业结构高级化转型的全局莫兰指数值

年份	空间相邻权重			球面距离			经济距离			综合权重		
	I	z	p－value	I	z	p－value	I	z	p－value	I	z	p－value
2005	0.33	3.026	0.002	0.21	2.641	0.008	0.157	2.028	0.043	0.318	2.376	0.017
2006	0.359	3.259	0.001	0.248	3.044	0.002	0.183	2.302	0.021	0.375	2.756	0.006
2007	0.31	2.848	0.004	0.227	2.813	0.005	0.192	2.396	0.017	0.357	2.632	0.008
2008	0.362	3.297	0.001	0.224	2.795	0.005	0.139	1.85	0.064	0.307	2.311	0.021
2009	0.379	3.449	0.001	0.224	2.797	0.005	0.12	1.648	0.099	0.287	2.178	0.029

续表

年份	空间相邻权重			球面距离			经济距离			综合权重		
	I	z	p - value	I	z	p - value	I	z	p - value	I	z	p - value
2010	0.417	3.759	0	0.236	2.929	0.003	0.098	1.408	0.159	0.28	2.127	0.033
2011	0.435	3.909	0	0.258	3.164	0.002	0.074	1.157	0.247	0.279	2.117	0.034
2012	0.423	3.931	0	0.213	2.768	0.006	0.024	0.638	0.523	0.208	1.695	0.09
2013	0.392	3.68	0	0.202	2.655	0.008	0.01	0.494	0.621	0.192	1.586	0.113
2014	0.394	3.697	0	0.206	2.701	0.007	0.003	0.41	0.682	0.186	1.543	0.123
2015	0.396	3.628	0	0.182	2.376	0.017	0.028	0.676	0.499	0.177	1.45	0.147
2016	0.362	3.351	0.001	0.148	2.008	0.045	0.02	0.584	0.559	0.145	1.231	0.218
均值	0.3799			0.2148			0.0873			0.2593		

注：表中的I表示Moran's I指数值，p - value表示Moran's I指数的P值。

本章分别描绘了基于空间邻接权重下的2005年和2016年中国区域工业结构高级化转型的局部Moran's I指数的散点图（分别对应于图7-1的a图和b图）。从图中可以看出，中国工业结构高级化转型的区域局部Moran's I指数多分布于第一象限和第三象限，这表明中国工业结构高级化转型呈现一种高—高集聚和低—低集聚的局面，并且随着时间的推移，高—高集聚占主导，对比a图、b图可以发现，2016年高—高集聚的省份明显多于2005年高—高集聚的区域。同时进一步分析可以发现，高—高集聚的地区多集中在东部沿海地区，而低—低集聚的省份多集中在西部欠发达地区，中国工业结构高

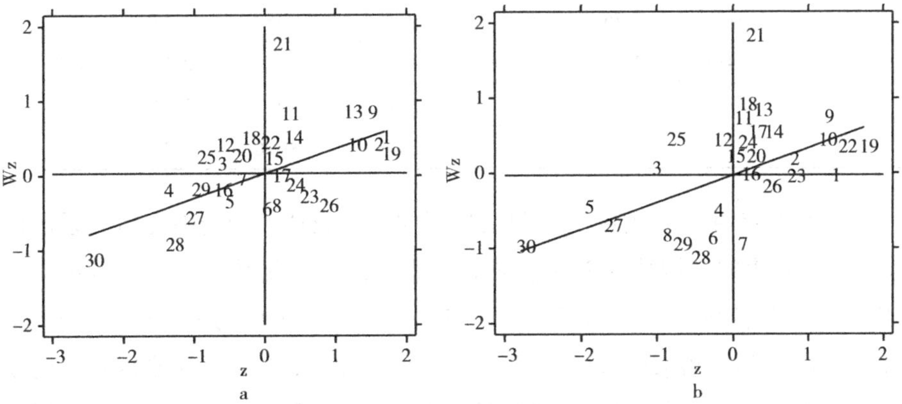

图7-1　中国工业绿色高度化转型的局部Moran's I指数

级化转型水平较高的地方集聚在东部沿海地区，而较低的地区则多集中在西部地区，反映了中国工业结构高级化转型的区域异质性集聚分布态势明显。

（2）空间计量模型回归结果及分析。

空间相关性检验表明，工业结构高级化转型的空间依赖性是空间效应存在的根源，工业结构高级化转型的空间效应在5%的水平上显著为正，其空间自相关系数 *rho* 均显著为正，表明本地区工业结构高级化转型受相邻或相近地区工业结构高级化转型的影响显著，这可能是由于相邻或相近地区的工业结构高级化转型对本地区工业结构高级化转型产生了空间溢出和观摩效应，进而使相邻或相近地区工业结构高级化转型水平的提高有助于推动本地区工业结构高级化转型。为此本节采用SAR模型来进行分析环境规制、技术创新影响中国工业结构高级化转型的空间效应，以反映本地工业结构高级化转型受其他地区工业结构高级化转型的影响效应，回归结果见表7-5。

表7-5　环境规制、技术创新影响工业绿色高级化转型的空间计量回归结果

Lnigh	*Coef.*	*z*	*P > z*	*Lnigh*	*Coef.*	*z*	*P > z*
Lntie	0.1899	1.97	0.049	*Lnerc*	0.2603	2.03	0.043
Lnpgdp	-1.1407	-4.08	0	*Lntii*	0.1879	1.64	0.101
Lnfdi	-0.0159	-0.5	0.615	*Lnertii*	0.0324	1.85	0.065
Lnos	-0.5681	-4.78	0	*Lnpgdp*	-0.9765	-3.49	0
Lnhc	1.4392	2.96	0.003	*Lnfdi*	0.0065	0.21	0.837
rho	0.3170	4.76	0	*Lnos*	-0.5189	-4.35	0
sigma2_e	0.0439	13.27	0	*Lnhc*	1.2440	2.57	0.01
				rho	0.2543	3.62	0
				sigma2_e	0.0426	13.32	0

从表7-5中第2列中的回归结果可知，区域技术创新强度前的系数显著为正，这表明区域技术创新强度对工业结构高级化转型具有显著推动作用。第6列的回归结果可以发现，环境规制、企业技术引进创新及其两者激励配合对工业结构高级化转型均具有显著促进作用，这反映了在区域空间效应下，环境规制激励工业企业进行技术引进创新，同时企业引进创新也能改变环境规制政策，两者间能够有机协调配合，向着有利于工业结构高级化转

型的方向发展。从控制变量来看，经济发展水平不利于工业结构高级化转型，这可能是由于低质量的经济发展水平不利于工业结构高级化转型。所有制结构显著抑制了工业结构高级化转型，这可能是因为以国有企业或者国有控股为特征的所有制结构，由于其对所从事产业的路径依赖性，不利于工业结构高级化转型。人力资本对工业结构高级化转型均具有显著促进作用，人力资本是技术创新的核心因素，而高新技术产业的生命力也在于技术创新。

7.4　环境规制、技术创新影响工业结构高级化转型的区域异质性分析

为了分析环境规制、技术创新及其两者激励配合在影响中国工业结构高级化转型过程中可能存在的区域异质性，参考李梅和柳士昌（2012）[205]的做法，将全部省份划分为东部、中部和西部 3 个区域，引入 2 个虚拟变量，即以西部地区为参照系，引入东部、中部两个虚拟变量 *east* 和 *central*①。模型构建如下：

$$
\begin{aligned}
Lnigh_{it} = \phi + \varphi_1 Lnigh_{i,t-1} + \alpha_1 Lner_{it} + \alpha_2 Ln^2 er_{it} + \beta_1 Lnti_{it} + \delta_1 Lnerti_{it} \\
+ \alpha_3 east \cdot Lner_{it} + \alpha_4 east \cdot Ln^2 er_{it} + \beta_2 east \cdot Lnti_{it} + \delta_2 east \cdot Lnerti_{it} \\
+ \alpha_5 central \cdot Lner_{it} + \alpha_6 central \cdot Ln^2 er_{it} + \beta_3 central \cdot Lnti_{it} \\
+ \delta_3 central \cdot Lnerti_{it} + \gamma_j X + \nu_i + \mu_{it}
\end{aligned}
\tag{7-7}
$$

其中，i 和 t 分别表示研究区域和年份；$Lnigh_{it}$ 表示工业结构高级化转型水平；$Lnigh_{i,t-1}$ 表示工业结构高级化转型的一阶滞后项，用以反映区域工业结构高级化转型的滞后效应；$Lner_{it}$ 为区域环境规制强度；$Ln^2 er_{it}$ 为环境规制强度的平方项，用以反映环境规制与工业结构高级化转型的非线性关系；$Lnti_{it}$ 为技术创新，主要从区域技术创新强度（$Lntie_{it}$）、工业企业自主技术创新（$Lneii_{it}$）和工业企业技术引进创新（$Lntii_{it}$）这三个层面反映技术创新对工业结构高级化转型的影响；$Lnerti_{it}$ 表示环境规制与技术创新的交互项，用于反

① 东部包括：北京、天津、河北、辽宁、上海、江苏、浙江、福建、山东、广东、海南；中部包括：山西、吉林、黑龙江、安徽、江西、河南、湖北、湖南；西部包括：内蒙古、广西、四川、贵州、云南、陕西、甘肃、青海、西藏、宁夏、新疆。

映环境规制与技术创新间的激励配合对工业结构高级化转型的影响；X 为控制变量；ν_i 表示个体效应，μ_{it} 为随机扰动项且服从正态分布；ϕ、φ、α_1、α_2、α_3、α_4、α_5、α_6、β_1、β_2、β_3、δ_1、δ_2、δ_3 和 γ_j 为对应变量的待估计系数。

为了便于对比分析，模型（7-7）中控制变量的选择及数据来源与总体分析环境规制、技术创新影响中国工业结构高级化转型下的模型一致，控制变量也主要包括：经济发展水平（*Lnpgdp*）、外商直接投资（*Lnfdi*）、所有制结构（*Lnos*）和人力资本（*Lnhc*）。本节各变量的度量方法和数据来源同本书 7.2.2 小节对应变量的度量方法与数据来源基本一致。

分区域环境规制、技术创新对中国工业结构高级化转型的 SGMM 估计结果见表 7-6，从中可以看出，*Sargan* 和 *Ar*(2) 的检验结果均符合 Bond[199] 提出的关于 SGMM 估计检验标准，这说明所使用的估计方法合理。各个模型中因变量一阶滞后项前的系数显著为正，这反映了工业结构高级化转型的动态效应。模型 1 的回归结果显示，东中部地区环境规制变量前一次项系数和二次项系数显著为正，这意味着这东中部地区环境规制强度与工业结构高级化转型间表现出明显的"U"形关系。而西部环境规制变量前的一次项和二次项的系数均显著为负，这表明西部地区环境规制与工业结构高级化转型间存在显著的倒"U"形关系。模型 2 显示，东中部地区的区域技术创新强度对工业结构高级化转型具有显著促进作用，而西部地区的区域技术创新强度对工业结构高级化转型的影响不显著。模型 3 和模型 4 的回归结果显示，所有地区的自主技术创新和技术引进创新均对工业结构高级化转型具有促进作用，这反映了技术创新在工业结构高级化转型中发挥着重要的积极作用。

表 7-6　分区域环境规制、技术创新影响中国工业结构高级化转型的 SGMM 估计结果

Lnigh	模型 1	模型 2	模型 3	模型 4	模型 5	模型 6	模型 7
L1. Lnigh	1.0065*** (29.71)	1.0166*** (38)	0.9377*** (45.57)	0.9993*** (43.46)	0.9912*** (39.17)	0.9024*** (20.85)	0.9794*** (28.03)
Lner	-0.3085*** (-2.84)				-0.1814** (-2.1)	-0.4118*** (-3.48)	-0.0318 (-0.36)
Ln²er	-0.0248*** (-2.89)						

续表

Lnigh	模型 1	模型 2	模型 3	模型 4	模型 5	模型 6	模型 7
EastLner	0. 1773 *** (5. 33)				0. 1136 (1. 55)	0. 3117 *** (5. 33)	0. 1332 *** (4. 4)
EastLn²er	0. 0116 *** (3. 49)						
CentralLner	0. 1577 *** (3. 44)				−0. 1791 *** (−3. 34)	0. 2849 *** (5. 5)	0. 0587 * (1. 72)
CentralLn²er	0. 0129 *** (3. 2)						
Lntie		−0. 0161 (−0. 57)			−0. 2212 *** (−2. 76)		
EastLntie		0. 1201 *** (7. 59)			0. 0097 (0. 29)		
CentralLntie		0. 0933 *** (7. 47)			0. 0250 (0. 81)		
Lneii			0. 1168 *** (8. 87)			−0. 2190 (−1. 29)	
EastLneii			0. 1192 *** (5. 62)			−0. 0118 (−0. 38)	
CentralLneii			0. 0716 *** (4. 76)			0. 0066 (0. 21)	
Lntii				0. 0122 *** (3. 23)			0. 0595 (1. 11)
EastLntii				0. 0798 *** (6. 62)			0. 0130 (0. 54)
CentralLntii				0. 0433 *** (5. 57)			0. 0251 (0. 99)
Lnertie					−0. 0384 * (−1. 82)		
EastLnertie					0. 0120 (0. 63)		
CentralLnertie					−0. 0502 *** (−3. 84)		
Lnereii						−0. 0790 *** (−2. 9)	

续表

Lnigh	模型 1	模型 2	模型 3	模型 4	模型 5	模型 6	模型 7
EastLnereii						0.0448 *** (3.96)	
CentralLnereii						0.0390 *** (4.36)	
Lnertii							0.0012 (0.13)
EastLnertii							0.0057 (1.53)
CentralLnertii							0.0009 (0.31)
Lnpgdp	-0.0577 (-1.08)	-0.0925 * (-1.85)	-0.0744 (-1.39)	-0.0142 (-0.3)	-0.0441 (-0.61)	-0.0534 (-0.87)	0.0737 (0.75)
Lnfdi	-0.0184 (-0.95)	-0.0384 *** (-2.92)	-0.0308 ** (-2.29)	-0.0429 *** (-3.25)	-0.0158 (-0.56)	0.0257 (0.91)	-0.0152 (-0.59)
Lnos	-0.4086 *** (-7.43)	-0.3263 *** (-4.78)	-0.4416 *** (-6.12)	-0.3520 *** (-6.02)	-0.2530 *** (-4.87)	-0.4131 *** (-5.54)	-0.3647 *** (-6.04)
Lnhc	0.3446 ** (1.99)	0.4533 *** (3.53)	0.6984 *** (3.8)	0.5136 *** (2.63)	0.4297 ** (2.01)	0.7568 ** (2.24)	0.2014 (0.57)
_cons	-1.7578 *** (-4.2)	-1.1299 *** (-3.75)	-1.4570 *** (-3.25)	-1.2861 *** (-2.78)	-2.0102 *** (-2.74)	-3.1506 *** (-6.8)	-0.4252 (-0.61)
Ar(1) Z[Ar(1)]	-2.6354 (0.0084)	-2.6989 (0.0070)	-2.7019 (0.0069)	-2.6862 (0.0072)	-2.6983 (0.0070)	-2.5345 (0.0113)	-2.7157 (0.0066)
Ar(2) Z[Ar(2)]	0.8050 (0.4208)	1.0455 (0.2958)	0.8697 (0.3844)	0.6758 (0.4992)	0.9369 (0.3488)	0.2566 (0.7975)	0.8604 (0.3896)
sargan Z(sargan)	25.9087 (0.1328)	23.0362 (0.2358)	26.7936 (0.1096)	26.9106 (0.1068)	17.2086 (0.5757)	20.1453 (0.3859)	20.6846 (0.3545)

注：*、** 和 *** 分别表示 10%、5%、1% 的显著性水平；圆括号内为 t 值或 z 值；模型 1 表示加入了环境规制的一次方和二次方项；模型 2 至模型 4 表示分别加入了区域技术创新强度、企业自主技术创新和企业技术引进创新；模型 5 至模型 7 表示分别加入了反映环境规制与区域技术创新强度、企业自主技术创新、企业技术引进创新间激励配合的交互项。鉴于重点关注核心解释变量对工业结构高级化转型的影响，本表没有列示相关控制变量的估计系数及其显著性检验。

从环境规制与技术创新的激励配合影响工业结构高级化转型的区域异质性来看，表 7 – 6 中模型 5 的回归结果显示，环境规制与区域技术创新强度之间的激励配合对工业结构高级化转型存在明显的区域差异，对于东部地区来说，环境规制与区域技术创新强度之间的激励配合对工业结构高级化转型的影响虽然为正，但不显著。对于中西部地区来说，环境规制与区域技术创新强度之间的激励配合对工业结构高级化转型的影响显著为负，这反映了在作用工业结构高级化转型的过程中，中西部区域环境规制政策和技术创新支持政策之间未能形成有效地协调配合，没有形成促进工业结构转型的合力；相反，彼此之间阻碍了工业结构高级化转型，由此抑制了工业结构高级化转型。模型 6 回归结果显示，东中部地区环境规制与企业自主技术创新的激励配合对工业结构高级化转型具有显著的促进作用，而对于西部地区来说则相反，这说明对于东中部地区来说，环境规制与企业技术自主创新之间在影响工业结构高级化转型过程中，两者能够很好地协调配合，由此推动着工业结构高级化转型，而对于西部地区来说，环境规制与企业技术自主创新间未能有效配合，由此对工业结构高级化转型产生抑制效应。从模型 7 的回归结果来看，对于所有地区来说，环境规制与企业技术引进创新的激励配合对工业结构高级化转型具有正向影响，但不显著，这说明环境规制与企业技术引进创新之间在作用工业结构高级化转型过程中，两者的协调配合力度不够，由此对工业结构高级化转型的促进作用不显著。

7.5　本章小结

从第 3 章的理论分析可知，作为工业绿色转型的结构因素，工业结构高级化转型在理论上受到环境规制、技术创新及其激励配合的影响。在此基础上，本章从实证上分析环境规制、技术创新及其激励配合对工业结构高级化转型的影响效果。研究发现：环境规制对工业结构高级化转型的影响呈现倒“U”形的变化趋势，三种类型的技术创新显著促进了工业结构高级化转型。在影响工业结构高级化转型过程中，环境规制与企业技术引进创新能够有效地激励配合，从而促进工业结构高级化转型。在作用工业结构高级化转型过程中，环境规制与区域技术创新强度、工业企业自主技术创新之间未能够有机激励配合，抑制了工业结构高级化转型。从区域来看，东中部地区的环境规制对工业结构高级化转型的影响呈现“U”形变化趋势，而西部地区这呈现倒“U”形的变化趋势。对于所有地区来说，企业自主技术创新与企业技术引进创新均能够促进工业结构高级化转型。东中部地区的区域技术创新强度对工业结构高级化转型具有显著促进作用，而对于西部地区来说，则相反。环境规制与技术创新的激励配合对工业结构高级化转型也因为技术创新类型和区域的不同而表现出不同的影响方向。经济发展在环境规制、技术创新促进工业结构高级化转型过程中表现出明显的门槛特征，当经济发展水平低于门槛值（2.2369 万元）时，环境规制、技术创新及其两者交互效应对工业结构高级化转型过程中表现出负向影响或者不显著的影响，当经济发展水平跨越门槛值时，环境规制、技术创新及其激励配合对工业结构高级化转型呈现显著促进作用。总体上来看，在加入空间因素的情况下，区域技术创新强度、环境规制、企业技术引进创新，以及环境规制与企业技术引进创新间的激励配合均能显著推动工业结构高级化转型。

第8章

发达国家工业转型经验与中国工业绿色转型的路径选择

工业革命使英国成为世界上第一个制造业的中心，凭借相对发达的工业，英国成为“日不落帝国”。然而随着电力革命和信息技术革命的兴起，以及其他科学技术的发展，重视工业转型发展的美国、日本和德国相继取代英国成为世界制造业的中心，依托工业上的巨大成就，这些国家成为世界经济强国。但从20世纪70年代起，在经济发展过程中，美国和日本的经济出现了“脱实向虚”的现象。深刻领悟著名经济学家李斯特关于国家财富来源思想精髓的德国人则一如既往地坚持发展实体经济，即使其遭遇世界性金融危机，经济也依然保持比较稳健的发展趋势。世界发达国家也从美国金融危机中重新认识到发展以工业为主体的实体经济的重大意义，纷纷实施了再工业化，如美国的“再工业化战略”、日本工业的“再兴战略”、德国的“工业4.0”等，世界工业发达国家再次进入了以工业转型发展为主要发展特征的再工业化阶段。

虽然从规模上来看，2017年中国制造业增加值高达3.59万亿美元，占全球制造业增加值的28.57%，成为世界制造业的中心之一。但从工业发展质量上来看，仍然与世界工业强国有不小的差距。因而可以从世界三大工业强国（美国、日本和德国）在制造业转型发展方面的经验做法中得到一些启示。西方国家的“工业”仅指加工制造业而并不包括采掘业[185]，因此，分析发达国家制造业转型实际上就是分析其工业转型。基于此，本章将美国、日本和德国等发达国家制造业转型发展实践经验与前面的研究结论相结合，提出了实现中国区域工业绿色转型的路径。

8.1 发达国家工业转型的经验分析

8.1.1 美国工业转型的经验

早在第二次世界大战结束前，美国就逐步取代英国成为世界制造业的中心，但从20世纪50年代开始，美国制造业的产值和就业在地区产值和就业中的比重不断下降。尤其是20世纪70年代初，面对石油危机、日本和欧洲国家制造业的冲击，美国工业转型呈现“脱失向虚”的发展趋势，表现出“去工业化”的现象。到20世纪90年代，美国实施信息高速公路计划，以信息技术为主导的制造业发展比较平稳。进入21世纪后，在世界新兴经济体的冲击下，美国制造业发展再次出现下滑。2008年美国金融危机的发生，引起了美国经济社会各界对其经济增长方式的反思，意识到以工业为代表的实体经济发展是实现美国经济增长的根本动力，在此背景下，奥巴马政府提出了以重振制造业为主的“再工业化”战略。从“去工业化”到“再工业化”，美国制造业所经历的不仅是工业发展的量变或工业企业的区位转移，更是美国工业质的提升、区域工业结构的转型优化、生产力的释放和竞争力的提高。从“去工业化”到“再工业化”的发展过程，美国工业转型发展的实践经验主要有以下几点：

（1）积极推进工业向高端化方向转型。尽管在第二次世界大战后，美国工业的发展过程中，出现“去工业化”现象，然而反观其发展路线，实际上是美国制造业基于经济全球化的背景下剥离低端制造业，提升产业效率，走高端化的发展路线。美国的“去工业化”，并不是因为低技术产业的移出，重点在于制造业创新能力开始落后于德国、日本等高收入国家。区域制造业的国际竞争优势不在于产业价值链低端的劳动密集型和低技能生产活动的大量集聚，而在于先进技术、先进方法和先进产品生产的高技术产业制造能力。高技术产业代表着区域的产业竞争实力，也是技术创新的重要来源，为此，美国各地区十分重视高技术产业的发展，积极实施工业产业的高技术产业化，将高技术产业打造成经济发展的生力军。同时，美国高技术产业的快速发展对传统产业转型升级起到示范和催化效应，渗透到美国经济领域的其他产业部门，促进着美国经济结构的转型优化（王旭等，2017[215]）。美国“再工业化”不是传统制造业简单的重现和发展，而是使用具有高科技含量、高附加值、创新型的高技术产业对传统产业的替代和转型升级（杨丽花、张美娟，2013[216]）。

（2）美国产业政策驱动产业转型升级，高度重视支持各类工业企业发展。在出现市场“失灵”时，工业产业政策可以发挥政府的导向功能，推动产业转型升级。在产业出现“空心化”时，政府发挥“看得见手”的作用，采取一些优惠政策，促进产业发展，为产业转型升级注入活力。美国政府一方面实施减税免税政策来支持工业发展，如特朗普政府将企业所得税从 35% 降至 21%。与此同时，多管齐下降低本国制造业成本，一是大力发展可再生清洁能源，以降低工业企业的能源成本；二是降低工业企业的税费负担，节约企业的运行开办成本，以降低本土制造业成本，提高工业企业利润，吸引制造业的回流，以提升其制造业国际竞争力。另一方面，有目的地采取积极的财政政策以支持培育工业企业提高技术创新能力。例如，在金融危机后，美国政府有目地向科教、新能源、生物科技、医疗环保等领域投资 7870 亿美元的经济刺激方案，在改造现有制造业的同时，发展新兴产业，推动产业转型升级。2012 年美国实施的《制造业国家战略计划》，将生物纳米技术、航空与太空、清洁能源和先进汽车制造等高技术产业作为重点发展领域[217]，旨在通过培育高技术产业和新的优势产业，实现产业的高端化来提升工业的国际竞争力。

（3）人力资本驱动美国工业转型，教育因素在推动美国工业转型过程中发挥着关键作用。技术创新实施的主体是高技能高素质人才，人力资本可以通过技术创新间接推动产业转型。随着美国工业的发展，劳动者的知识技能水平也表现出上升趋势，这背后的动力就是教育因素。美国发达的教育体系不仅包括完善的职业教育培训体系，还有高度发达的正规学历教育，同时强调官产学研的有机融合，为国家创新网络提供了有力的智力支撑。美国发达的高等教育为国家创新体系建设提供了智力保障，技术创新又驱动着工业转型发展。倘若说传统产业的成功是依赖“区位”，那么区域工业转型和崛起则是依赖完善的“教育”，强大的高等教育为美国首创制造业创新国家网络提供了源源不断的人才保障和智力支持。

8.1.2 日本工业转型与绿色发展的经验

日本作为东亚“雁阵模式”的领头雁，其制造业在国民经济发展中发挥着至关重要的作用。纵观日本制造业转型和绿色发展的历程，可以发现，日本工业转型过程中，适应外部发展环境变化、适时调整政策、优化工业结构是日本制造业走在世界制造业前列的重要策略，同时构建与产业结构转型相适应的现代教育体系，为推动工业转型储备了大量高素质人力资源。其实施的环境会计制度管理模式，以及建立的立体综合环境教育体系，也增强了日本工业企业和普通民众的“环境保护”意识，铸造了工业绿色发展的社会氛围。

（1）适应外部发展环境变化，适时调整政策，优化工业结构。第二次世界大战后，面对严重破坏的经济基础，日本采取了“倾斜生产方式”政策，优先发展能源材料制造业和重工业。面对20世纪70年代出现的石油危机，世界石油价格的飙升，而以化工、煤炭、石油和钢铁为主的日本高耗能产业消耗了近90%的能源进口量，为应对能源压力，日本对高能耗制造业进行了大规模的结构调整，使高耗能重化工业在地区经济中的比重降低，而技术密集型工业则得到进一步发展，在国民经济中的地位日益上升。1985年日本签订“广场协议”，拉开了日元快速升值的序幕。1985年2月至1988年11月，日元对美元升值111%，从1988年11月到1990年4月又升值29%。受汇率的攀升的影响，日本制造业产品的国际竞争力出现下滑，为此，日本实施了制造业海外转移投资步伐。总之，面对复杂的国内、国际形势，日本适时调整产业转型和发展策略，提升了日本工业的应变能力和产品国际竞争力。

（2）构建与产业结构转型相适应的现代教育体系。现代职业教育体系为日本制造业转型发展提供了人力资源储备，在工业转型发展的各阶段，日本适时强化现代职业教育的市场适应性，为制造业结构转型升级提供所需要的技能型人才，主要表现在：一是职业教育的专业设置紧紧契合区域产业转型发展要求，为区域工业转型培养了大批专业技能人才；二是工业企业内部实施的职业教育，在工业企业和产业需求驱动下，日本工业企业内部所实施的职业教育模式，使阿罗的“干中学”理论与职业教育的“学中干”有机结合，极大地提高了日本的社会劳动生产率；三是产学紧密合作，实现产业界和教育界的互利互惠。产学合作是日本职业教育的典型特点，日本通过此方式培养出了大批高级应用型人才，对经济恢复和振兴发挥了重要作用（桑凤平，2012[218]）。

（3）实施环境会计制度管理模式，建立立体综合环境教育体系，增强了日本全民环境保护意识。环境保护成为企业必须承担的社会责任，社会需要评价企业的环境贡献，对于环境保护的贡献，企业也需要得到社会的认可，环境会计制度搭建起连接两者的桥梁，发挥了重要作用，通过设置环境会计制度进而进行环境审计，以更加透明的方式将企业的环境消耗和环境贡献清楚展示，保障工业企业能够合法、合理和正当从容地应对绿色壁垒，将国际绿色壁垒带给企业的绿色压力转化为绿色动力[219]。当面对工业带来的环境压力时，日本通过环境教育提高全民环境保护意识，一方面，日本重视学校的正式环境教育，在学校教育的各个阶段，有针对性地采取适宜的环保教育内容，增强人们的环保意识，也为日本绿色经济发展储备了大量人力资源；另一方面，日本也非常重视非正式环境教育，主要体现在通过各种渠道推进社会环境教育，作为污染的主体，企业的环境教育是日本环境教育的重要方面，企业在环境教育中认识到环境的价值，引导企业实现经济发展和环境保护的双赢，有力地推动着绿色发展。

8.1.3　德国工业转型与可持续发展的经验

德国以其发达的工业和高质量的工业产品享誉全世界，其中重要的原因就是高度重视以工业为主的实体经济转型发展，积极推进技术创新、适时进行工业转型升级和推动工业的高品质发展是德国工业发展的重要特征，并借以完善的多层次教育体系为工业转型发展培育了大量的高技能和高素质人才，使德国成为全球制造业实力最为雄厚的国家之一。正因为如此，即使遭到近年来严重的经济危机事件——全球金融危机和欧洲债务危机，德国的经济依然在经历微小波动后强劲发展。同时，德国实施的工业品生命周期政策，为德国的可持续发展奠定了基础。德国工业转型和可持续发展的经验可以归纳为以下几点。

（1）德国高度重视技术创新对培育工业核心竞争力的作用。研究开发是进行技术创新的保证，在推进“工业 4.0”战略过程中，德国构建由政府提供三分之一、企业提供三分之二的研发经费、个人提供知识与劳动组成的“三位一体”的研发合作模式，这为制造业的技术创新创造了良好的制度框架（崔静，2016[220]）。同时，借以专利保护制度、知识产权制度及完善的技术标准界定为企业提供了创新激励，每年德国工业产业用于研发的费用高达近百亿欧元，占销售额的 5% 以上，专利申请数列全球第三位。德国不仅充分发挥大企业在尖端技术创新中的作用，而且积极鼓励中小企业参与尖端技术领域研究，以促进不同层次的技术创新成果充分转化为生产力（孟祺，2013[221]），由此培育了成千上万家被誉为“隐形冠军”的中小企业（徐占忱、刘向东，2012[222]）。在德国创新体系中，政府通过实施诸如税负减免、研发资助等形式，引导并支持企业创新。与此同时，德国工业行业间建立起完善的行业协会也发挥着重要作用，为创业失败者“减震”。例如，德国机械设备制造业联合会（VDMA），为制造企业提供新技术、服务、经济政策等信息，定期组织研讨会等（崔静，2016[220]），为企业搭建了创新交流的集聚平台，有力地推动了德国工业的转型发展。

（2）完善的多层次教育及培训体系为德国工业转型提供了充足的高技能人才保障。充足的人才储备是德国工业强大和实施“工业 4.0 战略”的保障，而完善的多层次教育培训体系是充足人才储备的基础，主要表现在：①德国高等院校的人才教育为德国工业转型发展培育大批高端人才，德国高等教育所引入的“关键能力”教育理念，并作为培养人才的重要指标，既契合教育的本质，又适应了德国工业转型发展对高端人才的需求[223]。②德国独特的“双轨制”职业培训体系，为德国工业转型提供了职业技术人才。德国推出相当于高中及以上阶段的学校与企业联合培养学生的应用型技术教育模式，既为德国工业企业提供了理论与实践兼备的管理和技术人才，如工程师、企业家等，促成了企业家精神的形成。又为“德国制造”输送大量经验丰富、技术高超的“蓝领”工人，促成了庞大的创新群体。③德国企业普遍推行职前培训模式，企业职工在从事各种工作之前都要经过严格的职业技能培训，同时在工作过程中也适时针对新的生产工艺进行职业培训。这种职业培训方式有力地推动了劳动者的专业水平和职业道德素质的提高，促进了德国创新知识的积累和职业道德素质的延续提升，使工业生产与人力资源能够实现有效衔接，推动了分工的专业化和制度化，保证了德国制造业产品的质量。德国全社会多层次系统化的教育组织体系，有力地推动了产业工人的职业素质和技能水平，为德国制造业转型发展提供了智力支持，促进了德国工业转型发展与升级。

（3）大力推进工业企业的可持续化发展。工业是能源资源消耗大户、环境污染的主要源头，同时也是提供就业岗位较多的行业之一[224]，工业自然也成为德国制定和实施可持续发展政策及规划的重点关注对象。德国的可持续发展规划遵循“产品生命周期环保策略”，促使企业努力采用和开发清洁制造技术，要求工业企业产品生产的全过程实现环境保护。德国实施的《产品回收法规》要求企业不仅保证其产品在消费者使用过程中避免出现严重的环境污染，做到环境保护，而且负责回收消费者使用后报废的工业产品，以便工业报废品实现专业化的处理和循环再利用。德国所实施的可持续发展战略既给企业的发展施加了很大的压力和挑战，也为企业开创了巨大的利益和机遇。

8.2　中国工业绿色转型的路径选择

通过对以上三个发达国家工业转型发展经验的分析，可以得出这些国家在工业转型发展中存在的一些共性：一是都高度重视技术创新在工业转型发展中的核心作用；二是都建立了多层次完备的教育体系，高度重视职业教育与工业转型发展的衔接和互动发展；三是都重视工业转型发展中能源利用和环境保护问题。前文的理论和实证分析也得出环境规制能够倒逼工业企业进行绿色转型，技术创新是工业绿色转型重要驱动力，环境规制在技术创新的有效配合下，促进工业向着清洁化生产的方向发展，推动工业绿色效率的提升。技术创新在环境规制的有机激励配合下，将会影响到兼顾工业期望产出和非期望产出下的工业绿色效率，进而推进工业绿色转型。要促进工业绿色转型，需要建立与环境规制、技术创新相关的路径，基于此，本部分结合前面研究结论，以及美国、日本和德国这三个国家工业转型和绿色发展的经验，提出了中国工业绿色转型的路径选择。

（1）环境规制促进工业绿色转型的路径选择。从实证结果来看，环境规制对包括工业绿色效率、工业结构清洁化转型和工业结构高级化转型三个方面的中国工业绿色转型的影响存在显著区域异质性，因此区域环境规制政策的制定，一方面要“应度制宜”，避免盲目提高环境规制强度，而应保持在适度的基础上，过高的环境规制水平将加重工业企业的负担，形成过大的成本效应，挤出了“创新补偿”效应，反而阻碍了工业绿色转型；另一方面，区域环境规制要“因地制宜”，避免环境规制政策制定时采取“一刀切”的做法，实证研究发现，东中部地区环境规制对工业绿色效率提升和工业结构高级化转型的影响呈“U”形关系，西部地区则为倒“U”形关系。对于东中部地区，可以进一步加快环境规制强度提升的速度，并辅以强有效的技术创新，以促进环境规制强度跨越拐点，形成对工业绿色效率提升和工业结构高级化转型的推动作用；而对于西部地区而言，其工业行业多处于全国价值链的低端，低端行业和高污染行业比重较大，环境规制强度相对较大，在此情况下，若环境规制强度提升的速度过快，工业企业污染治理和排放支出会对技术创新投入和生产要素投入产生较强的挤出效应，导致企业生产技术水平和经济产出同时下降，从而会对地区工业行业竞争力造成较大的冲击，因此西部地区应缓慢提升环境规制的强度，避免环境规制对工业绿色效率提升和工业结构高级化转型的推动作用出现在下降阶段。

由分析可知，工业污染的终端治理仅从“标”上降低非期望产出，在一定程度上能够提高工业绿色效率，而通过适度的环境规制倒逼企业进行技术创新，从源头上治理工业污染的同时，提高期望产出，可以从“本”上提高绿色效率。这说明环境规制的制定者应综合考虑企业工业污染的终端治理和源头治理受环境规制影响，将环境规制控制在一个适度的水平上，在环境规制政策制定的过程中，考虑到技术创新的长周期性，采取适度趋紧的策略，影响工业企业的预期，改变企业仅使用工业污染终端治理单一策略，同时，加大力度实施技术创新，来实现以工业环境污染的源头治理为主的治理方式，从根本上提高工业绿色效率，由此推动区域工业绿色转型。

（2）技术创新促进工业绿色转型的路径选择。本书的理论和实证研究显示，在多数情况下三种类型的技术创新（即区域技术创新强度、工业企业自主技术创新和工业企业技术引进创新）对工业绿色效率提升、工业结构清洁化转型和工业结构高级化转型具有不同程度的促进作用，特别是东部地区的技术创新对工业绿色转型促进作用更为显著。从美国、日本和德国的工业转型经验中也可以看出，这些国家也都将技术创新作为工业转型的重要途径。与东部地区相比，中西部地区三种类型的技术创新对工业绿色效率、工业结构清洁化转型和工业结构高级化转型具有不同程度的促进作用，这就要东部地区持续保持较高水平的技术创新，而中西部地区应加大技术创新的有效投入力度，同时中西部工业企业在进行自主技术创新与引进技术创新方面，要提高技术创新质量，在关注期望产出技术创新的同时，更要关注环境友好型、资源节约型的技术创新，以此来推动本地区的工业绿色转型。

（3）环境规制与技术创新的激励配合对工业绿色转型的路径选择。环境规制不是治理环境污染问题的“万能钥匙”，环境规制在推动工业绿色转型过程中，需要其他相关政策的协调配合，尤其是需要技术创新的配合，才能避免“单打独斗”的局面，在区域“因地制宜”和“因度制宜”地实施区域环境规制政策过程中，在区域政府和工业企业有效的技术创新政策和创新策略的配合作用下，环境规制才能够倒逼工业企业对工业污染物进行终端治理的同时，也能够促进工业企业对工业污染物的源头防御治理，从“本”上实现工业绿色效率的提升。同样，对于技术创新来说，要发挥其对工业绿色转型的推动作用，也需要适度的环境规制来予以激励配合，才能使技术创新不仅仅是传统的技术创新，而是考虑提高资源环境效益下的绿色技术创新，实现“1 +1 >2”的效果，进而推动工业绿色转型。

（4）建立完善职业教育体系，培育高素质创新人才推动工业绿色转型。本书中各个部分的实证研究显示人力资本对工业绿色效率提升、工业结构清洁化转型和工业结构高级化转型均具有显著促进作用。在知识经济时代，工业绿色转型和发展，以及国际竞争力的提升，核心的动力就是人力资源，完善的多层次教育体系是人力资源的后盾。西方国家都通过发达的多层次教育体系，为培育高技能和高素质人才提供保障，以实现人力资本促进工业转型的核心作用。对于中国区域工业绿色转型来说，应建立起与区域工业发展特点及工业资源禀赋相适应的体系完备的职业教育，适应工业绿色转型发展对应用型技术人才的需求。

(5) 工业生产的生态意识对推动工业绿色转型的路径选择。生态意识是根据社会与自然的发展状况及其未来变化，统筹优化社会与自然关系的思想情感意识及理论总称。也是面临日益严峻的资源生态环境问题而萌发的对人类自身未来发展及前途命运的忧患意识。在工业生产过程树立生态意识，以绿色发展的思维审视自然，指导工业的生产实践。一方面是工业企业实现由高污染产业向低污染产业的方向发展，或者由高污染生产方式向低污染生产方式转型；另一方面从公共事务决策者到工业产品生产者，再到工业产品消费者都应建立生态意识。对于公共事务决策者来说，制定并实施适度环境规制政策、加强技术创新支持力度和优化人才培养结构在内的战略决策，促使并引导工业企业走向绿色发展，实现工业生产的绿色转型。对于工业产品生产者来说，就是建立绿色生产的生态意识，根据联合国环境规划署的定义，绿色生产是指在工业生产过程中采取对环境污染物的源头进行治理，从预防性的角度减少工业污染物的排放，使其对自然生态环境造成的破坏降到最低(黄小平，2001[225])，从工业产品的整个生命周期的角度（Life Cycle Assessment）来看，就是在工业品生产的三个阶段做到资源节约、环境友好。即在工业品生产的准备阶段，工业品生产原材料的获取，降低对不可再生资源和污染材料的投入；在加工生产阶段，不断进行技术创新，提高能源资源材料的利用率，降低非期望产出，将工业污染的“源头治理”或“防御治理”和“末端治理”有机结合，并且逐步扩大防御性治理的力度；在工业品的最后消费使用阶段，实现工业品废弃物的回收和循环利用，尽可能地降低对环境资源能源的依赖，以及对环境的影响降到自然环境可容纳的最低限度。对于工业产品的消费者来说，通过广泛开展全民绿色发展和绿色消费教育，提高全民整体绿色生活的意识，从而为推动工业绿色转型发展奠定良好的市场环境。

8.3　本章小结

本章在总结了德国、美国和日本等发达国家制造业转型发展的实践经验，并将其与前文的研究结论相结合，提出了实现工业绿色转型的路径选择，主要从环境规制、技术创新、环境规制与技术创新激励配合、完善职业教育体系与培育人力资本、以及工业生产的生态意识五个方面分析了推动工业绿色转型的路径选择。

| 第9章 |

结论与展望

9.1 结　　论

改革开放以来，中国工业的迅速崛起，带动了中国其他产业部门的复苏与发展，创造了巨大的经济红利，对推动经济快速发展做出了突出贡献，使中国经济社会面貌发生了根本性的变化。但中国工业粗放式发展造成的资源环境双重约束给可持续发展蒙上了严重的阴影，为此，处于新时代的中国将生态文明建设提高到前所未有的高度，工业发展要资源节约、绿色环保已成为新时代所要求。实现工业绿色转型升级正是解决中国工业发展过程中所面临的资源环境问题，实现经济高质量发展的重要路径。环境规制是对环境污染或潜在的环境污染事件所进行的社会性规范、防御和治理，也成为倒逼工业企业进行绿色转型的动力。技术创新是工业企业提升劳动生产率、降低能源使用强度和提高工业污染防御治理效率的重要“引擎”，推动着工业绿色转型。本书以中国工业绿色转型为研究落脚点，研究工业绿色转型的实现机制。以应对资源环境问题及实现高质量发展的重要举措——环境规制和技术创新为研究起点，系统地从理论和实证经验上研究环境规制、技术创新及其激励配合对中国工业绿色转型的影响机制和作用原理，这对于中国区域制定环境规制政策和技术创新策略、促进区域工业绿色转型、实现区域经济高质量发展具有重要的理论和实践意义。通过对上述内容的分析得出如下研究结论。

（1）工业发展中实现资源节约和环境保护可以通过提高工业绿色效率来实现，这意味着，可以在资源节约和环境保护中实现工业绿色发展。同时可以通过工业结构清洁化转型和工业结构高级化转型，即工业结构绿色转型来实现。工业绿色转型不仅体现在由传统效率转向绿色效率的提升上，而且包括工业结构清洁化转型和工业结构高级化转型，工业结构清洁化转型意味着区域工业由高污染行业转型清洁行业的过程。工业结构高级化转型是基于高新技术产业的清洁、高技术和高附加值的特征，区域实现工业结构高级化转型也达到了绿色化生产、效率提升和价值提升，从这一视角对工业绿色转型的考察是对工业结构绿色转型内涵的更进一步认识和分析。

（2）从环境规制、技术创新及其两者激励配合影响工业绿色效率的理论分析中可以发现环境规制对工业绿色效率存在非线性的作用关系。技术创新通过提高区域技术水平，进而对工业绿色效率具有促进作用。理论上来看，环境规制与技术创新之间的激励配合能够对工业绿色效率产生促进作用，但其作用效果和方向在很大程度上取决于两者的激励配合效果。理论分析可以发现，在环境规制强度较弱时，不足以触发工业企业转型发展清洁型产业，当环境规制增强到一定程度时，环境规制倒逼企业转型发展清洁型产业，这表明环境规制对工业结构清洁化转型的影响存在非线性特征。理论上技术创新能够促进工业结构清洁化转型，但在实践中能否发挥技术创新对工业结构清洁化转型的正向影响，与技术创新效果或技术引进质量有很大关系。环境规制与技术创新的有效协调配合能够促进环境工业结构清洁化转型。从理论上来看，适度的环境规制能够触发工业企业转型高新技术产业，由此推动工业结构高级化转型。不断进行技术创新是高新技术产业重要特征，区域工业企业技术创新水平提升能够为区域“技术蓄水池”注入新技术和新知识，为区域发展高新技术产业创造了外部环境。环境规制与技术创新的有效协调配合能够促进工业结构高级化转型。

（3）中国区域工业绿色转型总体上呈上升趋势，区域上存在较大差异。具体来说，从工业结构清洁化转型来看，2005～2011 年中国工业结构清洁化转型表现出波动式微弱上升趋势，2012～2016 年中国工业结构清洁化转型呈现显著上升趋势。近年来，中国将绿色发展提到了前所未有的高度，不断加强生态文明建设，促进了中国区域工业向清洁化产业转型，推动了这一阶段中国工业结构清洁化转型的快速发展。对于中国工业结构高级化转型来说，其在2005~2011年出现微弱下降，从2012年起出现显著上升趋势，这可能与2012年之后中国面临后金融危机的冲击，开始加快工业换挡转型，实施“创新驱动”的发展战略分不开的，有力地推动了工业企业向着具有高技术，高附加值、低能耗和低污染特征的高新技术产业方向发展，由此提升了这一阶段的工业结构高级化转型。中国工业绿色效率在2005~2013年呈现波动式上升趋势，而在2014年和2015年出现下降后，于2015年出现回升趋势，这可能与始于2013年中国实施的“去产能”和工业换挡增效有关，同时中国实施的创新驱动和生态文明建设的效果在2015年后得以显现，使中国工业绿色效率在2015~2016年出现上升趋势。从区域异质性来看，区域工业绿色效率、区域工业结构清洁化转型和区域工业结构高级化转型三个表征工业绿色转型升级的指标值对于东部地区来说最高，中部次之，西部较弱，工业绿色结构转型的区域分布基本上与工业发展水平在区域上的分布状况相一致。

（4）从区域工业绿色效率上来看，环境规制、技术创新对此的影响存在区域异质性，环境规制在技术创新影响工业绿色效率提升的过程中存在门槛效应，环境规制、技术创新影响工业绿色效率的过程中存在区域空间效应。从动态面板的SGMM估计来看，总体来看，环境规制与工业绿色效率间存在“U”形的曲线关系，这一作用关系也体现在东中部地区。区域技术创新强度和工业企业自主技术创新水平能够显著促进工业绿色效率。对于东部地区来说，工业企业技术引进创新能够显著提升工业绿色效率，而对于中部地区来说，工业企业技术引进创新对工业绿色效率的影响不显著，对于西部地区来说，工业技术引进创新显著抑制了工业绿色效率的提高，这反映了西部地区在追求工业发展或工业转移的过程中，也承接了发达地区的污染型和低技术型的产业，反而抑制了西部地区工业绿色效率的提升。从总体上来看，环境规制政策与区域技术创新强度之间在影响工业绿色效率过程中，两者之间没有很好地进行协调配合，以至于对工业绿色效率的提升作用不显著。环境规制与工业企业自主技术创新、工业企业技术引进创新间能够彼此协调来共同促进工业绿色效率的提高。对于东部地区来说，能够很好地发挥环境规制与区域技术创新水平之间的协调作用，从而促进了工业绿色效率的提升。环境规制在技术创新对工业绿色效率提升影响中存在门槛效应，当环境规制低于门槛值（0.001）时，区域技术创新强度、工业企业自主创新和工业企业技术引进创新抑制了工业绿色效率的提升，而当环境规制跨越过门槛值时，区域创新强度、工业企业自主创新和工业企业技术引进创新显著促进工业绿色效率。这也反映了环境规制能够触发技术创新，进而对工业绿色效率产生影响。在考虑空间效应下，环境规制与工业绿色效率间存在倒“U”形关系，区域技术创新强度、工业企业自主创新和工业企业引进创新这三者技术创新均能够提升工业绿色效率水平，同时环境规制与区域技术创新强度间激励配合也能够显著促进工业绿色效率的提升。此外，从工业率效率的分解项来看，环境规制、技术创新对工业绿色纯技术效率的影响效果与其对工业绿色效率的影响效果基本一致。

（5）总体来看，环境规制对工业结构清洁化转型的影响不显著，三种类型的技术创新对工业结构清洁化转型均具有显著促进作用，环境规制政策与区域技术创新强度、企业技术引进创新之间在影响区域工业结构清洁化转型过程中，能够很好地协调配合，由此促进了区域工业结构清洁化转型。而环境规制与企业自主创新在影响工业结构清洁化转型时出现不协调的局面，由此对工业结构清洁化转型的作用不显著。分区域来看，所有地区的环境规制对工业结构清洁化转型的作用效果均不显著。对于东部地区来说，三种类型的技术创新均能够对工业结构清洁化转型具有显著促进作用，对于中西地区来说则相反。对于东部地区来说，在影响工业结构清洁化转型过程中，环境规制政策与区域技术创新政策能够较好地协调配合，由此促进了工业结构清洁化转型，而对于中西地区来说则相反。对于东中部地区来说，环境规制与工业企业技术自主创新在影响工业结构清洁化转型过程中，两者之间能够相互协调，促进了工业结构清洁化转型，而对于西部地区来说，则表现出抑制作用。存在空间因素的情况下，环境规制与工业结构清洁化转型间存在显著的“U”形关系，三种类型的技术创新均对工业结构清洁化转型具有显著促进作用，且环境规制与区域技术创新强度的激励配合促进了工业结构清洁化转型。区域技术创新强度和企业自主技术创新在环境规制对区域工业结构清洁化转型的影响过程中发挥着中介效应。

（6）总体来看，环境规制对工业结构高级化转型的影响呈现倒“U”形的变化趋势，三种类型的技术创新显著促进了工业结构高级化转型。环境规制与企业技术引进创新的激励配合能够显著促进工业结构高级化转型，而在影响工业结构高级化转型过程中，环境规制与区域技术创新强度、工业企业自主技术创新未能很好地激励配合，甚至出现了相互干扰的情况，由此抑制了工业结构高级化转型。从区域来看，东中部地区对环境规制对工业结构高级化转型的影响呈现“U”形变化趋势，而西部地区则呈现倒“U”形的变化趋势。对于所有地区来说，企业自主技术创新与企业技术引进创新均能够促进工业结构高级化转型，东中部地区的区域技术创新强度对工业结构高级化转型具有显著促进作用，而对于西部地区来说，则相反。环境规制与技术创新的激励配合对工业结构高级化转型也会因为技术创新类型和区域的不同而表现出不同的影响方向。经济发展在环境规制、技术创新促进工业结构高级化转型过程中表现出明显的门槛特征，当经济发展水平低于门槛值（2.2369万元）时，环境规制、技术创新及其两者激励配合对工业结构高级化转型过程中表现出负向影响或者不显著的影响，当经济发展水平跨越门槛值时，环境规制，技术创新以及两者激励配合对工业结构高级化转型呈现显著促进作用。无论从全国角度，还是从东中西区域角度，以及加入空间因素后，工业企业自主技术创新和技术引进创新均显著推动工业结构高级化转型。

9.2 展　　望

虽然本书对工业绿色转型的实现机理和内涵，从理论和实证上就环境规制、技术创新对中国工业绿色转型的影响机制进行了较为系统的分析，但是限于所收集的数据资料和作者的学术造诣，对工业绿色转型的内涵和外延的理论拓展方面，以及环境规制、技术创新影响工业绿色转型的理论及实证分析方面都还存在可以进一步挖掘和拓展的地方，主要表现以下三个方面：（1）在工业绿色转型内涵上的理论拓展上，可以从产业价值链上进一步挖掘工业绿色转型的内涵，在全球或全国产业价值链的视角下深入分析工业绿色转型。(2) 影响中国工业绿色转型的外部政策环境是比较复杂的，除了环境规制政策外，还有诸如财政政策和货币政策对工业绿色转型的影响都会对中国工业绿色转型产生重要影响，同时，环境规制政策工具的选择也可以进一步多样化，从多角度来反映中国区域环境规制水平，这也是作者将来需要进一步研究的地方。(3) 基于数据的可得性和完整性，本书仅从区域层面就环境规制、技术创新对工业绿色转型进行了较为系统的研究。事实上，随着大数据时代的到来，细化到产业层面，甚至企业层面对本书的研究主体进一步进行精细化研究也将成为可能。

参考文献

[1] 孙倆．日本的“去工业化”和“再工业化”政策研究［J］．日本学刊，2018（6）：49－72.

[2] 弗里德里希·李斯特．政治经济学的国民体系［M］．陈万煦，译．北京：商务印书馆，1961.

[3] 赵儒煜，阎国来，关越佳．去工业化与再工业化：欧洲主要国家的经验与教训［J］．当代经济研究，2015（4）：53－59.

[4] Porter M E，van der Linde C. Toward a new conception of the environment competitiveness relationship［J］．Journal of Economic Perspectives，1995，9（4）97－118.

[5] 黄庆华，胡江峰，陈习定．环境规制与绿色全要素生产率：两难还是双赢？［J］．中国人口·资源与环境，2018，28（11）：140－149.

[6] 韩超，胡浩然．清洁生产标准规制如何动态影响全要素生产率［J］．中国工业经济，2015（5）：70－83.

[7] 金碚，吕铁，邓洲．中国工业结构转型升级：进展、问题与趋势［J］．中国工业经济，2011（2）：5－15.

[8] 童健，刘伟，薛景．环境规制、要素投入结构与工业行业转型升级［J］．经济研究，2016（7）：43－65.

[9] 中国社会科学院工业经济研究所课题组．中国工业绿色转型研究［J］．中国工业经济，2011（4）：5－14.

[10] 巴曙松，郑军．中国产业转型的动力与方向：基于新结构主义的视角［J］．中央财经大学学报，2012（12）：45－52.

[11] 金碚．工业的使命和价值：中国产业转型升级的理论逻辑［J］．中国工业经济，2014（9）：51－64.

［12］大卫．皮尔斯．绿色经济的蓝图［M］．徐少辉，冉圣宏，等，译．北京：北京师范大学出版社，1997.

［13］呙小明，黄森．“美丽中国”背景下中国区域产业转移对工业绿色效率的影响研究——基于 SBM - undesirable 模型和空间计量模型［J］．重庆大学学报（社会科学版），2018（4）：1 - 11.

［14］OECD. Climate Change, Economic Instruments and Income Distribution［R］．Paris，2005.

［15］彭星．中国工业绿色转型进程中的激励机制与治理模式研究［D］．长沙：湖南大学，2015.

［16］卢强，吴清华，周永章，等．广东省工业绿色转型升级评价的研究［J］．中国人口．资源与环境，2013，23（7）：34 - 41.

［17］朱东波，任力．环境规制、外商直接投资与中国工业绿色转型［J］．国际贸易问题，2017（11）：70 - 81.

［18］彭星，李斌．不同类型环境规制下中国工业绿色转型问题研究［J］．财经研究，2016（7）：134 - 144.

［19］吴静．新能源革命能否促进中国工业绿色转型？［J］．经济体制改革，2017（2）：184 - 191.

［20］Pearce D. Blueprint：Greening the World Economy［M］．New York：Routledge，2013.

［21］陈超凡．中国工业绿色全要素生产率及其影响因素——基于 ML 生产率指数及动态面板模型的实证研究［J］．统计研究，2016，3（33）：53 - 62.

［22］陈诗一．节能减排与中国工业的双赢发展：2009～2049［J］．经济研究，2010（3）：129 - 143.

［23］原毅军，谢荣辉．环境规制的产业结构调整效应研究——基于中国省际面板数据的实证检验［J］．中国工业经济，2014（8）：57 - 69.

［24］韩晶，陈超凡，冯科．环境规制促进产业升级了吗？——基于产业技术复杂度的视角［J］．北京师范大学学报（社会科学版），2014（1）：148 - 159.

［25］Acemogilu D，Aghion P，Bursztyn L，et al. The environment and directed technical change [J]. The American economic review, 2012, 102 (1): 131 - 166.

[26] 李玲，陶锋. 中国制造业最优环境规制强度的选择——基于绿色全要素生产率的视角 [J]. 中国工业经济, 2012 (5): 70 - 82.

[27] 宋马林，王舒鸿. 环境规制、技术进步与经济增长 [J]. 经济研究, 2013 (3): 122 - 134.

[28] 李眺. 环境规制、服务业发展与我国的产业结构调整 [J]. 经济管理, 2013 (8): 1 - 10.

[29] 王勇，刘厚莲. 中国工业绿色转型的减排效应及污染治理投入的影响 [J]. 经济评论, 2015 (4): 17 - 44.

[30] 李晓英. FDI、环境规制与产业结构优化——基于空间计量模型的实证 [J]. 当代经济科学, 2018, 40 (2): 104 - 128.

[31] 郑加梅. 环境规制产业结构调整效应与作用机制分析 [J]. 财贸研究, 2018 (3): 21 - 29.

[32] 郑金铃. 分权视角下的环境规制竞争与产业结构调整 [J]. 当代经济科学, 2016, 38 (1): 77 - 86.

[33] Lanoie, P., Patry, M., Lajeunesse, R. Environmental Regulation-and Productivity: Testing the Porter Hypothesis [J]. Journal of Productivity Analysis, 2008 (30): 121 - 128.

[34] Burton, D. M., Gomez, I. A., Love, H. A. Environmental Regulation Cost and Industry Structure Changes [J]. Land Economics, 2011, 87 (3): 545 - 557.

[35] Shadbegian R, Gray W B. Pollution abatement expenditures and plant - level productivity: A production function approach [J]. Ecological Economies, 2005, 54 (2): 196 - 208.

[36] Rubashkina Y, Galeotti M, Verdolini E. Environmental regulation and competitivenss: Empirical envidence on the Porter Hypohthesis from European manufacturing sectors [J]. Energy Po licy, 2015 (83): 288 - 300.

[37] Greenstone, M. The Impacts of Environmental Regulation on Industrial Activity: Evidence from the 1970 and 1977 Clean Air Act Amendments and the

Census of Manufactures [J]. Journa l of Political Economy, 2002, 110 (6): 1175 - 1219.

[38] Levinson, S. L. , Taylor, M. S. Unmasking the Pollution Haven Effect [J]. International Economic Review, 2008, 49 (1): 223 - 254.

[39] 钟茂初，李梦洁，杜威剑．环境规制能否倒逼产业结构调整——基于中国省际面板数据的实证检验 [J]. 中国人口·资源与环境，2015，25 (8): 107 - 115.

[40] 李斌，彭星，欧阳铭珂．环境规制、绿色全要素生产率与中国工业发展方式转变——基于36个工业行业数据的实证研究 [J]. 中国工业经济，2013 (4): 56 - 68.

[41] 何玉梅，罗巧．环境规制、技术创新与工业全要素生产率——对“强波特假说”的再检验 [J]. 软科学，2018，32 (4): 20 - 25.

[42] 陈超凡，韩晶，毛渊龙．环境规制、行业异质性与中国工业绿色增长 [J]. 山西财经大学学报，2018，40 (3): 65 - 80.

[43] 宋德勇，邓捷，弓媛媛．我国环境规制对绿色经济效率的影响分析 [J]. 学习与实践，2017 (3): 23 - 33.

[44] 王锋，石啸天，刘娟，等．环境规制、金融发展与产业结构升级 [J]. 金融与经济，2018 (8): 55 - 61.

[45] 刘伟，张辉．中国经济增长中的产业结构变迁和技术进步 [J]. 经济研究，2008 (11): 4 - 15.

[46] Schumpeter J. The theory of economic development: An inquiry into profits, capital, credit, interest, and the business cycle [M]. Cambridge: Harvard University Press, 1934.

[47] D Aveni A. Hypercompetition: Managing the dynamics of strategic maneuvening [M]. New York: Free Press, 1994.

[48] Ngai L R, Pissarides C A. . Structural change in a multisector model of growth [J]. The American Economic Review, 2007, 97 (1): 429 - 443.

[49] 徐康宁，冯伟．基于本土市场规模的内生化产业升级：技术创新的第三条道路 [J]. 中国工业经济，2010 (11): 58 - 67.

[50] 徐树辉，谷人旭．欠发达地区技术创新的产业升级效应研究——

以韶关制造业为例［J］. 世界地理研究，2013，22（2）：61-68.

［51］吴继英，孙晓阳. 技术创新对江苏产业结构演进的影响研究［J］. 科技与经济，2015（2）：66-70.

［52］林春艳，孔凡超. 技术创新、模仿创新及技术引进与产业结构转型升级［J］，宏观经济研究，2016（5）：106-118.

［53］易信，刘凤良. 金融发展、技术创新与产业结构转型——多部门内生增长理论分析框架［J］. 管理世界，2015（10）：24-39.

［54］丁一兵，傅缨捷，曹野. 融资约束、技术创新与跨越"中等收入陷阱"：基于产业结构升级视角的分析［J］. 产业经济研究，2014（3）：101-110.

［55］龚轶，顾高翔，刘昌新，等. 技术创新推动下的中国产业结构进化［J］. 科学学研究，2013（8）：1252-1259.

［56］王桂月，徐瑶玉，王圆圆，等. 我国科技创新对产业转型升级的影响分析［J］. 华东经济管理，2016（3）：83-90.

［57］时乐乐，赵军. 环境规制、技术创新与产业结构升级［J］. 科研管理，2018，39（1）：119-125.

［58］岳鸿飞，徐颖，吴璘. 技术创新方式选择与中国工业绿色转型的实证分析［J］. 中国人口·资源与环境，2017，27（12）：196-206.

［59］岳鸿飞. 中国工业绿色全要素生产率及技术创新贡献测评［J］. 上海经济研究，2018（4）：52-61.

［60］贾仓仓，陈绍友. 新常态下技术创新对产业结构转型升级的影响［J］. 科技管理研究，2018（15）：26-31.

［61］李斌，彭星. 制度软约束对中国工业低碳转型的影响研究——基于资本体现式技术进步视角的实证分析［J］. 科学学研究，2013，31（6）：847-903.

［62］孔伟杰. 制造业企业转型升级影响因素研究——基于浙江省制造业企业大样本问卷调查的实证研究［J］. 管理世界，2012（9）：120-131.

［63］唐清泉，李海威. 我国产业结构转型升级的内在机制研究——基于广东 R&D 投入与产业结构的实证分析［J］. 中山大学学报，2011，51（5）：191-199.

[64] Opaluch J J, Jin D, Grigalunas T A. Environmental regulations and technological change in the offshore oil and gas industry [J]. Land economics, 2005, 81 (2): 303 -319.

[65] Acemoglu D, Aghion P, Zilibotti F. Distance to frontier, selection, and economic growth [J]. Journal of the European economic association, 2006, 4 (1): 37 -74.

[66] Popp, D., and Newell, R.. Where Does Energy R&D Come From? Examining Crowding Out from Energy R&D [J]. Energy Economics, 2012, 51 (1): 46 -71.

[67] 颉茂华，果婕欣，王瑾．环境规制、技术创新与企业转型——以沪深上市重污染行业企业为例 [J]. 研究与发展管理，2016，28 (1): 84 -94.

[68] 刘章生，宋德勇，刘桂海．环境规制对制造业绿色技术创新能力的门槛效应 [J]. 商业研究，2018 (4): 111 -119.

[69] 伍格致，游达明．财政分权视角下环境规制对技术引进的影响机制 [J]. 经济地理，2018，38 (8): 37 -46.

[70] 张倩．市场激励型环境规制对不同类型技术创新的觳响及区域异质性 [J]. 产经评论，2015 (3): 36 -48.

[71] 景维民，张璐．环境管制、对外开放与中闻工业的绿色技术进步 [J]. 经济研究，2014 (9): 34 -47.

[72] 赵儒煜．关于产业结构理论问题的思考 [J]. 税务与经济，2003 (6): 1 -11.

[73] Frosch R, Gallopoulos N. Strategies for manufacturing [J]. Scientific American, 1989, 26 (1): 144 -152.

[74] 李悦，李平．产业经济学 [M]. 大连：东北财经大学出版社，2002.

[75] 钟勇．传统产业结构分析框架的内在缺陷及其替代方案 [J]. 北京行政学院学报，2012 (1): 81 -84.

[76] [英] 威廉·配第．政治算术 [M]. 陈冬野，译．北京：中国社会科学出版社，2010.

[77] Clark, C. The conditions of Economic Progress [M]. London: Macmillan, 1940.

[78] (美) 西蒙·库兹涅茨. 现代经济增长 [M]. 北京: 北京经济学院出版社, 1989.

[79] 赵儒煜. "后工业化"理论与经济增长: 基于产业结构视角的分析 [J]. 社会科学战线, 2013.

[80] 苏东水. 产业经济学 [M]. 4版. 北京: 高等教育出版社, 2010.

[81] 迈克尔·波特. 竞争战略 [M]. 北京: 中国财经出版社, 1989.

[82] 赵敏. 环境规制的经济学理论根源探究 [J]. 经济问题探索, 2013 (4): 152-155.

[83] Chintrakarn P. Environmental regulation and U. S. states technical inefficiency [J]. Economics Letters, 2008, 100 (3): 363-365.

[84] Porter M E. America's green strategy [J]. Scientific American, 1991, 264 (4): 168-179.

[85] 金春雨, 王伟强. "污染避难所假说"在中国真的成立吗? [J]. 国际贸易问题, 2016 (8): 108-118.

[86] 丁绪辉. 高技术产业集聚与区域技术创新效率研究 [D]. 兰州: 兰州大学, 2015.

[87] 约瑟夫. 阿洛伊斯. 熊彼特. 经济发展理论 [M]. 北京: 商务印书馆, 1996.

[88] 约瑟夫. 阿洛伊斯. 阿熊彼特. 资本主义、社会主义与民主主义 [M]. 北京: 商务印书馆, 1999.

[89] 刘志铭, 郭惠武. 创新、创造性破坏与内生经济变迁——熊彼特主义经济理论的发展 [J]. 财经研究, 2008, 34 (2): 18-30.

[90] G Mensch. Zur optimalen Gleitzeitregelung bei stofiweisem Arbeitsanfall [M]. Physica-Verlag HD: DGU Proceedings in Operations Research, 1972.

[91] 施建生. 经济学家: 弗里德曼 [M]. 长春: 吉林出版集团有限责任公司, 2012.

[92] Freeman C. Technology Policy and Economic Performance: Lessons from Japan [M]. London: France, 1987.

［93］张凤海，侯铁珊．技术创新理论述评［J］．东北大学学报（社会科学版），2008，10（2）：100－105.

［94］（美）迈克尔·波特．国家竞争优势［M］．北京：华夏出版社，2002.

［95］李玲．中国工业绿色全要素生产率及影响因素研究［D］．广州：暨南大学，2012.

［96］SMITH A. An Inquiry into the Nature and Cause of the Wealth of Nations［R］. Encyclopedia Britan，Inc，1980.

［97］马晓琨．经济学研究主题与研究方法的演化——从古典经济增长理论到新经济增长理论［J］．西北大学学报（哲学社会科学版），2014，44（4）：51－57.

［98］Domar E D. Capital Expansion，Rate of Growth，and Employment［J］. Econometrica，1946，14（2）：137－146.

［99］Solow R M. A Contribution to the Theory of Economic Growth［J］. Quarterly Journal of Economics，1956（70）：65－94.

［100］Arrow，K. J.，H. B. Chenery，B. S. Minhas，and R. M. Solow，. Capital－Labor Substitution and Economic Efficiency［J］. Review of Economics and Statistics，1961（43）：225－250.

［101］Romer P M. Endogenous Technological Change［J］. Journal of Political Economy，1990，98（5）：S71－S102.

［102］Aghion P.，Howitt. A Model of Growth through Creative Destruction［R］. Econometrica，1992：LX323－51.

［103］Lucas R. On the mechanics of economic development［J］. Journal of Monetary Economics，1988，22（1）：3－42.

［104］Berman，E.，Bui，L. T. M. Environmental Reguletion and Productivity：Evidence From Oil Refineries［J］. Review of Economics and Statistic，2001（83）：498－510.

［105］Arellano M，Bover O. Another look at the instrumental variable estimation of error－components models［J］. Journal of Econometrics，1995，68（1）：29－51.

[106] Blundell R, Bond S. Initial conditions and moment restrictions in dynamic panel data models [J]. Journal of Econometrics, 1998, 87 (1): 115 - 143.

[107] (英) 大卫·皮尔斯. 绿色经济的蓝图 [M]. 北京: 北京师范大学出版社, 1996.

[108] 王昀. 中国工业转型升级的潜力测算与路径优化研究 [D]. 大连: 大连理工大学, 2016.

[109] Jacobs M. Green Growth: Economic Theory and Political Discourse [J]. Gri Working Papers, 2012, 4 (1): 179 - 181.

[110] 蓝庆新, 韩晶. 中国工业绿色转型战略研究 [J]. 经济体制改革, 2012 (1): 24 - 28.

[111] 李燕, 贺灿飞. 制造业生产率研究进展 [J]. 地理科学进展, 2014 (3): 399 - 410.

[112] Solow R M. Technical change and the aggregate production function [J]. Review of Economics and Statistics, 1957, 39 (3): 312 - 320.

[113] 肖焰恒. 生态工业理论及其模式实现途径探讨 [J]. 中国人口·资源与环境, 2001, 11 (3): 100 - 103.

[114] 黄群慧. "新常态"、工业化后期与工业增长新动力 [J]. 中国工业经济, 2014 (10): 5 - 19.

[115] 胡安军, 郭爱君, 钟方雷, 等. 高新技术产业集聚能够提高地区绿色经济效率吗? [J]. 中国人口·资源与环境, 2018, 28 (9): 93 - 101.

[116] (日) 植草益. 微观规制经济学 [M]. 北京: 中国发展出版社, 1992: 27 - 28.

[117] (美) 施蒂格勒. 产业组织与政府管制 [M]. 上海: 上海人民出版社, 1996: 210 - 241.

[118] 胡威. 环境规制与碳生产率变动 [D]. 武汉: 武汉大学, 2016.

[119] 傅家骥. 技术创新学 [M]. 北京: 清华大学出版社, 1999.

[120] 章成帅. 政府研发资助对企业 R&D 支出及技术创新的效应研究 [D]. 北京: 中央财经大学, 2017.

[121] OECD/European Communities, Oslo Manual: Guidelines for Collec-

ting and Interpreting Innovation Data，3rd Edition. OECD Publishing，Paris，2005.

［122］OECD/Eurostat/EU，Proposed Guidelines for Collecting and Interpreting Technological Innovation Data：Oslo Manual，OECD Publishing，Paris，1997.

［123］张成，陆旸，郭路，于同申．环境规制强度和生产技术进步［J］．经济研究，2011（2）：113－124.

［124］周晓利．环境规制与企业技术创新的互动机制研究［J］．大连理工大学学报（社会科学版），2016（4）：19－23.

［125］Naughton H T. To shut down or to shift：multinationals and environmental regulation［J］．Econlogical Economics，2014（102）：113－117.

［126］许启琪．环境规制下绿色技术创新数理模型构建与实证检验［D］．长春：吉林大学，2015.

［127］安虎森．新经济地理学原理［M］．北京：经济科学出版社，2009.

［128］刘金林．环境规制、生产技术进步与区域产业集聚［D］．重庆：重庆大学，2015.

［129］付宏，毛蕴诗，宋来胜．创新对产业结构高级化影响的实证研究——基于2000～2011年的省际面板数据［J］．中国工业经济，2013（9）.

［130］韩晶，酒二科．以产业结构为中介的创新影响中国经济增长的机理［J］．经济理论与经济管理，2018（6）：51－63.

［131］（美）约瑟夫·熊彼特．资本主义、社会主义与民主［M］．北京：商务印书馆，1999.

［132］谢婷婷，郭艳芳．环境规制、技术创新与产业结构升级［J］．工业技术经济，2016（9）：135－145.

［133］陶长琪，彭永樟．经济集聚下技术创新强度对产业结构升级的空间效应分析［J］．产业经济研究，2017（3）：91－103.

［134］郭爱君，胡安军，王祥兵．资源型经济区产业路径依赖的形成机制、特性与破解［J］．经济问题探索，2017（10）：73－79.

［135］杜朝晖．发达国家传统产业转型升级的经验及启示［J］．宏观经济管理，2017（6）：87－92.

[136] 李政，杨思莹．科技创新、产业升级与经济增长：互动机理与实证检验［J］．吉林大学社会科学学报，2017（5）：41－52.

[137] 李音韵，尹叶青．创新效率对高新技术产业进出口贸易的影响［J］．企业经济，2016（6）.

[138] 赵修渝，郭春丽，黄仕川．人力资本、科技投入与高新技术产业发展［J］．中国科技论坛，2010（7）.

[139] Busse，M. Trade，Environmental Regulations and the World Trade Organization：New Empirical Evidence［J］．Journal of World Trade，2004（38）：285－306.

[140] 陆旸．环境规制影响了污染密集型商品的贸易比较优势吗？［J］．经济研究，2009（4）：28－40.

[141] 李钢，李颖．环境规制强度测度理论与实证进展［J］．经济管理，2012，34（12）：154－165.

[142] 孙文远，杨琴．环境规制强度的测量：方法与前沿进展［J］．生态经济，2017，33（12）：132－138.

[143] 沈能．环境规制对区域技术创新影响的门槛效应［J］．中国人口·资源与环境，2012，22（6）：12－16.

[144] 齐亚伟．节能减排、环境规制与中国工业绿色转型［J］．江西社会科学，2018（3）：70－79.

[145] 李小平，卢现祥，陶小琴．环境规制强度是否影响了中国工业行业的贸易比较优势［J］．世界经济，2012（4）：62－79.

[146] 王文普．环境规制、空间溢出与地区产业竞争力［J］．中国人口资源与环境．2013，23（8）：123－130.

[147] 毛锦凰．环境规制对中国工业产业绩效的影响研究［D］．兰州：兰州大学，2016.

[148] 王文普，陈斌．环境政策对绿色技术创新的影响研究［J］．经济经纬，2013（5）.

[149] 季良玉．技术创新影响中国制造业转型升级的路径研究［D］．南京：东南大学，2016.

[150] 孙早，宋炜．战略性新兴产业自主创新能力评测——以企业为主

体的产业创新指标体系构建［J］. 经济管理，2012，34（8）：20－30.

［151］蔡新蕾，高山行，徐新. 企业自主技术创新测度及不同创新模式作用研究［J］. 科技进步与对策，2014（1）：116－122.

［152］Yang S. L.，Yu B.，Wang S. F.，Feng N. P. Evaluating the Transformation of China's Industrial Development Mode during 2000－2009［J］. Renewable and Sustainable Energy Reviews，2013，20（1）：585－594.

［153］于津平，许小雨. 长三角经济增长方式与外资利用效应研究［J］. 国际贸易问题，2011（1）：72－81.

［154］赵文军，于津平. 贸易开放、FDI 与中国工业经济增长方式——基于 30 个工业行业数据的实证研究［J］. 经济研究，2012（8）：19－31.

［155］高新才，马丽. 基于脱钩和 EKC 理论的西部地区环境污染与经济发展关系研究［J］. 西南民族大学学报（人文社会科学版），2014（6）：117－122.

［156］夏勇，胡雅蓓. 经济增长与环境污染脱钩的因果链分解及内外部成因研究［J］. 产业经济研究，2017（5）：100－113.

［157］车亮亮，韩雪，赵良仕，等. 中国煤炭利用效率评价及与经济增长脱钩分析［J］. 中国人口·资源与环境，2015，25（3）：104－110.

［158］赵彦云，刘思明. 中国专利对经济增长方式影响的实证研究：1988～2008 年［J］. 数量经济技术经济研究，2011（4）：34－81.

［159］郑京海，胡鞍钢，Arne Bigsten. 中国的经济增长能否持续？一个生产率视角［J］. 经济学（季刊），2008，7（3）：777－807.

［160］张涛. 环境规制、产业集聚与工业行业转型升级［D］. 徐州：中国矿业大学，2017.

［161］谢荣辉. 环境全要素生产率对中国产业绿色升级的影响机制研究［D］. 大连：大连理工大学，2017.

［162］王兵，刘光天. 节能减排与中国绿色经济增长——基于全要素生产率的视角［J］. 中国工业经济，2015（5）：57－69.

［163］陈诗一. 中国各地区低碳经济转型进程评估［J］. 经济研究，2012（8）：32－44.

［164］Tone K. A Slack－based Measure of Efficiency in Data Envelopment

Analysis [J]. European Journal of Operational Research, 2001, 130 (3): 498-509.

[165] Fukuyama H., Weber W. L. A Directional Slacks-based Measure of Technical Inefficiency [J]. Socio-Economic Planning Sciences, 2009, 43 (4): 274-287.

[166] Fare R., Grosskopf S., Carl A., Pasurka. Environmental Production Functions and Environmental Directional Distance Functions [J]. Energy, 2007, 32 (7): 1055-1066.

[167] Fan M, Shao S, Yang L. Combining global M-L index andgeneralized method of moments to investigate industrial total factor CO_2 emission performance: A case of Shanghai [J]. Energy Policy, 2015 (79): 189-201.

[168] Chung Y. H., Fare R., Grosskopf S. Productivity and undesirable output: A directional distance function approach [J]. Journal of environmental management, 1997, 51 (3): 229-240.

[169] 陈玉龙，石慧．环境规制如何影响工业经济发展质量？——基于中国2004~2013年省际面板数据的强波特假说检验［J］．公共行政评论，2017（5）：4-25.

[170] 张纯洪，刘海英．地区发展不平衡对工业绿色全要素生产率的影响——基于三阶段DEA调整测度效率的新视角［J］．当代经济研究，2014（9）：39-45.

[171] 蔡宁，吴婧文，刘诗瑶．环境规制与绿色工业全要素生产率［J］．辽宁大学学报（哲学社会科学版），2014，42（1）：65-73.

[172] 余泳泽，刘凤娟，张少辉．中国工业分行业资本存量测算：1985-2014［J］．产业经济评论，2017（11）：5-15.

[173] 惠树鹏，张威振，边珺．工业绿色全要素生产率增长的动力体系及驱动效应研究［J］．统计与信息论坛，2017，32（12）：78-85.

[174] 申晨，贾妮莎，李炫榆．环境规制与工业绿色全要素生产率［J］．研究与发展管理，2017，29（2）：144-154.

[175] 原毅军，谢荣辉．环境规制与工业绿色生产率增长——对“强波特假说”的再检验［J］．中国软科学，2016（7）：144-154.

[176] 谢荣辉. 环境规制、引致创新与中国工业绿色生产率提升 [J]. 产业经济研究, 2017, 87 (2): 38-48.

[177] 李平. 环境技术效率、绿色生产率与可持续发展: 长三角与珠三角城市群的比较 [J], 数量经济技术经济研究, 2017 (11): 3-23.

[178] Managi, kaneko. Productivity of Market and Environmental Abatement in China [J]. Environment Economics and Policy Studies, 2006, 7 (4): 459-470.

[179] Managi, kaneko. Economic Growth and the Environment in China: an Empirical Analysis of Productivity [J], International Graduate School of Social Sciences, 2009, 6 (1): 89-133.

[180] 董敏杰, 李钢, 梁泳梅. 中国工业环境全要素生产率的来源分解——基于要素投入与污染治理的分析 [J]. 数量经济技术经济究, 2012 (2): 3-20.

[181] 杨文举, 龙睿赟. 中国地区工业绿色全要素生产率增长: ——基于方向性距离函数的经验分析 [J]. 上海经济研究, 2012 (7): 3-13.

[182] 张宗斌, 郝静. 基于 FDI 视角的中国制造业结构升级研究 [J]. 山东社会科学, 2011 (5): 151-155.

[183] 张明志, 李敏. 国际垂直专业化分工下的中国制造业产业升级及实证分析 [J]. 国际贸易问题研究, 2011 (1): 118-128.

[184] 王志华, 陈圻. 江苏制造业转型升级水平测度与路径选择 [J]. 生态经济, 2012 (12): 91-96.

[185] 张志元. 东北地区制造业发展模型研究 [D]. 长春: 吉林大学, 2011.

[186] 焦勇. 生产要素地理集聚会影响产业结构变迁吗 [J]. 统计研究, 2015 (8): 54-61.

[187] 简新华. 产业经济学发展的几个基本理论问题 [J]. 经济评论, 2000 (3): 41-49.

[188] 肖兴志, 李少林. 环境规制对产业升级路径的动态影响研究 [J]. 经济理论与经济管理, 2013 (6): 102-112.

[189] MILLER S, UPADHYAY M. The effects of openness, trade orienta-

tion and human capital on total factor productivity [J]. Journal of development economics, 2000, 63 (2): 399 -423.

[190] Hansen, B. Sample Splitting and Threshold Estimation [J]. Econometrica, 2000, 68: 575 -603.

[191] Moran, P. Notes on Continuous Stochastic Phenomena [J]. Biometrika, 1950 (37): 17 -23.

[192] 沈体雁, 冯等田, 孙铁山. 空间计量经济学 [M]. 北京: 北京大学出版社, 2010.

[193] Anselin L, Florax RJ, Rey SJ. Advances in spatial econometrics. Methodology, tools and applications. Springer Verlag, Berlin, 2004.

[194] Anselin L. Lagrange multiplier test diagnostics for spatial dependence and spatial heterogeneity [J]. Geographical Analysis, 1988 (20): 1 -17.

[195] Arellano M. , S. Bond. Some Tests of Specification for Panel Data: Monte Carlo Evidence and An Application to Employment Equations [J]. Review of Economic Studies, 1991, 58 (2): 277 -297.

[196] 陈强. 高级计量经济学及应用 [M]. 2 版. 北京: 高等教育出版社, 2014.

[197] Arellano M. , S. O. Bond. Another Look at Instrumental Variable Estimtion of Error Components Models [J]. Journal of Econometrics, 1995, 68: 29 -51.

[198] Blundell, R. and S. Bond. Initial Conditions and Moment Restrictions in Dynamic Panel Data Models [J]. Journal of Econometrics, 1998, 87: 115 -143.

[199] BOND S. Dynamic panel data models: a guide to micro data methods and practice [R]. Cemmap working Paper, 2002. CWP09P02.

[200] 张可云, 王裕瑾, 王婧. 空间权重矩阵的设定方法研究 [J]. 区域经济评论, 2017 (1): 19 -25.

[201] 董春, 梁银鹤. 工业集聚与外商直接投资——基于空间动态面板计量模型的分析 [J]. 财经科学, 2014 (6): 97 -107.

[202] Tobler W. R. A Computer Movie Simulating Urban Growth in the De-

troit Region [J]. Economic Geography, 1970, 46 (2): 234 -240.

[203] 张林. 金融业态深化、财政政策激励与区域实体经济增长 [D]. 重庆: 重庆大学, 2016.

[204] Torre A., Gilly J. P., On the analytical dimension of Proximity Dynamics, Regional Studies, 1999, 34 (2): 169 -180.

[205] 李梅, 柳士昌. 对外直接投资逆向技术溢出的地区差异和门槛效应——基于中国省际面板数据的门槛回归分析 [J]. 管理世界, 2012 (1): 21 -66.

[206] 刘丹丹, 赵颂, 扬旸, 等. 全要素视角下中国西部地区能源效率及影响因素 [J]. 中国环境科学, 2015, 35 (6): 1911 -1920.

[207] Hamamoto M. Environmental regulation and the productivity of Japanese manufactur ingindustries [J]. Resource and Energy Economics, 2006, 28 (4): 230 -311.

[208] 高霞, 贺至晗, 张福元. 政府补贴、环境规制如何提升区域绿色技术创新水平? ——基于组态视角的联动效应研究 [J]. 研究与发展管理, 2022, 34 (3): 162 -172.

[209] 李婉红, 毕克新, 孙冰. 环境规制强度对污染密集行业绿色技术创新的影响研究 [J]. 研究与发展管理, 2013, 6 (25): 72 -81.

[210] 宋典, 宋培, 陈喆. 环境规制下中国工业绿色转型的技术路径选择: 自主创新或技术外取? [J]. 商业研究, 2020 (2): 101 -110.

[211] 孙海波, 刘忠璐. 环境规制、清洁技术创新与中国工业绿色转型 [J]. 科研管理, 2021, 42 (11): 54 -61.

[212] 蒋伏心, 王竹君, 白俊红. 环境规制对技术创新影响的双重效应 [J]. 中国工业经济, 2013 (7): 44 -55.

[213] 刘和旺, 向昌勇, 郑世林. 环境规制是否倒逼了创新驱动的地区产业转型升级? 科研管理.

[214] 温忠麟, 侯杰泰, 张雷. 调节效应与中介效应的比较和应用 [J]. 心理学报. 2005, 37 (2): 268 -274.

[215] 王旭, 韩宇, 苏宁. 美国制造业的两次重大调整与区域增长格局的变迁 [J]. 史学月刊, 2017 (11): 94 -107.

[216] 杨丽花，张美娟．美国“再工业化”及其对中国先进制造业发展的启示 [J]．新视野，2013 (5)：33－36.

[217] 春军．浅析美国加紧重振制造业对我国的影响 [J]．工程机械，2012 (11)：91－93.

[218] 桑凤平．日本职业教育促进产业发展的经验及其借鉴 [J]．教育研究，2012 (6)：150－154.

[219] 余永跃，樊奇．日本环境治理的经验和教训及其有益启示 [J]．经济社会体制比较，2018 (1)：70－76.

[220] 崔静．德国制造业发展对中国向高端制造业转型的启示——基于“中国制造 2025”规划 [J]．对外经贸实务，2016 (2)：26－29.

[221] 孟祺．德国制造业产业升级对中国的启示 [J]．国际经济合作，2013 (3)：38－41.

[222] 徐占忱，刘向东．借鉴德国经验做大做强我国实体经济 [J]，宏观经济管理，2012 (11)：83－84.

[223] 张莹．德国高校学生关键能力的培养及启示 [J]．天津大学学报（社会科学版），2014，16 (5)：476－480.

[224] 李秦阳．德国制造业发展战略对中国的启示 [J]．生产力研究，2016 (6)：167－168.

[225] 黄小平．试论绿色消费价值观 [J]．消费经济，2001 (6)：27－29.